現代イギリス女性運動史

ジェンダー平等と階級の平等

Feminism in Britain

今井けい

ドメス出版

現代イギリス女性運動史
——ジェンダー平等と階級の平等＊もくじ

序　イギリス・ウィミンズ・リブとの出会い　7

第一章　イギリスの大学　文化・社会

1　自然と共存の教育環境
　——オクスフォードの学生生活から　24
2　イギリスのテレビで見た東大闘争
　——「五十一番目の火山」　31
3　ジェントルマンとイギリス経済の衰退　36
4　第一回ウィミンズ・リブ大会
　——「新しい問題の提起」に参加して　41

第二章　現代（第二波）フェミニズムの幕あけ

1　現代イギリス（第二波）フェミニズムの形成　50
(1)　ラディカル・フェミニズム　51
(2)　社会主義フェミニズム　52
(3)　全国女性解放会議　55
2　ロンドンのデモと法制度面の改革　59

3　ウィミンズ・リブの分散と活性化　65
4　労働組合内の変革と女性労働運動　68
〈コラム〉
TUC女性会議に出席して　76
――サッチャー内閣とイギリス女性
5　大学改革と女性学　80
(1)　オクスフォード大学　80
――従来の学問研究への挑戦
(2)　ケンブリッジ大学　85
――女性研究者の進出を阻むもの
6　女性と平和　97
イギリスの反核デモ　97
――グリーナムとロンドンの反核運動

第三章　女性解放運動の源流を探る

1　ジョージ・エリオット『ミドルマーチ』とディルク夫人の慈善・労働運動　104
(1)　『ミドルマーチ』のモデルと主題　107
(2)　マーク・パティスンの大学改革と夫人の美術批評　111

(3) ディルク(パティスン)夫人の女性労働運動への参加　121
2 ヴァジニア・ウルフの「女性協同組合ギルド(WCG)」との出会い　133
(1) 「ギルドの歴史」にみるフェミニズム　136
(2) ウルフのみた「女性協同組合ギルド」の女性たち
——『私たちの知っているままの生活』より　144

第四章　ジェンダー平等と階級の平等
——両大戦間期における女性運動の多様化と統合化

1 イギリス社会の変貌とセクシュアリティ　156
(1) 社会と女性運動の変容　157
(2) セクシュアリティと生殖・離婚をめぐる運動　162
2 「平等派」フェミニズムの展開——多様化　176
(1) 多様な女性運動　176
(2) ニュー・フェミニズムとエリナ・ラスバウン
——経済的自立と母性保護を求めて　187
3 ジェンダー平等か階級の平等か——統合化　199
(1) 労働党組織の改編と女性　201
(2) 既婚女性の労働権擁護　209

(3)「女性協同組合ギルド（WCG）」の変容　223
むすびに代えて　235
主要人物の略伝　243
イギリス女性運動史年表　252
初出一覧　264
業績一覧　266
略号一覧　271
参考文献　279
索引　285

装幀　市川美野里

凡　例

・欧米人人名は、原則として初出の仮名書きの下に原語で示した。そのうち巻末の「主要人物の略伝」の中に掲載されている人名については初出のみに＊を付した。
・欧米人人名の発音は *Everyman's English Pronouncing Dictionary* by Daniel Jones（1969）によった。
・地名も原則として初出のみ仮名書きの下に原語で示した。発音表記については同右書によった。ただし、わが国ですでに親しまれている地名については仮名書きのみとした。
・機関誌名、政党・組織名等は重要なもののみ初出に原語あるいは略号を示し、以下必要に応じて略号を用いた。
・middle class は原則としてミドル・クラスとしたが、場合によっては中産階級、中流階級などのわが国で親しまれている訳語を用いた。とくに訳語上の差違はない。

一九六〇年代末から三〇年間に栄え、衰え、再生したＷＬＭ（女性解放運動）の状況の理解のために、関係部署の調査とインタヴューを実施（ロンドン、オクスフォード、ケンブリッジの各大学、ＴＵＣ＝労働組合会議、ＥＯＣ＝機会均等委員会　マンチェスター）した。その際の記録は主に第二章でとり上げた。

・写真は、今井義夫・けい撮影のもの、および両氏所蔵の写真を使用した。なお、掲載紙誌の不明のものもあるが、ご教示いただければ幸いである。

序　イギリス・ウィミンズ・リブとの出会い

はじめに

一九七〇年二月、私はイギリス・オクスフォード大学で開催された第一回全国女性解放会議（Women's Liberation National Congress, WLNC）に参加する幸運に恵まれた。おそらく日本人として唯一人ではなかったかと思う。イギリスのＷＬＭは欧米のウーマン・リブ運動と相互に刺激しながら発展するが、八〇年代にはすでにかげりが見えはじめた。

本書は、約半世紀におよぶイギリス女性運動の発展と衰退の歴史を、いま改めて振り返り、その意義を検討することを目的としている。その際、筆者は運動の台頭の原因をイギリス近・現代女性史（ジェンダー史）の中に探り、第一波と第二波のフェミニズムの異同を明らかにしたい。この作業は長期間続いた封建制と、その後の軍国主義の台頭と広がり、そして「敗戦」という歴史の中で築かれた日本の社会と文化を考える貴重な機会であった。

第一章「イギリスの大学　文化・社会」は、戦後の混乱からようやく抜け出しかけていた日本（一九六九年）

から、長い歴史と文化に支えられた豊かな国イギリスに着いたときの筆者の感動と喜びから始まっている。中世以来の堂々とした石や煉瓦の建造物と明るくモダンな建物が、四季折々の花に囲まれている落ちついた姿はまさに大学（コレッジ）にふさわしいたたずまいであった。教育・研究のありようも多面的である。

本章の四篇の記事は短いものだが、オクスフォード大学の日々の生活から得られた経験と情報によるものである。その都度、現地から送った新聞記事（大学や女性団体の）や帰国後執筆したエッセイなどで報告したものである。

近年、一九六八年頃の日本社会や政治に関する研究が多く見られるが[1]、イギリスの当時の人びとは、例えば「東大闘争」をどのように見ていたか、イギリスのウィミンズ・リブはオクスフォードから始まったが、その時のイギリスの状況はどのようであったかなど、伝えられればと思う。

ウィミンズ・リブとの出会いによって、私の研究テーマは日本から持参したもののうち第二のテーマ、すなわちイギリス女性史研究へと傾きつつあった。当時わが国では思想史研究が盛んで、女性解放思想史研究も熱心に行われていた[2]。イギリスではO・R・マクレガーが一八五一年のセンサスから女性の過多は「家庭重視イデオロギー」との矛盾を示すとして社会史研究への注目を促した[3]。こうした状況の中で、私は前著『イギリス女性運動史――フェミニズムと女性労働運動の結合』（日本経済評論社　一九九二年）では、女性労働者の運動に中産階級の女性がかかわっていく過程を明らかにした。女性の諸権利運動や生活に関するすぐれた研究も着実に刊行されていった[4]。

女性参政権取得からおよそ半世紀（一九一八―一九六八年）を経て、当時（一九六〇年代頃）の女性たちは何を訴えようとしたのか。第二章「現代（第二波）フェミニズムの幕あけ」は、それに答えようとしたものである。

第一波フェミニスト運動で女性たちの求めた政治的権利のいくつかは達成されたが、民間企業の平等賃金や女性のセクシュアリティ・生殖・育児にかかわる問題は未解決のままであった（この点については第四章参照）。こうしたことへの不満がウィミンズ・リブの発火となった。

第二次世界大戦後、とくに一九六〇年代頃から台頭した女性問題は、戦後教育の向上の中で女性が多様な能力を開発したにもかかわらず、その地位は変わらず、「解放」にはほど遠かったことである。

アメリカではベティ・フリーダンの『女らしさの神話』（一九六三年）がいち早くこうした女性の状況を描いたのに対し、イギリスではハンナ・ギャブロンが『妻は囚われているか――家庭に縛られた母たちの矛盾』（一九六六年）で、ロンドンに住む若い女性たちの孤独と不安を描いた[5]。女性参政権実現（一九一八年）五〇周年を祝して盛り上がったフォード自動車工場の賃上げ運動も一九六八年に最高潮に達した。

全国女性解放会議

翌一九六九年一一月、オクスフォード大学・ラスキン・コレッジでヒストリィ・ワークショップが開催された。のちに「女性史」で著名になるシーラ・ロウボタム*（Sheila Rowbotham, 1943～）が立ち上がって女性史研究の必要を説いたのはこの時である。当時、まだ男性中心であった研究会では冷やかな反応であったが、やがて熱心な討論が始められた。さまざまな意見が飛び交った。

ニュー・レフトと女性運動との結びつきはラスキン・コレッジにおける「女性解放ワークショップ（Women's Liberation Workshop）」（一九六九年）からであり、それは「全国女性解放会議（Women's Liberation National Congress）」（一九七〇年）へと発展した。折から盛り上がっていた平等賃金運動とも重なり、女性運動がさまざまな分野に拡大した。その実態は第二章で述べる通りである。ジュリエット・ミッチェル*（Juliet Mitchell, 1940〜）のようにニュー・レフトとフェミニズムが結びついていたことが、イギリスの社会主義フェミニズムの特徴といえよう(6)。

民間工場で働く女性たちの運動は、一九七〇年の同一賃金法（ＥＰＡ）と性差別禁止法（ＳＤＡ）を実現させた。低賃金部門に女性が多数働いていることから、やがて「同一価値労働同一賃金」原則の適用が実施されるが、これらは日本にも大きな影響を与えた。

しかし、女性たちの間で当初は不鮮明ではあったが、既存の運動への考えの多様さがしだいに明らかになった。従来の平等賃金や参政権という個々の法制度上の権利のさらなる獲得を求める者もあれば、一九世紀前半に浸透した社会構造や性別役割分業規範と結びついた家父長制＝男性中心主義に強く反対する人たちもいた。

Ｊ・ミッチェルは性差別の根元を「家父長制」に、さらに「生産」を加えて考察した。彼女は、また「女性を人類史における最初の奴隷……と見なすこと」で、エンゲルスは「起源（家族・私有財産・国家の）」を社会経済的な説明に限定(7)」したという。これに対してフロイトはそのイデオロギー的問題意識から「少女が家父長制の文化の中で劣位や女性らしさを獲得するのは……いつの時点からか」と、その歴史的状況や持続性を問題にしたとミッチェルはいう。こうして彼女は両者の違いを示しながら、それらの視点の重要性を指摘したのである。

とはいっても、Ｊ・ミッチェルのようにフェミニズムと社会主義の結合を考え、さらに女性が受け身になっていく心理を精神分析学から理解しようとする人たち(8)や、賃上げを叫ぶ女性労働者たち(9)――またはもやもやした抑圧感と抑うつ感に悩む一般女性や学生たちで会場はどこか不穏な雰囲気に包まれていた。男性はシャット・アウト。ドイツ人の友人に勧められて出席する私を会場まで送ってくれた夫も狭い入口で入場を拒否され、入口に立つ人びとの後で背のびをしながら中をのぞいていた（あとから聞くところによると、男性が入れた所もあったようだ）。自分たちの主張をどのように述べるか、小声で熱心に相談している女性労働者のグループもあった。多様な人たちが混然と参加した集会のようであった。

リベラル・フェミニスト（ＬＦ）と社会主義フェミニスト（ＳＦ）たちは、運動方針や方法において協力し合えたが、ラディカル・フェミニスト（ＲＦ）の主張は理解しても運動にとり入れていくのは容易ではない。結局第二章１─(3)で述べるように、同一労働同一賃金など四項目の決議案が激論のうちに採択された。

こうして統一されたイギリスの女性運動は強大な力となり、一九七〇年に同一賃金法（ＥＰＡ）を、一九七五年に性差別禁止法（ＳＤＡ）を議会で通過させた。その迅速さには目を見張るものがあったが、その背後には長い闘いの歴史があった。

分裂と浸透

しかし一九七八年に、はやラディカル・フェミニストと社会主義フェミニストの対立が極限に達し、それ以後全国女性会議は開催されなくなった。八〇年代になると、ＷＬＭは中産階級の白人の運動であるとして、非白人、マイノリティ・グループから反旗が上がった。巡航ミサイル配備の中で反核運動に向かうフェミニストたち[10]、また炭坑閉山の中でその反対運動に参加する女性たちなど、フェミニストの活動も多方面にわたった。

サッチャー保守党内閣の台頭とともに女性運動は、さらに表面的には退却するが、地方都市や小規模の組織などで続けられた。また、男性中心で保守的だといわれてきた労働組合が改革にのり出し、いくつかの成果を収めた（第二章４）。

もっとも私が参加した労働組合会議（TUC）女性会議では、フロアから、ステージ上の席に着席している女性役員に鋭い批判を浴びせる声もあった。他方、古い制度や伝統にしばられがちな大学やコレッジにおいて、良心的で徹底した改革が行われていた。とくに「リベラルなコレッジ」として評判の高いキングズ・コレッジ（ケンブリッジ大学）における女子学生の入学率を高める努力や、女性の研究・教育職のポストへの応募を熱心に奨励する態度には敬服した。イギリス本国だけでなく、国際的にも水準の高い同コレッジへの女性の進出は、まさに女性の学問的・教育的能力の高さを示すものである。学寮長をはじめコレッジのスタッフたちの問題解決への意気ごみには並々ならぬものがあった（第二章5—⑵）。

優秀な女性がまず応募しないのはなぜか。採用されても途中でやめてしまう。結婚や出産もその理由の一つであろう、また自信喪失もその大きな理由であろう。男性中心の会議運営、そこでの役職者の選出、さらには中世に、独身男性の教育・研究を目的に造られたコレッジや大学の建物の威圧的なたたずまい、こうしたものの心理的影響についても、コレッジのアンケートでは調査された。ヴァジニア・ウルフ（Virginia Woolf）がすでに婉《えん》曲《きょく》にわかりやすく論じた点である。学寮長はこうした問題の解決、あるいは女性の「生活（育児を伴う）と職業（研究と教育）の両立をはかる努力」は「社会正義」にかかわると直言した。実際女子学生や研究・教育職希望者にとって、女性指導者たちの存在意義は大きい。イギリスの中心的な大学における性差別撤廃への誠実な努力がうかがえる。他のコレッジ、あるいは自然科学部門にもこの動きは広がり、その過程で日本の大学にも言及されたが、残念ながら否定的なものであった。

作家の眼を通して見た「女性の解放」
——G・エリオット『ミドルマーチ』とV・ウルフの女性協同組合ギルド

第三章では、時代をさかのぼり一九世紀から二〇世紀初頭にかけて、巨匠作家のG・エリオットやV・ウルフが労働者階級の女性たちをどのように見ていたかを「女性解放」の点から探りたい。ただ、エリオットの場合は、時代の制約からいまだ働く女性たちを作品の中心におくことはなかったから、彼女の『ミドルマーチ——地方生活の研究』(一八七一—七二年)を媒介として検討した。

この作品のヒロイン、ドロシア・ブルックは夫の研究補佐を自らの生きがいとするが、夫はそれを喜ばず、結婚生活は不幸なものになる。しかし当時オクスフォードにできた「女性保護共済連盟(WPPL)」や美術評論の仕事に携わることで、ドロシアのモデルのエミリア・フランシス・パティスンはみごとにアイデンティティを確立する。エリオットの作品の主要部分はここで終わる。パティスンの死後(一八八四年)、同夫人は、自由党の有力国会議員と再婚。WPPLから成長した「女性労働組合連盟(WTUL)」の発展に貢献するのである。WTULとの関係については拙著(一九九二年)を見ていただきたいが、本書ではパティスン夫妻を介して見たオクスフォードの学問・教育や美術界の動向などを併せて跡づけたい。

他方、V・ウルフが登場した時、イギリスでは未熟練労働者を中心とした労働運動が高揚し、彼らの生活や社会の改善が強く訴えられた。ウルフがかかわった「女性協同組合ギルド」は熟練労働者の妻たちの消費生活や教育の向上を目指して一八八三年に設立されている。同総会(一九一三年)に初めて出席したウルフは、参加者たちの離婚、教育、投票権などへの要望をみんないいことばかりとしながらも、さらに切実な問題、衛生、賃金の上昇があることに気づく。だが、これらの問題は彼女の「琴線には触れない」。ウルフはすでに快適な生活の中にいる。だからウルフの彼女たちへの共感はまやかしではないかといぶかる。階級間の壁の厚さを痛感する。

その後開催されたギルドのリーダー（中産階級出身）との話し合いの中で、また総会当日、通りすがりの出席者たちの言葉の中で、あるいは『私たちの知っているままの生活』(11)に寄せられた手記の中で、ウルフは彼女たちの生き生きした表現や思いがけない話題を発見するのである。それは踏みつけられ、疲れ果てた「貧しい」「労働者階級」の人のものではない。彼女たちには別の種類のヴァイタリティがあるとウルフはいう。だが、彼女たちが本で知った風呂や台所、洗たく場、美術館、公園のある未来都市はどうやって築くのか？　ウルフは、中産階級の女性たちの協力を得ながらのギルドの教育機能に思いを寄せた。長年かけて築かれた階級の壁は容易に崩せないが、労働者階級の人びとのもつ独特の想像力と実行力が教育を通して培われている（または、いく）ことをウルフは信じ、期待もしている。こうした期待は「意識の流れ」と呼ばれる彼女に特有の文体で説得的に描かれている。しかし、第一次世界大戦後の政治・社会の変動は、ギルドの女性たちにも新たな別の挑戦を待ち望んでいるのである。

性から階級へ

第四章では、総力戦であった第一次世界大戦がイギリス人の心に、社会にいかなる変化を与えたか？　ともにたたかった人びとの間の階級の差は？　産業構造の変化は？　男女間のあり方は？　そして何よりも、長い間たたかってきた女性運動の大義にいかなる変化を与えたか、が問われる。戦時中、階級の違いを超えて精神的にも肉体的にも、ともに窮屈な生活を強いられた人びとは、戦後は多くの面で解放感を味わい、セクシュアリティの面でも多様な考え方が広がった。戦争でいったん停止された女性運動にも、これまで通りの運動を継続するか、それとも新しい状況下で運動の目標や方法について、時代にふさわしいものに変えるべきか、熱心に意見が交わされた。

戦前のセクシュアリティに対する否定的な考え方も緩和された。産児制限や中絶に対する人びとのこれまでの考え方もしだいに修正されていった。しかし、これは妊産婦の健康と家庭経済に深く関係しており、他方で国の人口政策ともかかわっているために、解決には時間を要した。離婚問題も深刻なものとなるが、「女性協同組合ギルド」は女性組合員のためにフェミニストとして果敢にたたかったのである。

第三章では、一九世紀なかば以降、財産権・教育権・参政権等における女性差別の撤廃が一定程度解決したあとで、フェミニストたちが直面した新しい問題に注目したい。それは性から階級へと、解消すべき差別の対象が大きく変わったことである。一九世紀末以降高揚した未熟練労働者の運動は、労働党の誕生（一九〇六年）と、その後同党内閣の台頭をもたらした（一九二四年）。政治の中心軸の移行の中で、女性運動も新しい理念と行動形態が問われたのである。

「ニュー・フェミニズム」の誕生

第四章二・三節では、戦前に「平等派」「母性派」「社会派」の三つのグループに分かれていた女性運動のその後の足どりを追跡する。第一の「平等派」は、戦後の法的・制度的改正において「平等」の達成が不十分だとして、さらなる改正を求めていく。だが、完全平等な参政権を求めて長い間たたかってきたミリセント・フォーセット（Millicent Garrett Fawcett, 1847-1929）に代わって、「平等市民協会全国連合（National Union for the

Societies of Equal Citizenship, NUSEC）の会長にはエリナ・ラスバウン（Eleanor Florence Rathbone, 1872-1946）が就任。一九二七年に女性労働者の保護を認める「女性保護法」に賛成した。また、当時フェミニストたちは平等賃金を強く求めたが、ラスバウンは、男女賃金の算出基準を詳細に調べ、男性の場合は家族生計費に、女性の場合は個人生計費というまったく異なる基準に依拠していることを発見した。女性にとって出産・育児は重要な仕事である。母性に対する適当な手当＝「母性手当」こそが両性の平等を求めるフェミニストの主張に合致するとしたのである。「ニュー・フェミニズム」と呼ばれるものである。

「母性手当」はやがて「家族手当」と呼ばれ、その財源を国家に求めることから、オリヴ・バンクスは「福祉フェミニズム」[12]と呼んでいる。「男女の完全な平等」から「ニュー・フェミニズム」への移行と、「女性保護法」の承認という二つの大きな方針転換は、NUSEC内に分裂をもたらし、女性運動衰退のきっかけとなった。だが、ラスバウンの「家族手当」構想は当時ロンドン・スクール・オブ・エコノミックスの学長をしていたウィリアム・ヘンリー・ベヴァリッジ*（William Henry Beveridge, 1879-1963）に受けつがれ、イギリス社会福祉制度の基礎を作ったのである。

フェミニズムより労働党の結束

女性運動の凋落のもう一つの要因は、労働党の台頭という政治的要因によるものである。参政権を獲得した女性の政治力の結集がまず求められた。のちに労働党党首で首相になるR・マクドナルド（Ramsay MacDonald, 1866-1937）夫人のマーガレット*（Margaret MacDonald, 1870-1911）が、一九〇六年に創設した「女性労働連盟（Women's Labour League, WLL）」は、一九一八年に労働党に合併して同党女性部になり、中央執行委員会には二三のうち四つのポストが女性に与えられた。だが、これは女性党員の平等な扱いにはほど遠い。全国女性会議での決議も、全国党大会で女性の希望通りに決定されるわけではない。新しい組織における女性の位置づけは決して男性と平等なものではなかった。このような組織形態の中で女性にとっての重要課題である「産児制限」「家族手当」には十分な審議がつくされなかった。カトリック教徒との関係も両者間の不穏の要因である。フェミニストと女性党員の間で激しい応酬も交わされたのである（第四章3）。

他方、第一次世界大戦前後から問題になった「既婚女性の労働権」については、「扶養能力のある夫をもつ妻の場合は、これを認めない」とする意見と、中産階級のフェミニストのように「性や婚姻にかかわりなく個人の自己開発と経済的自立の基礎として労働権を主張する」意見とに分かれた。一九二二年労働党執行部は報告書に「結婚退職制に原則として反対だが、この制度が性によるのではなく、失業問題という経済的理由による」との見解を明らかにした。しかし、一九二九年の未曾有の大恐慌、一九三一年八月の労働党内閣の倒壊とその後のマクドナルドによる保守党・自由党との挙国一致内閣の結成など厳しい政治情勢が続いた。公務や教育その他の職業における結婚解雇という女性差別がなくなるのは、第二次世界大戦中と戦後に労働力が不足する一九四六年においてであった。

女性問題の棚上げ

第一次世界大戦後の「女性協同組合ギルド」は、M・L・デイヴィスの事務局長退任と執行部体制の変容、さらには労働党への加盟によって、その活動は著しく変わった。離婚法改正については、デイヴィス在職中に協同組合（男性の）とギルドが激しく対立したが、のちに和解。産児制限情報の開示も労働党内からの反対に遭遇した。だが、ギルドは一九二三年の総会で「すべての母子福祉センターによる産児制限情報の提供を許可すべき」との決議を大多数で承認している。こうしてギルドは産児制限を正式に支持する最初の女性団体となった。他方、労働党女性会議でもマタニティ・クリニックでの情報提供を求める決議を毎回通しているが、同党全国執行委員会は「産児制限は政党の問題にならず」として討議を拒否した。中絶の合法化も同様の道をたどった。NUSECから出された「家族手当」構想は、女性の経済的自立と妻・母としての役割をまっとうする戦間期のフェミニズムの重要なテーマとして考えられた。さらに産児制限、中絶、離婚法改正がとり上げられるが、明確な回答は得られないまま一九七〇年代以後のWLMの課題となるのである。

第一波フェミニストによる長きにわたった権利運動は、一九一八年までに一定程度目標を達成した。だが、その根底を流れる「男女の平等」が実現したわけではない。投票年齢における性差別、労働分野における雇用差別・賃金格差、そして何よりも性にかかわる問題、産児制限・中絶・離婚、さらに「家族手当」等は労働界では多様な意見が出て、結論にいたらなかった。ニュー・フェミニストのエリナ・ラスバウンらの努力によって、紆余曲折を経ながら、社会福祉制度の中で実現したのである。こうした変容は第四章で述べる。政界のいっそうの変貌、北部工業地帯の衰退と南部地域の発展による経済構造の変化、三〇年代に見られた新たな戦争への不穏な動きによって、女性たちは諸権利よりも家族の平和と安全を望むようになった。第二次世界大戦と女性についてはペニイ・サマーフィールドの研究[13]があり、戦後の女性たちの空虚感と、緩慢ではあるが新たに芽生え始めた再生への動きについては、A・ミュルダール*（Alva Myrdal, 1902-1986）／V・クライン*（Viola Klein, 1908-1973）『女性の二つの役割』[14]（一九八五年）がある。

イギリスのウィミンズ・リブ（WLM）（第二波フェミニズム）は、こうして一九六九年に始まったのである。それは財産権、教育権、参政権といった個々の権利を求める「権利運動」（第一波フェミニズム）とはまったく異なる。それはさまざまな権利、あるいは多様な局面における性差別の根源をなすもの＝家父長制からの解放こそを求める根源的な運動である。それ故に一九七〇年代以降のフェミニズムを「第二波」と呼んでいる。

新しい運動が始まってからは、各地域であるいは領域で、熱心な活動が展開されたことは第一・二章で述べる通りである。性差別の実態調査とその解決策が徹底的に話し合われて、その結果を実行していくやり方はまさに民主主義の成熟した国の手法である。一般のフェミニストとラディカル・フェミニストの対立で、全国女性会議は一九七八年以後開かれていない。しかしそれ以後も各領域であるいは地域で直面する課題に真摯にとり組み、合理的に解決がはかられている。その様子が、多少とも伝えられていれば幸いである。

研究面では、一九八〇年代にジェンダー概念が導入されると、女性問題も政治・社会・経済面からの分析のみではなく、男女の関係性に重点をおくジェンダー研究が盛んになる。[15] 男女の領域を超えたところに存在する諸問題と、人権、民族等による性差別についても眼が向けられている。だが同時に、リーマン・ショックに見られるような超巨大金融資本による世界経済市場の動向と女性の関係にも注目していきたい。

注

（1）小熊英二『1968［上］若者たちの叛乱とその背景』『1968［下］叛乱の終焉とその遺産』（新曜社　二〇〇九年）。高草木光一編『一九六〇年代　未来へつづく思想』（岩波書店　二〇一一年）

（2）水田珠枝『女性解放思想史』（筑摩書房　一九七九年）

（3） O. R. Macgregor 'The Social Position of Women in England, 1850-1914. A Bibliography' *British Journal of Sociology*, VI, 1955

（4） 今井けい『女性史研究の動向——イギリスを中心として』『社会経済史学』第五十八巻第六号（一九九三年三月）河村貞枝『イギリス近代フェミニズム運動の歴史像』（明石書店　二〇〇一年）

（5） ハンナ・ギャブロン『妻は囚われているか——家庭に縛られた母たちの矛盾』尾上孝子訳（岩波新書　一九七〇年）

（6） Juliet Mitchell interviewed by Michelene Wandor, in *Once a Feminist: Stories of a Generation*（Virago 1990）pp. 107-112

（7） Do., *Women's Estate*, 1971, p. 153

（8） リン・チュン『イギリスのニューレフト——カルチュラル・スタディーズの源流』渡辺雅男訳（彩流社　一九九九年）二九七ページ参照

（9） Do., 'Women and Equality' in Juliet Mitchell and Ann Oakley. edd., *The Rights and Wrongs of Women*（Penguin Books 1976）pp. 379-399

（10） Jill Liddington, *The Long Road to Greenham: Feminism and Anti-Militarism in Britain since 1820*,（Virago 1989）『魔女とミサイル——イギリス女性平和運動史』白石瑞子・清水洋子訳（新評論　一九九六年）

（11） Co-operative Working Women, *Life as We Have Known It*, Ed. M. L. Davies, 1931（Virago 1977）V・ウルフの序文はこのギルド会員たちの自分史集に寄せられた。

（12） Olive Banks, *Faces of Feminism: A Study of Feminism as a Social Movement*（Oxford, Martin Robertson, 1981）

（13） Penny Summerfield, *Women Workers in the Second World War: Production and Patriarchy in Conflict*（London, Routledge, 1984）
G. Braybon, P. Summerfield, *Out of the Cage: Women's Experiences in Two World Wars*（London, Pandora, 1987）

（14） A・ミュルダール／V・クライン『女性の二つの役割　家庭と仕事』大和チドリ・桑原洋子訳（ミネルヴァ書房　一九八五年）

（15） Joan W. Scott, *Gender and the Politics of History*（Columbia University Press, 1988）ジョーン・W・スコット『ジェンダーと歴史学』荻野美穂訳（平凡社　一九九二年）。今井けい「女性史研究の視点と方法の変遷――イギリスとアメリカを中心に」『経済論集』大東文化大学　五十八㈠（一九九三年九月）参照

第一章　イギリスの大学　文化・社会

1　自然と共存の教育環境
——オクスフォードの学生生活から

ユニヴァーシティ・パークス

こちらオクスフォードは紅葉もおおかた終わり、冷い風が肌をさすようになりました。曇り空の多いいわゆるイギリス的天候の日が続くようになったのですが、九月末から一一月初旬にかけての当地の秋は実にみごとでした。オクスフォードの自然そのものが美しいというより（オクスフォードシァーについて語るときはそうですが）、当地の人々が丹精こめて作った自然が巧みに人間の生活やオクスフォードの学問にとけこんで、それが秋の訪れとともに開花したような感じでした。

ユニヴァーシティ・パークスの全体の面積は日比谷公園くらい。ここは近いコレッジから歩いて五分、遠くても二〇分もすれば行けるところで、中央にクリケットやラグビー競技にも使われる広い芝生があり、その周りを樹令二、三〇〇年もするような大樹と色とりどりのバラの花が散歩道に沿って植えてあります。道の突き当たりには丸池があり、その向こうをパント（平底船）遊びで有名なチャーウェル川が、この公園をとりまくように流れています。流れに沿って二〇分も下っていくと、一五世紀に建てられた Magdalen College の庭に通ずるのですが、ここは、めったに人にも逢わないような静かな深い森で、うっそうと茂る木々の葉が川面に届かんばかりでした。

地形や詩人の名にちなんでメソポタミヤとかアディソンウォークと名づけられた美しい通りを行くと、Deer Parks に出ます。コレッジが自分の構内に鹿を放し飼いしているなどとは、日本では考えてもみないことでした。目もさめるばかりの芝生のグリーンとバンビのなめらかな薄茶色との色彩のコントラストをご想像ください。

Magdalen College のガーデンは別格としても、その他のコレッジもそれぞれすばらしいガーデンをもっています。Worcester College の庭は大きな池が印象的でした。白鳥と水鳥が浮かび、黄ばんだ木の葉が澄んだ水面にその影を写しているさまは、絵そのものでした。大きなリスが木陰からヒョッコリと姿を見せ、芝生を走っていくのを見たのもここです。池の手前には直径二メートルもありそうなトチの木が一〇メートル四方にもその枝をのばしているのですが、ここは時々シェークスピアの野外劇の舞台に使われるそうです。

歴代のイギリスの首相を多く輩出している Christ Church（一五二五年設立）のガーデンは第二次世界大戦の戦没者を記念したもので、バラとダリアを中心とした色とりどりの花が古い建物を背景として咲きほこっていました。一本一本の花の生命は短いから、きっと長期間楽しめるようにいろいろな種類の花が工夫して植えられているのでしょう。私がこちらにきた七月末から一一月のなかばまでいつでも色鮮やかな花を楽しむことができました。

花と樹木が美しければ、当然小鳥の種類も多く、イギリスの詩や小説によく出てくる胸の橙色のロビンがすぐ目の前を飛び立つ姿を見た時は、その可憐さに思わず足をとどめたほどです。オクスフォードも近頃は各コレッジの周囲で駐車場を見つけることは困難なくらい車が多いのですが、こうしていろいろな動物が自然にたわむれるのを見られるのは、各コレッジや大学が広い庭と林をもち、それを大切に維持しているからでしょう。そして私がなによりもまずこのような環境の豊かさについて最初に書いたのも、それがここで学んでいる若い学生たちの心の糧になっているに違いないと思ったからです。

大学とコレッジ

さて、オクスフォード大学の機構と学生生活を簡単に述べてみましょう。オクスフォードは前述したChrist Church, Magdalen College, Worcester College など三十余（そのうち五つは女子のみ、ただし、現在はすべて共学）のコレッジが集まってできています。それぞれのコレッジにはだいたい二～三〇〇人の学生がいますから、大学全体でも一万人前後。彼らは全部寮に入るので、コレッジはいわば学生の部屋と食堂、コモン・ルームと呼ばれる談話室、それに二、三のセミナールームと図書館、教会から成っています。日本ならさしずめ二、三〇〇人は収容できそうな建物の大きさですが、学生がみなそれぞれ立派な個室をもっているので、どうしても少人数しか収容しきれないわけです。日本では学生寮は大学の付属物で、「大学は自宅や下宿から通って講義を聞くところ」というイメージがあるのですが、ここではコレッジでの生活自体が勉学の一部になっています。

一番羨しく思ったのはコモン・ルームの制度でしょう。毎食後、ここではコーヒーが出るので、教師も学生もここでコーヒーを飲みながら、ゆったりしたソファーに腰かけて各国から来ている新聞に目を通し（どんな新聞をとるかは学生たち自身が決める）、政治を論じ、文学、芸術を語り、自分たちの勉学の進行状況などを話し合っています。一方で、非常に分化された専門知識を養成されながらも、ヨーロッパの研究者や学生が他方で広い教養をもち得るのは、このようなコモン・ルームでの専門の異なる人たちとの会話が大きく貢献しているようです。

講義とセミナー

朝食が終わると、それぞれの専攻にしたがって講義やセミナーに出るのですが、日本のように一つの大学の一つの学部の学生だけが、ある講義に出るのではなく、例えば経済学の講義がAというコレッジで行われると、AはもちろんBからZまでのコレッジの学生で興味のある者は全部この経済学の講義に出席できるわけです。一時限目の講義が終わると、みんな自転車で次の講義が例えばある者は経済史をBというコレッジに、また他の者は英国外交史をCというコレッジに聞きにいくというように、三十余のコレッジの間を往復します。これまでガウンをなびかせながらコレッジからコレッジへ自転車を走らせる学生の姿はオクスフォードの名物だったようですが、近頃ではガウンは形骸化してあまり見られなくなりましたが、相変わらず自転車の学生は忙しそうに往来しています。こうしてオクスフォードの学生は一つのコレッジに生活と勉学の場を置きながらも、講義やセミナーではいろんなコレッジの教師や学生と接触することができるわけです。

毎学期（一年三学期制）University Pressから発行される大学全体の時間割は、自然科学、社会科学、文学、音楽、美術のセミナー、講義を含み、ちょっとした本くらいの大きさになりますが、それを見ていると、ヨーロッパにおける古い歴史をもつuniversityというものの性格を理解することができます。

セミナーには、それを主催する教師と学生が集まるばかりでなく、専門の近い先生方も他所のコレッジから参加するので、いきおいその内容は非常に高いものとなります。しかもご承知のように、オクスフォードには世界中から研究者が集まっているので、アフリカ問題であればアフリカから来ている学生や研究者からその地域のことが聞けるし、ヨーロッパのことであればドイツ、フランスの友人から詳しい事情が聞けるわけです。このようなインター・コレッジのしかもインターナショナルなセミナーについては、研究設備のかなりすぐれているアメリカから来ている留学生ですら"Marvellous!"（すばらしい！）というのですから、おおよその見当はつくことと思います。

テュトーリアル

オクスフォードの勉学についてもう一つ忘れてならないのは、テュトーリアル（個人指導）でしょう。

図書館前にて（著者）

学生は自分の専攻に従ってコレッジから指導教授を言いわたされるのですが、この指導教授はもちろん自分の所属するコレッジの中の先生に限定されるのではなく、広くオクスフォード大学全体の中から一番適当と思われる教師を指定されるわけです。オクスフォードにもしふさわしい先生が見つからなければ、例えばケンブリッヂやロンドン大学の先生にお願いすることもあるというのですから、その徹底ぶりにはまったく驚きました。指導教授は自分の学生に読まなければならない書物を指定したり、読んだ本についてはその内容を報告させ、学生自身の見解をも要求するのですから、学生にとっては大変厳しい勉強になるわけです。しかし、毎週一回のこのテュトーリアルによって、学生の実力は実に高い程度にまで養成されるわけです。

大学と市民の結びつき

次にオクスフォードの大学と市民を結びつける講義やセミナー（一般市民に公開されているもの）の一例についてお知らせしましょう。

私がお世話になっているセント・アントニーズ・コレッジのファー・イースタン・センターで行われる週一回の極東セミナーでは、中印問題、日本の学生、インドネシアの政治などについての報告があるのですが、これには東洋に関心をもつ市民も参加しており、なかには学生たちよりも熱心に毎回ほとんど欠かさず出席している中年の女性の姿も見られます。

また、ハスケル教授の美術史の講義の例をとると、当地には大学に所属する美術館が市の中央部にありますが、講義は夕方五時から一般市民も参加してこのミュジーアムの講堂で行われます。ルネサンス時代の絵画などについて、その特色や歴史的背景をスライドで見せながら説明していくのですが、講義のあとで、さらに講義の中でとり上げたミュジーアムの保存する実物を、別の専門家が詳細に解説しながら見せてくれるのには感心しました。老夫婦も何組か参加していましたが、日頃見なれているこのミュジーアム（公開されている）の絵画について、このように説明を受けると、おそらくそれらがよけい身近なものに感じられることでしょう。大学と市民とのあり方について考えさせられる講義の一つです。

勉強のことばかり書きましたが、もちろん週末ともなるとみんなよく遊びもします。劇場や映画館はすぐ近くにあるし、スポーツもおおいに楽しんでいます。楽器をもちよって合奏団を作ったり、学生ユニオンは定期的に討論会を開いて意見の交換もしていました。

充実した学生生活――これこそが本当の学生生活だと痛感したしだいです。日本からも若い留学生がかなり来ていて、イギリスの学生と肩を並べて頑張っていますが、どういうわけか大蔵、外務、農林省などの官吏、ビッグ・ビジネスの青年が多いのには驚きました。日本の大学を充実するためには、大学関係者こそもっと外国の実情を知るべきではないかと思ったのですが……。

オクスフォード大学・ボードリー図書館

オクスフォードの図書館のこと、イギリスの生活全体のこと、シェークスピアの演劇のことなど、まだまだ書きたいことはたくさんありますが、また次の機会に。（一九六九・一一・二九、オクスフォードにて）

（『大東文化』一九七〇年二月一日）

2　イギリスのテレビで見た東大闘争
――「五十一番目の火山」

一九六八年をピークとする激しい日本の学生運動はもう過ぎ去った古い話に属するともいえるが、「大学とは何か」「大学の教育はいかにあるべきか」などについてさまざまの問題を提起した。大学に関係する一人として私ももちろん関心をもたずにはいられなかったのだが、一九六九―七〇年にイギリスで研究する機会を得て、当地の大学と比較しながら、わが国が抱える問題を客観的に考えてみる機会を得たのは幸いであった。

日本の大学と違って、多くのイギリスの大学は美しい自然環境と長い伝統が生み出した、深い静かな学問的雰囲気に溢れていた。このような環境にようやく慣れ始めた一九六九年もおしつまったある日、私はテレビの予告欄で日本についてのプログラムがあることを知った。たしか八時から九時までの長時間番組である。イギリスの人たちが日本をどう見ているかということは私の関心の一つでもあったために、これは見逃せないものだった。自室にはテレビがないから、コレッジのコモン・ルームまで行った。イギリスの学生生活は対話の場としての、このような学生共通の部屋なしには考えられないのだが、そこには各種の新聞や雑誌とともにテレビが置いてある。カーペットが敷きつめられゆったりしたソファや腰掛け、フロア・スタンドも置いてある。私がこの部屋に着いた時には、すでにイギリスの学生はもとより、ドイツ、フランス、アフリカ、中南米からの留学生ら一五、六人は集まっていたように思う。こういう人たちの前で日本のことがどう紹介されるのか、私は期待と不安でテレビを見つめた。標題は「五十一番目の火山——東京」であった。

日本人の私でもはじめこのタイトルの意味するところはわからなかったが、テレビの解説によれば、日本には五〇の火山があり「五十一番目」のそれは東京であるという。すなわち、東京での激しい学生運動を火山にたとえたのであった。

番組の最初のシーンは忘れもしない。新幹線列車の走る下に小さく、みすぼらしい家々が密集しているわれわれにはおなじみの風景である。テレビ解説者はいう。「東京は一九二三年の関東大震災、一九四五年の第二次大戦のあとと、二度も都市計画を実行する機会があったのに、何ら手が打たれなかった。家は無秩序に建てられ、そのすぐわきを技術的に世界でももっとも進んだ新幹線の超特急列車がごう音をたてて走っている。——ノー・ガーデンズ、ノー・トゥリーズ（庭も、木もない）」。画面には、さらに労働に追われて疲れ果てた無数のサラリーマンの姿が映し出される。

さしずめ、このあたりに五十一番目の噴火の奥深い原因があり、激しい学生運動はその噴火口であるといいたいところなのであろう。続いて画面は、その前年に頂点に達した日本の学生運動の姿を紹介していた。手ぬぐいを首に巻き、ヘルメットをかぶり、長い竹竿をもった学生のデモが大映しになる。東大の安田講堂の攻防戦も詳細に映し出された。解説は必ずしも大学問題の本質を十分ついているとは思えなかったが、日本のすしづめ教育の実態、学費の高額なことなどはもちろん説明されていた。

「テクノロジーに対する生身の抵抗」

日本人である私に何よりも印象的であったのは、ＢＢＣ（英国放送協会）の取材記者たちが、このもっとも尖鋭とも思われる学生の反体制運動の型の中に、古くからある日本人の精神構造のパターンを見てとっていたことである。

解説者は街路の敷石をひろって機動隊の装甲車に立ち向かう学生の反抗を「テクノロジーに対する生身の抵抗」として説明し、その中に戦時中にも見られた日本人の肉弾的特攻精神の再現を指摘する。目的と手段のこのアンバランスは彼らにとっては依然として理解し難い日本的現象なのである。

ゲバ学生たちの群衆としてのこの熱狂ぶりはまた、彼らには、日本の各地で見られる裸祭りの際の若者たちの没我的な興奮状態と共通の群衆心理と同じに見えるらしく、学生たちの奮戦ぶりに重ねて裸祭りの様子を画面に映し出して見せていた。

このような戦後の学生たちの中にさえくり返される一種の精神主義的熱狂性は、そうでもしなければいっこうに反応しない管理者側の頑迷さと対応するものであることもまた事実であろう。しかし、イギリス人にとっては、総じて日本人の伝統的非合理主義の現われとしか考えられないのである。親切な解説者は視聴者の理解を助けるために、その先駆的実例として忠臣蔵の討入りの場面をわざわざ画面の中で映し出して見せていた。

つまり、彼らには経済成長率世界ナンバー・ワン、世界最新鋭のテクノロジーを誇る戦後の日本人（学生を含めて）の精神構造の中に、前近代的なものが根強く生き残っているというのであった。

大学での自由や自治の伝統の根づいているイギリスの大学でも、日本の学生運動を真似たような行動様式がわずかながら見られたこともある。しかし、日本のような全国的なひろがりとはならなかった。その意味でも、イギリス人が日本の学生運動のあり方を、日本人の民族的な特性として理解しようとしたのは、あながちこじつけとはいえないであろう。私はむしろ、彼らのそのような解説によって、あらためてわれわれの社会生活の中にある伝統的特質を自覚させられる面があったと告白せざるを得ない。

イギリス人は、理性の府としての大学の革新はそれにふさわしく人々の英知を傾け、理性的に問題点を把握し、率直にその解決をはかることによってのみなしとげられるものと考えるし、それには長い年月に耐えるねばり強さをも覚悟している。したがって、一時的に大学の施設を占拠し、大学の解体を叫ぶことによって、ただちに大学の改革が生まれるとする短絡的な思考・行動様式にはついてゆけないのである。

あれから数年を経た今日、大学は以前の静けさをとりもどしつつある。しかし、具体的・本質的にどのような改革があったのか？　ＢＢＣのいうように日本の学生運動は、やはり日本人特有の非合理主義的な一時的興奮にすぎなかったのであろうか？　課題がそのままに残されているとしたら、われわれはいかなる方法をとるべきであろうか？　学生だけの問題ではない。

（『大東文化』　一九七四年五月一日）

【追記1】イギリスでも程度の差はあれ、大学入学志望者の増大、新しい社会・技術に適応できるような人材の養成、大学の管理・運営など、日本と同じような困難な問題を抱えている。この問題の調査と将来に対する改善案が、一九六三年ロビンス報告としてまとめられ、現在この線にそって改革が積極的に行われている。

【追記2】二〇一四年一月三〇日の「NHKテレビ 1」は「クローズアップ現代」で『東大紛争四五年の真実～教授たちの告白』と題して三〇分番組を放映した。理学部物理学教授の植村泰忠氏が残した六〇〇枚におよぶ教授たちの証言記録をもとにしたものである。公式記録はない。一九六〇年代は日米安保条約破棄、ベトナム戦争反対で学生運動が高揚した時である。東大では医学部の学生に対する誤った処分で「運動」にさらなる油を注いだ。

入試ができるか否かが座談会で問題になるが、学生との対話は行われず、一九六九年一月一八日機動隊は安田講堂に進入。文部省は同年の入試中止を決定した。

座談会出席者のうち坂本義和氏は、紛争の解決を機動隊に委ねたことで、「国家に対する大学の自治の意味は大きく変った……。あのときの学生たちの一部は『高度経済成長は何のためだ』『なぜ大学で学ぶのか』と問いかけていた。……彼らの問いかけは、時代が大きな転換点を迎えている現代でも絶えず問われなくてはいけない問題だ」と指摘していた（NHK ON LINE「東大紛争秘録――NHKクローズアップ現代」）。

3　ジェントルマンとイギリス経済の衰退

ちょうど去年の今頃、イギリスを再訪した時の驚きは何といってもポンドの下落と日本人旅行者の激増であった。一九六九年に訪れた時は一ポンド九〇〇円以上したものが、今回は五〇〇円を割ったのだからその下りようには想像を絶するものがあった。

日本の一流商社とイギリス合弁企業で働くSさんは、管理職を含む約一五〇人のイギリス人を雇用して日本製品のイギリスにおける販売高をこの数年間に倍増させた優秀な社員であるが、このポンド下落の原因は彼らの怠惰にあると断定した。「オクスフォードやケンブリッジ大学の卒業生が優れているのなら、なぜ彼らは自分で、自分の手を汚してこの経済危機を救おうとしないのか？　これまでのイギリスの文化が世界を支配するような高いものであったとしても、それはおそらく滅びるであろう。ちょうどローマやスペインの文化がそうであったように」。

一つの文化というものは、所詮、生成し、発展し、爛熟し、そして崩壊するのだとSさんはいいたげであった。ここ数年間、ビジネスの世界の第一線で働き続けてきたSさんの話はそれなりに生き生きとしていて説得力があり、帰国後もずっと私の脳裏を去らないでいる。

しかし、「イギリス人は働かない」というが、他の国々の人はどうなのだろう？　これは勤勉な日本人と比較しての話なのだろうか？　それにしても、たしかにイギリス人が自分たちの生活を大切にし、それをエンジョイしようとしているのは事実である。この風潮はいったいどこから出てきたのであろうか[1]。

イギリスといえば「ジェントルマンの国」というイメージが長い間あった。ジェントルマンとは貴族より下に位するジェントリーからきたものであるが、彼らは大地主であるが故に、経済的に豊かで、広い教養を身につけることができ、立居振舞を洗練し、また有閑階級であるために広く人々の生活を考えることができた（例えば治安判事として村の司法・行政を司る）。こうして生まれたジェントルマンの特質をヘンリー・ニューマンは、「決して苦痛を与えない人、悠然としているから人の悪意を根にもつことがない。……覚悟がよいから忍耐強く、辛抱強く、しかも諦めがよい。……彼は頭脳明断であるから不正におちいることはない、彼は単純ではあるが同時に迫力があり、決断に富む。どこをさがしてもこれ以上の淡泊と配慮と寛容はないはずである」と述べている。したがって、イポリット・テーヌも指摘しているように「商売人、金融業者、事業家は朝から晩まで利益……に心を使わねばならないのでジェントルマンではない」のである。

ジェントルマン教育[2]

産業革命で富裕になった商工業階級の人々は、その経済的ゆとりからしだいに広い視野を涵養し始め、自分の息子や孫たちを、ジェントルマン教育を与えてくれるオクスフォードやケンブリッジ大学に送りこむことによって、彼らをジェントルマンに仕立てていった。教育面のみならず、生活のうえでも「ジェントルマンの体面を獲得するのに必要な道具立て」を整え始めた。田舎に土地を買い、豪華な家屋敷や家具を調達し、また大勢の召使いを雇ったりした。オーウェルによれば、「新しい成金たち（中産階級）は、ただ単にそれまでの支配階級と入れ代わるのではなく、その習慣を身につけ、上流階級の人々と結婚し、そして見分けがつかなくなってしまう」のである。

こうして地主階級のみがジェントルマンであり、またジェントルマンに成り得たのに対し、しだいに彼らのもっているような教養やマナーを身につけた人がジェントルマンと見なされるように概念が変わっていった。そして、ジェントルマンが多くのイギリス人の中に、一つの理想像として浸透していったのである。

このことは二〇世紀以後の労働者階級のなかにも間接的にではあれ広がっていったと思われる。今日では、労働者階級の子弟も学力があればオクスブリッジに入れてジェントルマンの教育を受けることができる。また、たとえ大学に入れなくても労働者も生活水準の向上や社会福祉によって、かなりゆとりある生活を営むことができるようになった。狭いながらも自分たちの庭をもち、夏には長い休暇を楽しむことができるようになった。

ボートこぎに興ずる学生たち（モードレン・コレッジ）

こうした彼らがジェントルマンのように、あくせく働くことなくゆうゆうと人生を過ごすのはよいことだと考えるのは当然であろう。余暇というものが一部の有閑階級のものだけではなく、労働者一般にも広がってきたわけである。もちろん真の意味での階級間の移動が現在どの程度に進行しているかを一口でいうのは困難だが、上流階級の外見上の生活様式やスタイルはそれ以外の階級にも広がり、ジェントルマンを志向する傾向は、意識するとしないとにかかわらず依然として根強く残っている。

激しい経済不況の一九三〇年代にイギリスを訪れたアメリカの一作家は、まだ一般イギリス人の人間形成の目標が「能率ではなく、ジェントルマンであること」に驚いているが、それから五〇年近く経た今もなおこの風潮は続いているのだろう。

ジェントルマンであること、あるいはあろうとすることが、一九世紀なかば以前の商工業者がジェントルマンの階層に入れてもらえなかったことからもわかるように、ただまっしぐらに経済建設に向かうことを許さないのである。

しかし、イギリスがＥＣに加盟し、北海油田を開発して着実に前進しようとしていることもまた事実である。そして何よりも――これらのことはあまり日本のジャーナリズムはとり上げていないが――政治・社会面での改革は実に大きい。都市化に伴う地方行政の思いきった改革（一九七四年）、公務員の活力を引き出すための公務員任用制度の改善（一九六八年）、女性の能力を生かすための「性差別禁止法」や「同一賃金法」等々。

これらの改革や新しい法律はすぐには効果を発揮しなくても、イギリスの「よみがえり」の基礎になることは想像に難くない。いや少々アングロ・マニアである私はそう望みたいのかもしれない。

（『大東文化』一九七七年四月一五日）

注

（1）村岡健次『ヴィクトリア時代の政治と社会』（ミネルヴァ書房　一九八〇年　新装版　一九九五年）

（2）村岡健次『近代イギリスの社会と文化』（ミネルヴァ書房　二〇〇二年）

4　第一回ウィミンズ・リブ大会
――「新しい問題の提起」に参加して

アメリカの女性が参政権を獲得してから五〇周年を迎えた一九七〇年を契機に、世界的な規模で広がったウーマン・リブ運動は、日本でもすっかりおなじみの話題になってしまったが、それが提起した問題は多く、その解決はむしろこれからの地味で長い努力にゆだねられているといってもよいであろう。

たまたま一九七〇年に研究のためイギリスに滞在していた私は、この問題に熱心な学友たち（主として大学院で修士や博士論文を書いている女性たち）に誘われて、五〇年ぶりに開かれたという全国的な女性集会を傍聴する機会を得た。

これはラスキン・コレッジ（オクスフォード大学にある三〇余のコレッジのうちの一つで、学校や工場その他で働いた経験のある人たちのもの）で、歴史を専攻する女子学生たちの呼びかけによって二月二八日から三日間オクスフォード・ユニオン（弁論部の建物）で開かれた。一五のグループの代表、その他個人参加を含めて約六〇〇人の女性が集まり、各グループの活動報告や意見表明などが行われた。

今度の運動は、女性とは何か、何ができるのかを現在の時点で問いなおそうとするきわめて知的で個性的で、一面感性的な側面をもっている。その目新しさは男性を敵対する性――女性を不当に抑えつけてきた性として、これにたたかいをいどんでいることだと単純化していわれている。たしかに、従来のこの種の運動では、女性を抑圧している権力や制度一般に対する批判が強調されて、このような権力や制度をつくり、それを牛耳っている男性そのものへの批判はなかったといえる。今回のオクスフォードにおける集会でも、会場から男性をすべて閉め出していたし、会場にある歴代のユニオンの会長の胸像には、古新聞紙で作った三角帽をかぶせて、その威容を戯画化していた。これも彼女たちの男性の権威主義に対する不信と反発を象徴しているのであろう。新聞記者でさえも、それが男であれば、男に都合のよいことしか書かないからといって取材することも許されなかった。

会場に集まった運動の主役たちは、長い髪を後にたらし、パンタロンやマキシコートを着た意外に女性らしさをたたえた若い女性たちで、その多くは学生であり、地味な、地方から出てきた母親や働く女性の存在は、どちらかというと目立たなかった。そのうえ、このような運動の全国的な集まりが開かれたのは久しぶりであったせいか、多様なうっ積がそのままどっとほとばしり出たようで、発言内容もその性格も実にさまざまであった。共通なのは、それがひとしく女性という立場からの発言であったことである。

「家事労働は人間の創造性をついばむ虫である」という意見が出るかと思えば、「自分は家にいることが好きであり、働きに出たいとは思わない」という発言。また工業都市コヴェントリーから来た婦人からは、アパートに住む女性の孤独感、社会からの隔絶感が訴えられたし、中年の働く女性からは賃金格差の実態が詳細に説明された。他方では、男性中心社会でのセックスの対象としての女という地位からの解放を呼びかける声があり、また「このウィミンズ・リブを男女を問わず、人間としての、人間のための運動にしていきたい」「労働者とともに組合活動に積極的に参加しよう」などという意見が出された。これらはすべて今日のイギリスの女性たちのもっている社会的な問題を知るうえで興味深いものだった。

三日目の最終日には、いくつかの決議が採択された。その主なものは、全国にある女性組織の連絡機関をロンドンに設立し、三カ月ごとに地域集会を、半年ごとに全国集会をもつこと。国際的な情報交換センターを作る。会議の内容は文書にして配布するなど。このような経過から明らかなことは、この集会が、それまで多くの地域でばらばらに行われていたリブ運動（運動の目的、内容も地域によって異なる）を統一し、さらにそれを広めていくことに大きな貢献をしたことである。

実際、各地域で行われている活動報告書が集会の始まる前に売られていたが、これらによるとすでにいくつかの地域で、例えば、同一労働同一賃金[1]、教育を受ける機会の均等、保育所や幼稚園の増設、夫婦の所得に対する分離課税（これは日本では実現している）、家政婦を雇った場合の税金控除（男性のみに認められている。日本にはない）、避妊や中絶の国庫負担、美人コンテストの廃止などを求める運動などが行われていた。

このような問題では伝統的に保守的なオクスフォードでは、むしろこの全国集会を契機に積極的な活動が開始されたのである。大会では、どちらかというと理念的・政治的な発言が多かったのに対して、地域レベルの活動は、私が見聞した限りでは、かなり現実的なものが多かった。

こうした一連の集会に出てみて感じたことは、当然のことかもしれないが、イギリスにもやはり性による差別が存在することであった。私がイギリスの大学に行った当初（一九六九年）、実感として得ていたものは、日本と比べてイギリスの女性たちの豊かな個性と独立心であった。一言でいえば、男の付属物という感じがしない。男性に劣らぬ実力をもって、さまざまの分野で活躍している女性が目立つことである。

男と同じ給料が
ホントにとれるのかな？

ARE THEY REALLY GOING TO GIVE US EQUAL PAY?

―― 大会で販売されたパンフレットから ――

有名なジョーン・ロビンスン夫人の経済学の講演を聞き、レディ・ヒックスの財政学のセミナーに出席した時などは、彼女たちの男性をしのぐ広い学識と実力に支えられた自信や豊かな人間性に触れて感動した（日本にもこういう女性はいないわけではないが、層の厚味が違うという感じである）。

もちろん、イギリスでも女性の地位や実力の向上は並大抵のことではなかった。女性参政権にしても、J・S・ミルが一八六七年に女性参政権法案を上程して敗北してから、実に五一年後にようやく認められたのであるが、この長いたたかいの間に女性が目ざめ、教育の普及とあいまって、能力のうえでも男性に劣らない多くの女性を輩出したのであろう。そして、一般的に「能力さえあれば」女性も大いに進出できるという風潮がこの国には生まれた。

しかし、性の解放の問題は、男性との形式的な機会の均等や公正な競争原理の宣言だけでは解決されない。なぜなら、出産や育児という女性としての特別な負担は少しも軽減されていないからである（集会でも、ある女性は「みせかけの解放にだまされるな」と訴えた）。リブの人たちが、「産む自由」「産まない自由」を叫ぶのはここに起因している。彼女たちはこのような仕事が女の「本来の」仕事であり、女は家庭にあるべきだとする考えを、男のエゴイズムが作り出した一方的な押しつけとして反発するのである。とかくこれまでの女性運動が、女性そのものの特質や権利についての考察より、むしろ形式的であれ、男性との平等な条件の確立にあったことを思う時、たしかに今回の運動は新しい問題を提起したといえる。

イギリスでは、この条件が中産階級においてではあれ、かなりの程度に実現し得ていたことが五〇年間もの長い間全国的な婦人集会を開かせなかった原因であろう。その意味では、ひどく遅れて出発した日本でのほうが問題は深刻であり、それだけにそれらととり組む一般の熱意は強く、母親大会、働く婦人の中央集会、婦人週間における各種集会など、例年のように盛大に開かれるのである。しかし、イギリスでも一般女性、もっと限定していえば労働者階級の女性にとっては、形式的な平等も必ずしも実現していない。したがって彼女たちの要求は、当然のことながら、前述の地域レベルでの活動におけるように、賃金・教育における平等を求めるような、非常に具体的なものになっている。

こうして、オクスフォードでの全国集会は、アメリカでの運動の一つのように、女性をめぐる「新しい問題の提起」と、「伝統的な婦人運動が抱えてきた課題の再検討」という二つの側面が微妙にからみあった集会となったのである。

（『大東文化』一九七三年九月一日）

注

（1） 労働党のバーバラ・カッスル＊（Barbara Castle, 1910 - 2002）の提案になる「同一賃金法」案は一九七〇年に成立したが、同氏は一九七五年の完全実施を目指して、精力的に企業幹部との折衝を続けていた。

第二章

現代（第二波）フェミニズムの幕あけ

イギリスの女性解放運動（Women's Liberation Movement, WLM）は一九六〇年代末に始まり、七〇年代に栄え、八〇年代にはニューライトの台頭とともに衰退。九〇年代に復帰ないしは再生したといわれる。[1] しかし実態はどうなのか。本章では最近三〇年間のイギリスWLMの歴史を回顧し、WLMが女性労働および女性労働運動に与えた影響について明らかにしたい。

WLMは一九七〇年代末にすでに内部対立が表面化し、八〇年代には「第二波フェミニズム」という表現が表れるようになった。バーバラ・ケインは「フェミニズムという語は統一を暗示しながら、その一方で差異や時に矛盾を示した[2]」と述べ、八〇年代には（単数の）feminism から（複数の）feminisms に変わったことを指摘している。しかし、七〇年代にはフェミニストたちは多様なフェミニズムが融合したひとつのWLMを信じ、その高揚をもたらしたのである。そこに内包されていたフェミニズムとは、戦前から受け継がれてきた伝統的なリベラル・フェミニズムと社会主義フェミニズムおよび一九六〇年代に台頭したラディカル・フェミニズムである。[3] これらはイギリスでは相互に刺激し補完しながら、またある時は激しく対立しながらWLMを進展させたのである。

以下では、これらのフェミニズムの異同を検討しながら、それぞれがWLMの盛衰と、女性労働運動に、さらに研究や教育、平和にいかにかかわったかを検証したい。

注

（1） Joni Lovenduski; Vicky Randall, *Contemporary Feminist Politics: Women and Power in Britain* (Oxford University Press, 1993) p. 1

（2） Barbara Caine, *English Feminism 1780-1980*（Oxford University Press, 1997）pp. 255-271

（3） 多様なフェミニスト思想の源流と発展、運動の米・英における歴史については Olive Banks, *Faces of Feminism: A Study of Feminism as a Social Movement*（Oxford: Martin Robertson, 1981）を参照。社会主義フェミニズムのルーツはマルクス主義ではなく、それ以前の共同体的社会主義であるとする。p. 8.

本稿での「社会主義フェミニズム」は広く定義し、社会主義の実現ばかりでなく、一般的な社会改革の中で女性解放をはかる思想や運動をも含める。なお、多様なフェミニズム論の特徴と問題点を明確に論じたものとして、伊藤セツ「女性解放思想と現代フェミニズム」『女性労働研究』No. 38, 2000, July がある。また次も参照。江原由美子編『フェミニズム論争――70年代から90年代へ』（勁草書房　一九九〇年）

1　現代イギリス（第二波）フェミニズムの形成

イギリスの第一波フェミニズムは、一八六〇年代に始まった女性参政権運動から第二波の台頭する一九六〇年代までの約一〇〇年間に展開するさまざまなフェミニズム（フェミニスト運動）をさす[1]。その中でもっとも長い歴史をもち、現在でも大きな影響力をもっているのがリベラル・フェミニズム（Liberal Feminism, LF）であり、その信奉者たちは主としてロビー活動や集会などを通して男性と同等の諸権利を要求するいわば権利運動を行った。これに対して、社会主義フェミニストたちは、単なるロビー活動ではなく、社会改革あるいは社会主義社会実現の過程で男女の平等をはかろうとした。とくにイギリスでは「階級」問題とのかかわりが深く、社会運動や労働運動との連携もはかられたのである[2]。

これらの運動は第二波フェミニズムに受け継がれていくが、「第二波」を「第一波」と大きく異にしたのは、ラディカル・フェミニズム（Radical Feminism, RF）の誕生である。リベラル・フェミニズムや社会主義フェミニズム（Socialist Feminism, SF）が法制度や社会制度あるいは社会構造に挑戦したのに対し、ラディカル・フェミニズムは、このような法制度・社会制度が改善されてもなお両性間に差別が存在することに注目したのである。

(1) ラディカル・フェミニズム

ラディカル・フェミニズムはアメリカで一九六〇年代に生まれた。経済的好況と生活水準の向上の中で、女性の教育水準も向上したが、女性たちは精神的充足を得られなかったばかりか、抑圧感さえ広がっていた。こうした状況をいちはやく摘発したのが、ベティ・フリーダンの『女らしさの神話』(一九六三年)である。ケイト・ミレットの『性の政治学』(一九七三年)[3]はさらに抑圧の原因を家父長制＝男性優位主義に見出し、資本主義社会以前から連綿と受け継がれてきた男性による女性支配と、女性の中に根強く残る依存意識と劣等意識に家父長制は起因すると考えた。それは政治・経済・社会・文化などあらゆる領域にはびこり、さまざまなやり方で力を振るっている実情を示した。一見個人的に見える男性と女性の関係も、実は支配と被支配という政治的関係にあることを暴露したのである。

ではなぜ家父長制が生まれたのか？　他のさまざまな制度が変化しているのに、家父長制のみが連綿と存続するのはなぜか？　この疑問に答えたのが、シュラミス・ファイアストーン『性の弁証法』[4](一九七〇年)である。彼女はこの本の中で、家父長制の起源を生物学的家族に求めた。女が生産から排除され、「性、生殖、育児」を担わされることによって、男性支配が生まれた。したがって、そこからの解放は「妊娠・出産」を含む女性の身体的機能を女性自身の管理下に置くことである。また、生殖技術の発展によって、種の「再生産」(生殖)そのものを女性の身体以外のところで実現することも可能となるのである(例えば、試験管ベービー)。

このようにまったく新しい発想に基づくラディカル・フェミニズムは時として男性忌避に陥ることもあり、フェミニスト運動にこれまでにない新しい側面を提示し、また論議を呼ぶことになるのである。

注

（1） 第一波フェミニズムについては、Lynn Abrams, *The Making of Modern Woman: Europe 1789-1918*（London: Longman, 2002）pp. 265-296. フェミニズムの定義としてオリヴ・バンクスは「女性の地位あるいは女性についての思想を変えようとする努力」だと広くとらえているが、筆者もこれに従っている。Banks, op. cit., p.3. ただし、バンクスは第一波フェミニズムの源流を一八三〇年代にまでさかのぼっている。ibid., p. 225

（2） 今井けい『イギリス女性運動史――フェミニズムと女性労働運動の結合』（日本経済評論社　一九九二年）参照

（3） Betty Freedam, *The Feminine Mystique*（1963）. Kate Millete, *Sexual Politics*（1971）

（4） Shlamith Firestone, *The Dialectic of Sex*（1970）

(2) 社会主義フェミニズム

労働者階級の研究に伝統のあるイギリスでは、これより先、すでに一九六六年にハンナ・ギャブロンが『妻は囚われているか』を著し、ロンドンの労働者階級と中産階級の若い母親たちの孤独な生活を明らかにした。拡大家族から核家族に変わっても家事・育児が母の規範とされるイギリスで、彼女たちは話し相手もいない隔絶された生活を余儀なくされた。しかも、彼女たちの家庭での労働は正当に評価されていなかった。[1] ギャブロンはこうした女性たちに対するインタビュー調査から、彼女たちに自立と意義のある人生の展望が開かれることの必要を説いたのである。本の出版前のギャブロンの自殺は人々に事態の解決の緊急性と重大さを訴えているかのようであった。[2] 社会学の学位論文をもとにして書かれた書物という性格から、ミレットやファイアストーンのようではなかったが、イギリスでは広く読まれた。

同じ年一九六六年ジュリット・ミッチェルは「女性――最も長期にわたる革命」を *The New Left Review* [3] に発表した。このエッセイは女性についての議論をまったく新しい方向に向けるものであり、「女性抑圧の意味と内容を社会主義理論の中で探求しようとする一九六〇年代の中でもっとも長い議論であった。[4]」ミッチェルは、二〇世紀中期を通じてイギリス左翼が「女性の従属」問題を副次的にしたことを批判し、ユートピア社会主義者、マルクスとエンゲルス、ベーベル、ボーヴォワール等の著作中の女性論に言及。「女性問題」解決の理論の欠如を指摘すると同時に、女性の従属を私有財産制にのみ帰すことの不十分さを突いたのである。そして社会主義者たちが家族を抽象的概念としてとらえたことの失敗を指摘する。[5] 抑圧の根源として家族を見た点でミッチェルはファイアストーンに先行するが、彼女は家族を分解し、それを構成している別々の「構造」すなわちセクシュアリティ、生殖および子どもの社会化の三構造から見るべきだと主張する。さらに従属が、女性が生産から排除されたことから生まれた点を考慮して、「生産」を加えた四要素の複雑なからみ合いの構造から女性抑圧を分析すべきだとしたのである。

このような主張は『女性論』(一九七一年　第四、五、七章の再録) でいっそう深められる。ミッチェルは、第一に、家族は経済的単位であること、第二に、家族の統一性はイデオロギー的に形成され、その鍵となる思想は私有財産の理念であり、第三に、家族が生物社会的形態――ファイアストーンが中心においた母／父／子どもという基本的関係――によって歴史から比較的自律性を保っていることを明らかにするのである。第三点は、ミッチェルの次の著作『精神分析学とフェミニズム』（一九七四年）でさらに展開することになる。[6]

以上のように、ファイアストーンが女性抑圧の根源を家族に見出したのに対し、ミッチェルは家族の問題を社会主義理論の枠組みの中で分析した。ラディカル・フェミニズムの性支配一元論と、旧来のマルクス主義女性解放論の階級支配一元論を発展させて社会主義フェミニズムの理論的先がけをなしたのである。

当時イギリス左翼の間ではE・P・トムスンの『イングランド労働者階級の形成』（一九六三年）とレイモンド・ウィリアムズの『文化と社会』（一九六六年）が大きな影響を与えていた。両者に影響されたニュー・レフト、反核運動参加者（Campaign for Nuclear Disarmament, CND）、ポスト・コロニアルのアフリカ系の人々、ベトナム戦争反対者、学生運動参加者たちは、ヨーロッパ各地で活動を広げていた。だが、彼らの間で女性解放問題は意識化されていなかった。ニュー・レフトの産物である「ヒストリ・ワークショップ（The History Workshop）」が設立され、一九六九年一一月、オクスフォードのラスキン・コレッジで同会議が開催されたのはこのような状況下においてである。シーラ・ロウボタムは女性史研究の必要を主張したが、フロアーからは「女性史!?」などと高笑いの声もあった。[7] しかし、前述のように翌一九七〇年二月には「女性史」の枠を超えて、約六〇〇人の女性が集まり、女性解放運動（Women's Liberation Movement, WLM）の第一回集会となったのである。

注

（1） Hannah Gavron. *The Captive Wives: Conflicts of Housebound Mothers*, 1996.『妻は囚われているか——家庭に縛られた母たちの矛盾』尾上孝子訳（岩波新書　一九七〇年）ハンナ・ギャブロン前掲書　一八六—一九〇ページ

（2） Barbara Caine. op. cit., pp. 252-253

（3） Juliet Mitchell. 'Women: the Longest Revolution' *The New Left Review*, No. 40 reprinted in *Woman's Estate* (Penguin Books 1971)『女性論』佐野健治訳（合同出版　一九七三年）

（4） Caine. op. cit., p. 253

（5） ミッチェル『女性論』八八―九八ページ

（6） Juliet Mitchell. *Phychoanalysis and Feminism*, Ken Associates, 1974『精神分析と女の解放』上田昊訳　合同出版　一九七七年および Do., 'Feminine Sexuality: Jacques Lacan and the Ecole Freudienne, Introduction I' およびその解説参照。Terry Lovell, ed., *British Feminist Thought: A Reader* (Oxford: Basil Blackwell Ltd., 1990) pp. 185-210

（7） Anna Davin in M. Wandor, ed., *Once a Feminist: Stories of a Generation*, pp. 55-56

(3) 全国女性解放会議

オクスフォードの第一回会議では、四つの要求すなわち同一労働同一賃金、教育と雇用機会の平等、無料の避妊薬と希望による中絶、二四時間保育、を求める決議案が採択された。だが、立法上の改革についての決議案は僅少差で通過した。しかも、これらの要求は静かに討議されたわけではなかった。若手の女性活動家、ラディカル・フェミニストたちは、平等に関心はあったが、法律上の改善にあまり期待しなかったし、平等の実現のために必ずしも伝統的な方法に従おうとはしなかったのである。オクスフォード会議の成功の一つは全国女性調整委員会（National Women's Coordinating Committee）の結成である。この委員会はどれか特定のグループを代表するのではなく競い合う多様なグループの要望を調整するものであった[1]。その後追加された二つの要望は、法的経済的独立、性的自己決定権（リプロダクティヴ・ライツ）およびレズビアン抑圧の終焉であった。

ラディカル・フェミニストたちは、まず、小さなグループを作り、自らの被抑圧感情の吐露から始めた。若い知識人、学生らが中心で「姉妹関係（シスターフッド）」を形成し、組織や社会より個人をとり上げ、自治、アイデンティティ、性、家父長制、男性中心社会からの解放などを論じ合った。男性の暴力・セクハラに対する批判、虐待された女性の救出、性的自己決定権の確立を求めた。統一的なイデオロギーはなく、運動の基本となる理念は「意識覚醒（コンシャスネス・レイジング）」であった。街を行進する時は、横断幕に美しく要望を描いたり、バッジにプリントしたり、大声をあげたりと、以前には見られないやり方を採用したのである。

社会主義フェミニストのシーラ・ロウボタムはＷＬＭの中で提起された上述の諸問題を初めて歴史上で検討し、『歴史から隠されて』（一九七三年）を著した。彼女は同書で、女性はこれまで自らの生活や生命の生産と再生産に、仕事や生殖を通して、いかにかかわってきたか、またこれらの諸活動において自らの意志をいかに表明し、またそれが妨害されてきたかに焦点を合わせた。ロウボタムは資本主義発展の過程で男性は他の男性の所有物であることを止めたが、女性は家庭で依然として男性の所有物である。社会における女性の従属は正しく、自然であるとする考え方が普及する実態を明らかにした。人口問題と女性のリプロダクティヴ・ライツとの矛盾、女性の家事労働が労働市場や男性中心の労働組合に与えた影響[2]、さらに性の解放の視点から産児制限運動やホモセクシュアリティについても明らかにしたのである[3]。イギリス女性運動史の古典とされているレイ・ストレイチーの『大義――イギリス女性運動小史[4]』が主として中産階級の女性の権利運動が中心であるのに対し、ロウボタムの著作はまさに新しい時代の要請に応える女性運動史である。著者はさらに社会主義フェミニストとして、他の運動から孤立することなく女性がいかに自治を獲得するか、また近未来の要請と、誰もが抑圧されない社会の創造という長期的な要請とを結びつける戦略の必要も忘れないでいる。

さらに、ロウボタムはこうした検討の中で、現代フェミニスト運動が提起した諸問題が実はすでに多くの先駆者たちによってとり上げられ、解決のためにたたかわれた事実をも明示した。しかし、彼女によれば、一九一四年以後、さらには第二次世界大戦後の高等教育や新しいタイプの仕事への女性の進出、福祉の改善などは現在の大衆的なフェミニスト運動の結果ではない。平等賃金、妊娠中絶、ホモセクシュアリティ法の改善といった個別の要請ではなく、「すべての人間が自らの生活のすべてをコントロールできる社会の創造」こそが必須だとして新しいWLMに期待するのである(5)。

だが、WLMはその組織のあり方からも予測できるように、すでに一九七〇年代に分裂のきざしを示し、一九七三年に「アフリカ人女性グループ」が、また一九七五年に「全国女性援助連合」や「全国中絶キャンペーン」が誕生し、決定的な分裂を一九七八年に迎えることになる。

しかし、当時の女性運動には、伝統的なグループによるもう一つの大きな潮流があり、WLMの「新しいエネルギーと鋭い刃先」(6)を借りながら、法制面と社会面で改革の成果をあげていくことになる。

注

(1) Imelda Whelehan, *Modern Feminist Thought. From the Second Wave to 'Post-Feminism'* (Edinburgh University Press, 1995) p. 14

（2）Sheila Rowbotham, *Hidden from History: 300 Years of Women's Oppression and the Fight against It*（London: Pluto Press, 1973）pp. ix-x

（3）ibid., pp. 65-76

（4）Ray Strachey. *The Cause: A Short History of the Women's Movement in Great Britain*（New York: Kenikat Press, 1928. repr. 1969）栗栖美知子・出淵敬子監訳『イギリス女性運動史　１７９２－１９２８年』（みすず書房二〇〇八年）。Barbara Caineは、ロウボタムが現代のＷＬＭと従来の運動との断絶を主張するあまり、ストレイチーの古典を的確に評価していないと批判している。Caine op. cit., pp. 262-263

（5）Rowbotham, op. cit., pp. 167-169

（6）Harold L. Smith, 'The Women's Movement, Politics and Citizenship 1960s-2000', Ina Zweiniger-Bargielowska, ed., *Women in Twentieth-Century Britain*（Harlow: Pearson Education Ltd., 2001）p. 279

2　ロンドンのデモと法制度面の改革

一九六九年、約三万人の女性たちのデモンストレーションがロンドン・トラファルガー広場で行われた。イギリス北部のダゲナム（Dagenham）にあるフォード自動車工場の女性労働者たちによる賃金引き上げ要求に端を発したものである。五〇〇〇万ポンドに値する輸出を支えたフォードの女性たちは前年の一九六八年に平等賃金を求めてストライキを起こし、下院までマーチした。ヴォクスホール社、ロールスロイス社にもストが波及し、バーバラ・カッスル（のちの労働党雇用省大臣）は七年以内の平等賃金の実現を約束していたのである。

こうした運動の高揚を受けて、オクスフォードの集会にも出席した労働党議員のオードリ・ワイズは、女性運動の真のはじまりは一九六八年だとし、次のように述べている。

アメリカの影響を受けたもの（オクスフォードでの集会―筆者）より先だという点で重要である……一九六八年は二つの点で決定的に重要である。一つは、女性参政権獲得五〇周年記念の年であり、……もう一つはフォードのストが、女性のストとして認められた八〇年以前のマッチ「女工」のスト以来最初のものだという点である。[1]

ワイズはさらに翌一九六九年の「女性の平等権を求める全国合同行動キャンペーン委員会（National Joint Action Campaign Committee for Women's Equal Rights. NJACCWER）」の結成と、それによる前述のトラファルガー広場での示威行動を、労働者階級の女性解放運動として重視するのである。[2]

しかし、第二次世界大戦で中断した、賃金と機会の平等を求める運動が戦後復活し、拡大する過程でリベラル・フェミニストと社会主義フェミニストが個別にあるいは共同で運動を進めた点を軽視することはできない。さまざまなグループ――伝統的なものであれ、新しいものであれ――WLMと連携することで七〇年代のフェミニスト運動を前進させたのである。

女性の権利運動は、一九二〇年代に女性選挙権が実現してからも小規模ながら続けられてきた。なかでも平等賃金の要求は、第二波フェミニズムの台頭以前から継続してきたものである。非産業部門の公務員の男女平等賃金は一九五五年から一九六二年にかけて段階的に導入された。主にこの部門の労働組合の圧力によるものであり、男性の同僚による支援も大きかった。もっとも男性の中には、彼らと同じ資格をもつ女性が低賃金で働くことへの危惧があったことは否めない。とはいえ、A・ハントによれば開明的な男性の支持が、職場での平等を求める女性の長期にわたるたたかいの特徴だった。その後、平等賃金は地方公務

平等賃金を求めるストに賛成！　フォードの女性労働者（1968年）

員と公立学校の教師にも適用されたのである。[3]

しかし、株式取引所・国教会・外務省への女性の参入は禁止されたままであり、時期による強弱の差があったとはいえ、それらの開放を求める運動が続けられた。一九六〇年代後半になると伝統的な女性団体であるシックス・ポイント・グループ[4]、女性校長協議会、イギリス有職女性連盟、TUC(労働組合会議)が加わって、職業・社会保障・税における平等を求める運動が始まった。ロンドン大学のマクレガー博士による中産階級の女性運動はその階級基盤を広げるべきだとする発言に刺戟されて、彼女たちの組合加入も増加し、女性運動と労働運動の連携がはかられた。

一九六八年は人権年であり、前述のように女性参政権五〇周年に当たる。第一波フェミニスト運動で活躍したフォーセット協会は、これを祝うために女性の雇用に関心をもつさまざまなグループと個人からなる集会を組織した。既述のようにバーバラ・カッスルはこのとき平等賃金を約束したが、その他サマースキル夫人、TUC代表、イギリス産業同盟(Confederation of British Industry, CBI)の代表、タイムズ新聞記者など多様な顔ぶれが揃って、平等実現のための基盤づくりとなった。[5] 労働党は平等賃金を掲げて一九六四年の選挙に勝利し、労働大臣レイ・ガンター(Ray Gunter)を中心に平等賃金を討議する委員会を設置していた。しかし、民間企業の平等賃金に政府が関与することに消極的だったガンターの委員会は平等の定義とコストの予測が困難だとして、議論は宙に浮いた。

一九六八年カッスル夫人がガンターに代わって会議を再開。イギリス産業同盟はコストの増加を嫌ったが、ILO条約一一〇号(同一価値労働同一賃金)より、影響が小さいとしてローマ条約一一九号(同一労働同一賃金)の適用を主張した。労使双方ともしぶしぶではあったが、カッスルの妥協案を受け入れ、一九七〇年に平等賃金の一般原則を法制化したのである(6)。だが同法はボーナスを含めた賃金、有給休暇、労働時間、残業手当などの雇用契約における男女の平等を定めたものであり、政府もカッスル夫人も全般的な差別の反対条項を法律に含めることは考えていなかった。しかも、当初五年間、同一賃金法（Equal Pay Act, EPA）の遵守は企業の裁量に委ねられたのである。

こうした平等賃金の法制化の動きの中で、労働界では前年一九六九年、NJACCWERによるロンドンの示威行動に続いて、マンチェスター、コヴェントリ、ダンディでも平等賃金を求めるストが起こり、一九七〇年には巨大企業のホーカー・シドリィ（Hawker Siddeley）のストも成功した。一九七三―七四年には平等賃金についての前例を見ない数のストが実施されたのである。

WLMの女性たちは当初法改正への依存に消極的だったが、WLMの一部である「女性ロビー（Women's

国際婦人年、TUCのデモ（ロンドン、1975年）

Lobby)」がフォーセット協会と提携した。リベラル・フェミニズムの伝統を受けつぐフォーセット協会はすでに労働界の女性や社会主義フェミニストと共同行動をとっていたが、ここに新しいフェミニストたちも参加したのである。彼女たちはＥＰＡの早急な実施と雇用の非契約要素の法律への導入を求めて運動した。一九七四年に労働党が政権の座につき、バーバラ・カッスルが雇用相に就任すると事態は急速に進展した。彼女はＣＢＩとＴＵＣの労使双方と交渉を重ね、一九七五年ついに性差別禁止法（Sex Discrimination Act, SDA）を議会で通過させた。ＥＰＡから除外されていた募集、昇進、訓練、配置転換における差別の禁止が決まったのである。同法は、年金、税金、社会保障における平等を直接規定していない。出産休暇については雇用保護法で扱われている。不服申請の立証責任は申請者から雇用者に移された。これら一連の法律実施の責任は「機会均等委員会（Equal Opportunity Commission, EOC）」に付託されたのである。(7)

注

（1）Audrey Wise, 1988, quoted in Michelene Wandor, op. cit., p. 120

（2）ibid

（3）A. Hunt. *Women and Paid Work: Issues of Equality*（Basingstoke: Macmillan, 1988）p. 17

（4）シックス・ポイント・グループ The Six Point Group については、拙稿「両大戦間期イギリスにおける女性運動——その二「平等派」フェミニズムからニュー・フェミニズムへ」『経済論集』第六五号（大東文化大学　一九九六年）参照

（5）Elizabeth M. Meehan, *Women's Rihgts at Work: Campaigns and Policy in Britain and the United States*（Basingstoke: Macmillan, 1985) pp. 45-47

（6） ibid., pp. 64-65

（7） ＳＤＡ法制化の過程およびＥＯＣについてはLovenduski; Randall, op. cit. および浅倉むつ子『男女雇用平等法論
――イギリスと日本』（ドメス出版　一九九一年）第三部を参照

3　ウィミンズ・リブの分散と活性化

以上のように、第二波フェミニズムはリベラル・フェミニズム、社会主義フェミニズム、ラディカル・フェミニズムの三つのグループの連携によって、EPAとSDAの二法の成立に成功した。しかし前述のようにWLMはその後一九七八年のバーミンガム大会を最後に、全国会議は消滅した。サッチャー保守党内閣誕生の一年前である。

社会主義フェミニストとラディカル・フェミニストの対立は女性のセクシュアリティと性の問題の取り扱いかたにおける見解の相違から生まれている。全国女性会議での最初の六項目の要求は、ラディカル・フェミニストによると、家父長的資本主義制度を変えることなく達成できる。だが、レイプや暴力といった問題はこの枠組になじまない。法律の変更より態度の変更を迫るからである。(1) それ故に、七番目の要求「女性に対する男性の支配と暴力の終焉」は激しいやりとりの末ようやく通過したのである。ロウボタムたちは『断片を超えて――フェミニズムと社会主義』の中で、より広い進歩的運動の中にフェミニストの関与と組織化の方法をとり入れて、左翼を変えることを主張した。(2) アンナ・クートたちによれば、SFとRFの議論が女性運動を揺るがしたとしても、七〇年代を全体としてとらえるとき、両フェミニストたちは多くの課題にともにとり組み、一つのグループとして運動を進めたといえる。(3) しかし、近年の研究ではこの対立を深刻に受け止め、「七〇年代末までに、革命的フェミニズム、分離主義、『政治的レズビアン主義』という考え方に反対した女性たちは、社会主義とフェミニズ

最後の「全国女性解放会議」(バーミンガム、1978年)

ムの結合の試みの失敗を認めざるを得なかった」といい、ロウボタムたちの発言も楽観的すぎると見る[4]。フェミニストたちの対立が、サッチャー内閣の相次ぐ、女性を含む弱い立場の人々への激しい攻勢を許した一因と考えられるからである。

だが、逆にこの保守党内閣による労働攻勢が労働組合をはじめ労働側に長年にわたって存在した性差別の解消に向かわせることになる。イギリスの法律ではアメリカのようなアファーマティヴ・アクションは違法である。男性に対する逆差別になると考えるからである。しかし労働組合に対してはポジティヴ・アクション[5]が求められたことからも労組内の差別撤廃が大きな課題であったことが伺える(労働組合および女性労働者に、WLMが与えた影響については後述)。

注

(1) Lynne Alderson, Glenys Jacques, Sally Wainwright: 'Forum' *Spare Rib*, Issue 74. Sept. 1978

(2) Shiela Rowbotham, Lynne Segal, Hilary Wainwright., *Beyond the Fragments: Feminism and the Making of Socialism* (Merlin

Press, 1979）『断片を超えて――フェミニズムと社会主義』澤田美沙子、坂上桂子、今村仁司訳（勁草書房　一九八九年）二八一―二八五ページ

（3）Anna Coote; Beatrix Campbell, *Sweet Freedom: The Struggle for Women's Liberation*（Oxford: Blackewell, 1982）p. 33

（4）Sue Bruley. op. cit, p. 153

（5）ポジティヴ・アクション（positive action）は、男女格差の著しい職域・組織等で採用される「積極的格差是正措置」のこと。女性（または男性）が皆無か、または比較的少数しかいない職務に就くための教育・訓練やその職務に就くことへの奨励が含まれる。浅倉むつ子『労働とジェンダーの法律学』（有斐閣　二〇〇〇年）二九四、三三三―三六六ページ参照

4　労働組合内の変革と女性労働運動

イギリスの労働組合運動は近年凋落が著しいとはいえ、西側資本主義国の中でおそらくもっとも影響力があるといえよう。女性も労働組合を通して男性の支持を得ながら労働条件の改善をはかってきた。もっともラディカル・フェミニストにとっては、労働組合は「資本」と同様に女性解放に反するもう一方の権力の拠点であった。たしかに労組は男性に支配され、政策決定のためのポストはそのほとんどが男性によって占められ、女性労働問題は団体交渉項目の下位に置かれていた。それにもかかわらず、社会主義フェミニストたちは、「労組に女性を組織し、労組を通してキャンペーンをし同時に労組を変革することが必要だ(1)」と認識したのである。

ここではまず男女労働組合員の数、組織率等の推移を通して、女性の組合への進出を見てみよう。

一九七九年に人数、率ともにピーク（男性の組織率が六三・一％に対し、女性は三九・四％）を経験した後、一九九五年にはそれぞれ三四・六％と二九・五％に激減。六〇年代なかばから一九七九年までの特徴はホワイトカラーの労働力が四・一％の増加であったのに対し、ホワイトカラー組合員数の増加率は三三・八％を数え、イギリス全労組員の四〇％がホワイトカラーになったことである。これは同部門の女性労働者数の増加を暗示するが、事実一九七〇年から一九七九年までに女性ホワイトカラーは二五八万人から三八二万人と四七％増加し、女性の占める割合も三一・二％から四〇・四％に増大した。組合員全体に占める割合は二四・二％から三〇・二％に上昇した(2)。

労働組合とフェミニスト運動の高揚と提携

こうした女性労働組合員数の増加とフェミニスト運動の高揚の中で個々の労組によるいくつかの成果を見ることができる。例えば事務職員労組（APEX）は中央調停委員会（Central Arbitration Committee）に要請して、タバコ巨大企業を含む大企業における低賃金の「女性等級」の廃止に成功した。またホワイトカラー・エンジニア労組（TASS）は「女性にも男性の賃金を！」のスローガンのもとにキャンペーンを行い、一九七五―八〇年の間に男性の七四・四％から八一・三％への改善を実現し、全国統計よりはるかに良い結果を得た。全国公務員組合（NUPE）も法規以上の出産費用協定を結び、他方、地方公務員組合（NALGO）はロンドンのキャムデン・バラーで、後述する「ポジティヴ・アクション（積極的格差是正）協約」をイギリスで最初に締結することに成功した。またNALGOは「平等のための交渉」「職場付属保育園と働く両親の諸権利のための交渉」など一連の交渉ガイド・ブックを作成して各自治体での交渉の参考に供した。(3)

フェミニストと一般労働組合員との連携は一九七四年の市民の自由全国協議会（National Council for Civil Liberties, NCCL）が労働組合会議（TUC）本部で女性の権利会議を開催したことから始まる。ビル清掃労働者の交通一般労組（TGWU）への組織化など、職場での平等を求めるフェミニストたちのキャンペーンが提携の道を開いた。この頃からTUC年次女性大会への若いフェミニストの出席が目立ち、WLMの女性と労働運動との政治的文化的ギャップが縮小した。

フェミニストたちが「働く女性憲章」を作成すると、TUCも「職場の女性のための目標」を作成し、フェミニストの主張をほとんどすべて包含して一九七五年に発表。一九七八年には「妊娠中絶賛成」の文言を入れ、育児支援要請も明確に打ち出した。「妊娠中絶」は戦間期からTUC内部ではタブー視されていたから、著しい変化といわねばならない。[4] 一九七九年に台頭したサッチャー内閣による中絶権制限の試みが明らかになると、TUCが中心になって一〇万人のデモが全国に起こった。同年またTUC女性会議では「労働組合内の女性の平等」[5]憲章を承認し、組合への女性参加を促進するためにポジティヴ・アクションを提案した。翌一九八〇年には同会議でさらに「雇用と教育におけるポジティヴ・アクション」の要請を支持。同年のTUC総会（Congress）で確認された。

こうして、TUCがポジティヴ・アクションを採用した一九七九年は労働組合運動の女性政策における画期となった。労働党の敗北はもとよりだが、同党の基盤であるTUCの男性中心主義が女性組合員から強く批判されたこともTUCの政策転換の一つの大きな動機といえる。

ポジティヴ・アクション――男性中心主義の改善

ポジティヴ・アクションはSDAで合法とされ、これによって男性に独占された職業に向けて女性に特別の訓練を与えたり、男性職への女性の特別採用が認められた。NUPEは五九・四％が女性であるのに常勤役員九〇人のうち女性は一人、TUC総会代表二五人のうち女性は二人であったが（一九七一年）[6]、一九七五年に全国執行委員会委員の女性は五人になり、各地域に女性委員会が設置された。しかし、ポジティヴ・アクションは期待通りには進まなかった。ロンドンでは前述のキャムデン・バラーのほかもう二つのバラーで検討された（一九七八年）だけであり、セインズベリー食品ストアーでも男性の人手不足から女性が食肉部門に雇われたのである。イギリスではポジティヴ・アクションの導入を雇用者に強制する法律はないし、アメリカのように政府が企業との契約を結ぶとき当該企業の性差別政策が理由で契約を破棄されるような脅威もない。このような状況の中で一九七九年にTUCポジティヴ・アクションが導入されて、一定程度の成果を上げているのである。

組合の男性指導者に対する批判はこれまで強かったが、女性指導者に対しても同様のものがあった。トップの男性に近いことから得られる優越感、無意識のうちにしみ込んだ男性の視点、あるいは男性指導者とのトラブルを望まない態度が女性組合員とくにフェミニストから反発を買っていた。しかし若いフェミニストたちの出席が増すにつれてTUCの雰囲気も変わり、一九八一年の同会議では、家庭内の性別分業が平等賃金と雇用機会の平等に対する障害になっていることから、男性の意識改革を求める決議が採択された。同じ年のTUC総会でも「時代おくれの家族賃金概念が女性の失業増大の原因」(7)だとする決議を行ったのである。

女性の職域と待遇の改善——新たな差別

一九八〇年代に製造業と男性の高賃金職が衰退し、さらに政府の低賃金政策が進むと、サービス産業の発展は低賃金のパートタイム、臨時労働者などフレキシブルな労働力の需要を創出した。他方で、水平的性差は減少し、男性職にも女性が加わり「最初の女性」首相・バス運転手・電車運転手・消防士などが生まれた。大卒の資格を必要とする管理職、行政職、専門職のトップへの女性進出も目立った。(8) しかし、前者では数が限られていたし、後者も詳細に吟味すると、例えば医療分野で女性医師は二九%だが、さらにその上の顧問医師になると女性は一七%に落ちる。銀行の場合も同様で従業員を直接管理する地位には男性が就き、女性は、部下が圧倒的に女性が多い部局の管理者になるなど、差異は大きい。(9) 賃金格差も女性は、男性の平均時給の八〇%になるほど縮まりつつあるが、パートタイマーの場合は変わらない。(10) このように女性にとって職域が拡大し、賃金など雇用条件が改

この組合支部の女性たちは活発に活動している。だが、何人が組合の役員だろうか？

善される一方で、別の新たな差別が生まれているのである。

一九八〇年代なかばには労組内のフェミニズムはその勢いを失うが、逆境の中でも着実に女性たちは労組内での力と存在感を増している。女性組合員が半数あるいは過半数を占める地方公務員組合（NALGO）、保護サービス従業員同盟（COHSE）、民間および公共サービス組合（CPSA）、全国公務員組合（NUPE）、全国教員組合（NUT）、商店・流通関連組合等では会議代表者、執行委員、有給役員数などで女性の著しい増加をみている。彼女たちはWLMで習得した集まる習慣、共通の経験を話し合う術を生かして、女性問題をTUC内の議題あるいは雇主との交渉議題としてとり上げることに、男性組合員の支持を拡大した。卒先してとり上げられた課題は女性労働組合員の情報収集、平等憲章の普及、全国・地区平等委員会の設置、政策委員会内に女性ポストを保持するための規則書の改正といった公式の平等政策の採用と、週末の訓練といった女性だけを対象としたものがあった。(11)

一九八〇年代の交渉課題の特徴としては、雇用や賃金よりも、労働条件にかかわる新しい問題、すなわち母性の権利や、育児および家族責任を果たすための両親に対する政策、健康、セクハラなど男性の暴力等にシフトした点である。この点についてラベンドゥスキーとランドゥルは「一九八〇年代は、七〇年代のフェミニスト運動の思想の強化・拡充と、その成果の上に築かれた時代である」[12]と述べ、シフトの要因として、賃金格差などの職場の問題は、家族責任の性別分業に由来するとの認識を示している。しかしまた、失業率の高かった一九八〇年代において雇用の平等が女性運動の白熱した問題にならなかったところに、未だ男性を「家計の主たる稼得者」とする見方が残存する。

女性問題を優先化する困難

さらに困難なことは、女性問題を集団交渉の中で優先課題とすることであり、また、女性に対する不公正な職務評価が、不当な賃金の原因であることを男性に理解させることであった。TUCの中央で決定されたことも下部組織にまで浸透するのは容易でなかった。女性たちは、平均的な男性常勤役員が、女性のニーズに応えようとする組合のプロジェクトにどれだけ真剣にとり組むか疑問視している。環境問題、民営化反対で名を挙げようとすることと同様に、女性問題をとり上げることで認められようとしているのではないかとの臆測さえもつ。しかし、一般的な女性組合員は男性の指導者に批判の余地はないのである[13]。

このような状況の中で、女性常勤役員の数も増え、TUC本部では一九八八年に平等権利部を局（Equal Rights Department）に格上げし、一九九〇年の予算では他の部局がカットされたのに対して、ERDは削減されることがなかった。またTUC総評議会における女性の議席数も五八議席中一五議席となり二八％を占めた。だが、制度的な平等は進んでも、また組合の政策決定機関への女性の進出が増えても、未だ従来のエトスのもとで、組合の権力のヒエラルヒーは仕事の権力のヒエラルヒーを反映している。それ故、女性の仕事とその評価は容易に変わらない。一九九〇年代のはじめでも女性労働組合員たちはやじのないTUC総会ホールで自分たちの

意見が静かに傾聴される日を待ち望んでいるのである。(14)

注

（1） A. Coote, op. cit, p. 144

（2） Chris Wrigley, ed., *British Trade Unions. 1945-1995*（Manchester University Press, 1997）pp. 31-32

（3） A. Coote, op. cit., pp. 144-5

（4） 今井けい「両大戦間期イギリスにおける女性運動――その二」『経済論集』第六二号（大東文化大学　一九九五年）

（5） 労組内の女性の平等憲章における十大目標の主なものは以下の通りである。

① 全レベルでの組合活動に女性を参加させるための全国執行委員会の努力を公表する。

② 政策決定機関に女性を含めるために、男性との共同の選択あるいは追加的議席の創造および特別諮問委員会を通して、組合組織を点検し、必要ならば組織を改組する。

③ 賃金カットなしに勤務時間内に集会をもつためのとり決めを団体協約の中で行う。

④ 勤務時間外の集会、組合の学校、会議の際に保育施設を用意する。

⑤ 組合の訓練コースに参加するよう女性にとくに働きかける。

⑥ ジャーナル、その他の組合出版物を点検して、内容が性差別用語で書かれていないことを確認する（以下略）。

TUC General Council's Report. *Report of 111th Annual Trades Union Congress*, 1979 pp. 59-60. Wrigley., op. cit., 99, 183-184 に引用

（6） Meehan, op. cit., p. 23

（7） Coote, op. cit., pp. 145-6

（8）Sylvia Walby, *Gender Transformations*（London: Routledge, 1997）pp. 41-49

（9）Rosemary Crompton, *Women and Work in Modern Britain*（Oxford University Press, 1997）p. 119

（10）Sue Bruley, op. cit., p. 165

（11）Lovenduski; Randall, op. cit., pp. 145-148　櫻井幸男『現代イギリス経済と労働市場の変容——サッチャーからブレアへ』（青木書店　二〇〇二年）第四章

（12）ibid., p. 179

（13）Cynthia Cockburn, *In the Way of Women: Men's Resistance to Sex Equality in Organizations*（Basingstoke: Macmillan, 1991）p. 123

（14）Lovenduski; Randall, op. cit., p. 151

〈コラム〉

ＴＵＣ女性会議に出席して

——サッチャー内閣とイギリス女性

「国連婦人の一〇年」の最終年を二年後（一九八五年）に迎えるにあたって、労働省は「男女雇用平等法」を一一月以後の国会に上程の予定だという。これに対して、経団連はこの法律が制定されると、「女性の賃金を上げ、経済の生産性を低下させる」として、反対の意向だといわれている。

しかし、先進諸国でこれらの法律がないのは日本だけであり、イギリスでは、すでに一九七〇年に「同一賃金法」が、また、一九七五年には「性差別禁止法」が議会を通過して、男女差別の解消に大きな貢献をしている。例えば、イギリスの女性の賃金は一九七〇年の男性の五九・九％から、一九七六年には七一・四％に上昇した（オーストラリアでは一九七七年に九四・一％）。日本では依然として格差は大きく、同じ年の女性の平均賃金は男性の約半分の五五％だった（一九八〇―八三年の統計）。

もっとも、これらの二つの法律があっても、イギリスでも性差別が完全になくなったわけではない。また、不況とサッチャー内閣の緊縮財政は働く女性に大きな影響を与えている。筆者は昨年（一九八二年）三月の第五二回ＴＵＣ（労働組合会議）女性会議に出席する機会を得て、イギリスの働く女性たちの生の声を聞くことができた。

この会議は毎年三月に開催され、そこで採択された決議は秋のＴＵＣ総会に提出されて、全体の運動の中にくみ込まれる。昨年はイギリス南海岸の美しい保養地ボンマスで開かれた。全国から約二〇〇人の代表が集まり、まずボンマス市長の歓迎のあいさつがあった。続いて女性諮問委員会から一九八一―八二年間の活動報告があり、その後、活発な討議が続いた。

報告の中で興味深かったのは、性差別解消のための努力はイギリス国内ばかりでなくEC（現EU、ヨーロッパ連合）全体でなされていることであり、この観点からすると、イギリスの前記二つの法律はまだ不十分だという指摘をEC側から受けたとの報告である。これに対応して、イギリス労働側は「性差別禁止法」から除かれている小企業や軍隊、外国にある英国企業、そして助産婦をも、今後同法の対象とするように政府に働きかけることを決めたのである。また「同一賃金法」についても、仕事の評価が不当――男性の仕事を高く、女性のそれを低く評価する――だと、同法が空文になる恐れがあるために、適正な職務評価を求めることの必要性が強調された。そして、近い将来、これら二つの法律が合体して、より包括的な法律が作られるよう要請していくことが決められたのである。

このように、イギリスではすでに制定された法律についても、さらに改訂を加え、あらゆる分野での男女のいっそうの平等を実現していく努力が払われている。

しかし、不況と合理化、さらにサッチャー内閣の財政引き締め政策は、これらの法制面での改善とは裏腹に女性の働く条件を厳しくしており、報告でもこの点が強調された。

その第一としては、圧倒的に女性の多いパートタイマーがまず首切りの対象になっていることがあげられる。私の在英中にも、ある自然科学系の研究所で博士号をもつ女性の非常勤研究員が解雇されるという事件が起きた。よくあることだが、彼女は引き下がらず、男性の非常勤研究員（彼らは他に専任の職をもっている）が首にならず、自分だけがなったのは「性差別禁止法」に違反するとして、その地域の「労働問題裁判所」に提訴したのである。この審理は、結局原告側の勝訴に終わり、彼女は復職することができたが、これは「性差別禁止法」があるからだとして、当時も新聞で詳しく報道していた。

合理化の影響の第二は、専任の職をもっている場合でも、女性は単純作業に従事している場合が多いので、新技術の導入によって容易に解雇の対象にされてしまうことである。そして第三としては、実質的な賃金の低下をあげることができる。これらＩＴ化による、新しい事態に適応するためには、どうしても女性の再訓練が必要であり、また最低賃金を法律で守る必要がある。

しかし、サッチャー内閣は政府の職業訓練所二三のうち、一六を廃止しようとしており、また、最低賃金を維持する（女性は最低賃金が多い）ための「賃金検査官」の数を削減しようとしているのである。ついでながら、成人教育あるいは大学教育に対する政府の支出削減も女性にはとくに厳しいものとなっている。なぜなら、大学についていうなら、削減の対象は人文・社会科学系が多いが、この部門にはこれまで多くの女性が学んでいたからである。

こうして見てくると、サッチャー・女性首相の政策は女性にとって必ずしも望ましいものではなく、女性の中では彼女に対する多くの批判が聞かれた。

しかし、離婚の増加や夫の失業などによって、妻の職場進出はますます不可欠なものとなっている。イギリス国民全体にとっては、男性を含めた失業問題一般の解決こそがもっとも望まれるものであろう。他方、出産・育児という重要な任務を抱えている女性にとっては、女性特有のライフ・サイクルに合った仕事をつくり出すことも大切である。この点に関する興味深い討論は「ジョブ・シェアリング（職務の分割)」についてであった。これは、今まで一人の専任が行ってきた仕事を二人のパートタイマー(賃金その他の労働条件は一人分の専任と同じ)で、それぞれの能力や時間に合わせて分け合おうというものである。失業解消のための「ワークシェアリング(仕事の分割)」とは異なる。

現在あるパートタイムの仕事はあまりに賃金も仕事の内容も低いが、「ジョブ・シェアリング」ではパート形式ではありながらも、これらの両面で大きく向上するというわけである。「機会均等委員会」は特別のパンフレットを出し、その中でアメリカですでに行われている実例を紹介したり、仕事を分け合えるような職種は何か(図書館員、公務員等)、年金などはどうなるかについて詳しく検討している。しかし、私の出席した会議では、「ジョブ・シェアリング」はまだ楽観的すぎるし、専任の仕事が失われていく危険性もある。目下のところはやはり、労働時間の短縮と育児施設の充実こそが先決であろうということになった。

その他、会議では内職、高齢者問題、女性の健康、母性保護など多方面にわたって検討された。経済的に苦しいイギリスにおいて、また、サッチャー内閣の財政緊縮政策のもとでは、ともすると弱い立場にある女性にしわ寄せがくるが、法改正によってそれらから女性を守っていこうとする方向と、「ジョブ・シェアリング」など——まだ、いくつか問題はあるが——「新しい女性の職業のあり方」を模索する方向の二つが、大きな特徴と思われる会議であった。これらはわが国の今後の「女性と職業」についても示唆に富み、「男女雇用平等法」の必要性をいっそう痛感させるものであった。

(『大東文化』一九八三年一一月一五日)

5 大学改革と女性学

イギリスの女性運動は一九七〇年代末以降深刻な経済不況と保守党内閣のもとで、集会やデモという世間の目を引くような活動は影をひそめた。だが、その分各地域あるいは職域での地味な努力が続けられている。教育と学問分野もその一つである。私は幸いにも一九八一―八二年にオクスフォード大学に、また、一九九三年にケンブリッジ大学にシニア・アソシエイト・メンバーとして在席し、両大学における改革への真摯《しんし》なとり組みを垣間見ることができた。以下はその際の記録の転載（一部省略、加筆、修正）である。

オクスフォードとケンブリッジの例証には約一〇年間の開きがあるので、大学側の力点のおき方は当然異なっている。しかし、この間の問題の移行や解決に向けての努力から、それぞれ多くの示唆を得ることができる。

(1) オクスフォード大学
――従来の学問研究への挑戦

有色人種の進出目立つ

イギリスでは一九七五年制定の「性差別禁止法」によって女性の職場が大きく広がった。「女性だから」という理由で、就職戦線から閉め出されるようなことはイギリスではなくなったのである。同国の経済不況がこの変化に微妙な影響を与えているとはいえ、テレビでもラジオでも政界でも教育界でも、女性の進出がとくに目立った（有色人種の進出も著しかった）。

オクスフォード大学では「女性問題研究委員会（Oxford University Women's Studies Committee）」が一九七六年に結成され（最初は大学から、のちにはフォード財団からの財政援助で）、学部レベルと大学院レベルの両方での女性問題研究の促進がはかられている。委員は大学の先生、大学院生、学生（いずれも男女を問わず）からなり、各学期に勉学する主要テーマとそれに基づいて毎回、講義ないしは報告をする人々を決める。

例えば、一九八一年の秋学期のテーマは「従来の学問分野に対する挑戦」で、これまでの文学、生物学、心理学、経済学、歴史学、言語学その他を女性の目で見なおし、①それらはいかなる問題を含んでいるか②男性の立場から見た、男性の作った学問ではないか③男女両性から見た偏りのない学問はいかにしたら確立されるかが、各分野の権威ある、あるいは学位論文執筆中の若手研究者によって報告され、その後で討論が続いたのである。

ボードリ図書館（ウィメンズ・リブの本を多数所蔵・オクスフォード大学）

専門家対象のゼミも

これは火曜日（のちには水曜日）の午前中に主として学部学生を対象にして行われたが、火曜日の夕方には、女性問題研究の専門家を対象としたセミナーも、同委員会によって組織された。後者ではさらに細かいテーマがとり上げられ、ここで発表された論文はすでに数冊の書物となって出版されている（『女性の定義』、『女性の適職』、『女性の著述と女性についての著述』など）。

昨一九八一年の夏学期には、「産業革命以前の職業女性」がとり上げられ、一三〇〇－一七〇〇年までのイギリス各地における就業女性の実態がそれぞれの専門家（他大学からも参加）によって報告された。これらの研究報告はギルドや町村役場あるいは教会などに残る古い資料に基づいており、学問的にも高いレベルの研究を目指したものであった。

今年に入ってからは「女性と行政」と題して、視点を現代に移し、「出産休暇の現状」、「地方自治体の保育行政」「労働組合会議（ＴＵＣ）と女性」などにつき、各分野で活躍する人々の報告があった。

二月には、私は委員会の討論にも参加して、次学期以後のテーマの選定、今後の授業やセミナーの運営、書物の出版、財政問題等に関する話し合いを見聞することができた。

「女性学」の必要性

オクスフォード大学には、ロンドン、ケント、エセックス、ヨーク、ウォリックなどの各大学に見られるような、女性学のコースはないし、女性学に対する学位もまだ存在しない。委員会の人々はそれらを大学当局に性急に求めることはしないといっていた。

彼らによれば、むしろ、大学全体に女性学の必要性を認識させることが肝要であり、そのためには学問的にすぐれた女性問題研究を発表していくことが必要であり、この点ではすでに出版された書物が高い評価を得ているし、今後もその方面で努力していきたいということであった。

また、社会科学部の卒業試験にはここ数年必ず女性に関する問題（昨年はＪ・Ｓ・ミルの「女性の隷従」について）を出題して、学生の関心を高めているし、今年の六月には、歴史学部でも同様の出題をしてもらうべく試みているとも語っていた。若い女性の有能な研究者を育てることも、委員会の指導者たちの重要な任務の一つとなっている。

組織のうえでもこの十余年間に大きな変化があった。同大学には三四のコレッジがあり、うち四つのコレッジは女子のみであったが、現在ではそれらが三つに減少していた。男子のみのコレッジもいくつか女子に門戸を開放して、男女共学を進めている。男女学生の比率は三対一から二対一へと変わり、女子学生の進出も目立っている。

セント・ヒューズ コレッジ

しかし、セント・ヒューズ女子コレッジ学長のトゥリケット氏は男子学生の入学を認めていない。彼女は一月末のセミナーで「女性と教育」と題して講演し、学生時代は男女関係その他でわずらわされずに勉学することがいかに女子にとって大切かを強調された。また男子を入学させるようになったセント・アンズ・コレッジでは学生自治会などの重要なポストが男子学生によって占められるようになり、人々の話題になっていた。

以上のように、オクスフォード大学ではカリキュラムの面でも、組織の面でも、真の男女平等を求めてさまざまな努力がなされている。これらはイギリスの他の多くの大学にもあてはまる。

大学の図書館も女性学に関する資料を積極的に集めている。一八世紀に建てられた古い中央図書館（カメラと呼ぶ）には、皮表紙の重厚な書物の棚の間に、カラフルな女性に関する書物がまとめて並べてあり、新しい学問に対するオクスフォード大学の柔軟な態度を見せていた。また、社会科学部の図書館では、女性に関する研究論文の特別なカタログを作り、女性学に対する学生の増大する需要に応えようと努めていた。

他方、民間レベルでもロンドン北部に「女性問題調査資料センター（Women's Research and Resources Center）」が設立され、ヴォランティアによって学際的な情報の交流がはかられている。研究面ばかりでなく、女性運動の実際的な情報をも提供してくれる。

公的機関、あるいは大学ばかりでなく、民間人によるこうした努力にはイギリスの長い民主主義の伝統を感じさせる。必要なものは自分たちで率先して作っていく。普通の住宅を改造したレンガ造りの三階建ての建物には食堂もあり、自分たちで料理して来訪者（ただし女性のみ）に供していた。

(2) ケンブリッジ大学
——女性研究者の進出を阻むもの

キングズ・コレッジの先駆的取り組み

経済学者のM・ケインズや『源氏物語』の最初の英訳者であるA・ウェイリィ、あるいは英文学者のE・M・フォースターらが研究員であったキングズ・コレッジは、ケンブリッジ大学の三十余のコレッジの中でもっとも由緒あるものの一つで、一四世紀に建てられたその美しいチャペルは観光客が必ず訪れる場所である。この石造りの重厚な建物の中で、長い間イギリスの支配階級の男性たちが養成され、その反面女性は完全に隔離されていた。

しかし、平等化の流れの中で一九七二年にキングズは女性に門戸を開放し、今日、学部学生のうち女子は四二%(一九八八—八九年)[1]を占めるまでに増加した。隣のトリニティ・コレッジの二五%[2]と比べると、キングズ・コレッジの平等に向けての熱意がわかる。女性のシニア・テューターのテス・アドキンズの努力も大きい。だが、女性大学院生は二二%、女性研究員にいたっては一三・六%(六九ページ)と少数である。

こうした状況を反映し、また一九八六年春に女性が一人も研究員に採用されなかったことから、平等化に向けての積極的なとり組みが開始された。アドキンズは事態を調査して報告書を人事選考委員会委員に提出。これをもとに一九八八年二月「女性研究員《フェロー》に関する学寮長見解《プラヴァスト・ペーパー》[3]」が発表されたのである。

キングズ・コレッジ学寮長ペーパー

学寮長パトリック・ベイトスンが差別撤廃に向けて迅速にかつ公式に対応したことは、その後の運動の発展にとって重要な意義をもっていた。彼は一九八八年二月二九日に非公式の討論集会の開催を提唱し、そこでのテーマをいくつか提示した。また、コレッジ内の調査センターのプロジェクトとして、女性研究員あるいは大学院生の進出を阻む要因の調査の実施を助言したのである。

学寮長のペーパーは、性別のみではなく、人種差別（有色人種は依然少数派）もコレッジの正義に反するとみなす、彼の真摯な態度を反映していた。ペーパーの概略は以下のようである。

① 次のグラフから明らかなように、学部におけるキングズ・コレッジの女子の割合は着実に増加し、女性研究員も増えた。だが、その率は後者において依然として低い。しかし、大学レベルではさらに低く一九八五年にケンブリッジ大学に公式の地位を得ている女性(4)は、全国平均一五・六％に比し、わずか八・二％である。女子大学院生の割合は近年とみに減少しているが、この現象は全国的に見られる傾向であり、憂慮すべきである。

② キングズ・コレッジとして、研究奨学金《フェローシップ》の支給はできなかったが、これまでもさまざまな方法で有能な女性研究員の発掘と採用に努めた。

③ 意識的あるいは無意識的な女性差別が大学に存在することは事実だが、それだけが女性研究者の緩慢な増加の唯一の、また現実的な理由ではない。女性は期待されるほど多数研究職に応募しない。女性役割に対する別の期待があり、彼女たちは幼少・青年時代の教育を通してこの役割を教えこまれる。大学受験のためのAレベル科目の選択の中にそれを見ることができる。大学院に進んでも、子どもが生まれると研究を放棄し、自信喪

キングズ・コレッジ女子学生・女性研究員比率の推移

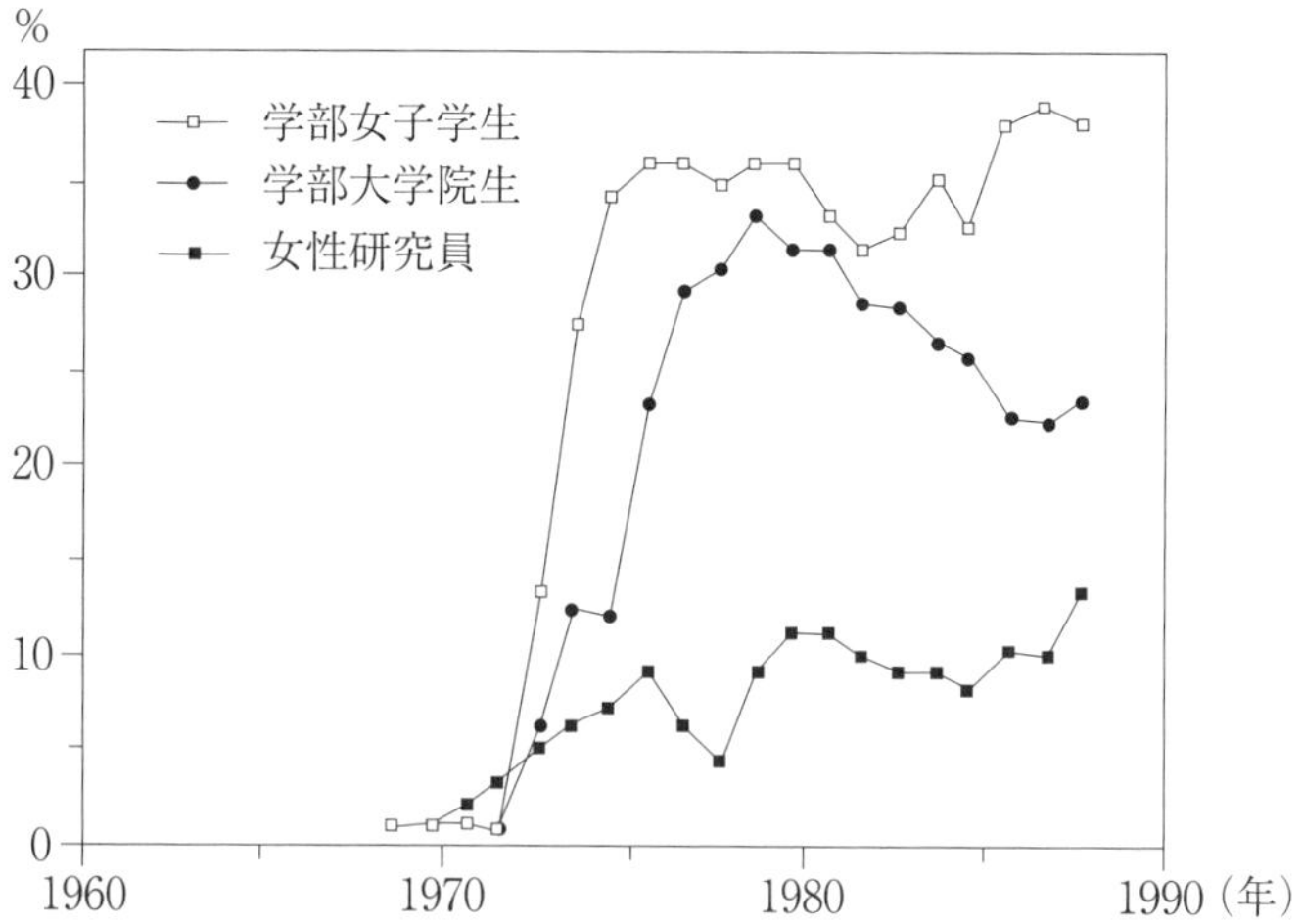

失のために復帰し得ないでいる。

④　女性研究者のための条件整備は、（これまで男性中心であった）コレッジの性格を変えるが、その根拠は公正《フェアネス》である。学部学生の入学においては、従来の教育の不正の除去に成功した。高度に知的な女性が抱える困難をとり除き、彼女たちの才能を解放することは同様に重要である。女子学生に彼女たちの望む女性教員を用意することはわれわれの義務である。女子学生たちは、男性と異なる女性教員の教育方法を評価し、支持している。

⑤　今後討議すべきは、高等教育における女性教員の採用と、その数の少ない理由についてであり、一九八八年一〇月から始まるリサーチ・センターのプロジェクトの一つとして、着手することができる。

⑥　改革はいかなるタイプの研究員を望むかという問題を提起するが、この点をとくに討議してほしい。自分としては、コレッジの中で社会正義に高い優先順位をつけたい。また、学部女子学生が見習えるような多数の女性教員を提供する義務がわれわれにはある。

以上のような格調の高い、しかも現実的な助言を含む学寮長の提案をもとに、一九八八年七月、一年間（実際には二年間に延長）契約で有給の調査員が任命された。

調査と「報告書」の概要

調査の目的は、ケンブリッジ大学における女性の研究継続のための障害が何かを調査することであり、キングズ・コレッジをケース・スタディの対象とする。調査は改革への行動を起こすためであり、ケンブリッジ大学とキングズ・コレッジの女性をマイノリティとする、マイノリティのための平等機会推進を目指すものである。調査は二八歳から八六歳におよぶ四二人の研究員に対するインタヴューと、七五人の研究員に対するアンケート調査の二種類からなる。障害は、一、構造的あるいは制度的なものと、二、人々の態度の中に見出せるから、調査も大別してこの二面から実施された。調査は大学全体にかかわるものが「報告書」の第一章で、キングズ・コレッジについてが第二章、第三章で結論、第四章で勧告が提示されている。

①については、ケンブリッジ大学女性研究員《フェロー》の四分の三が短期雇用（男性は三九％）であり、終身在職権《テニュア》のある地位にいるのはわずか七・一％である（一五ページ）。保育所もなく、雇用・年金面で完全に保護されたパートタイム制もない。これをロンドン大学のユニヴァシティ・コレッジ（ＵＣＬ）と比較すると、後者では教授の約一割（全国平均三％）が女性である。こうしたことを実現するためには、上級職への女性参加の増加を求める選考委員の積極的協力的意志が必要であろう。もっともＵＣＬでは一八七八年にすでに二五％の女子学生を擁しており、一九八三年には助教授《リーダー》の二四％が女性であったという歴史上の相違がある。また、同コレッジでは三つ

の委員会の委員長が任命時に妊娠していた。子持ち研究員への対策としては、コレッジの施設を無料で保育所として貸与したり、フルタイムからパートタイムへの勤務条件の緩和の政策がとられている。その際収入は減るが、地位は確保されている（一六ページ）。

平等機会の実現は、ハーヴァード大学の一九八九年委員会の結論が指摘するように、現存する教育・研究水準をゆがめていない（一三六ページ）。キングズの調査でも、優等《ファースト》で卒業した研究員は女性のほうが多く、男性の五九％に対し、六四・三％である。だが、オクスフォード大学とケンブリッジ大学の卒業生は男性のほうが多いから、研究員の採用にあたっては、オクスブリッジ内の男性のネットワークが有効に作用すると思われる。また「調査」では、キングズ・コレッジの建物、チャペル、研究員談話室、食堂、バーなどの物理的環境や風習が、圧倒的に男性向きに作られていて、女性には無言の圧力であることを指摘する。

以上から、キングズをはじめとするケンブリッジ大学における女性研究者の地位の劣悪さ、抑圧的な環境、女性研究者のネットワークの欠如等が、若い女性の研究意欲の阻害要因たることが判明した。

他方、この女性役割への期待に根ざす人々の態度の中には、女性の高等教育への進出を阻むさらに根深い要因がある。

もともとケンブリッジ大学は独身男性の研究・教育機関として一四世紀に創設され、男性のみ（一部女性コレッジは別として）という伝統は約二〇年前まで存続したから、ものの感じ方、考え方、態度に依然男性中心主義が伺える。「調査」でもケンブリッジ学生の望ましい資質として、強健、自信、弾力性、不屈があげられ、男は競争的、女は協力的とされている。女性は自分たちより男性のほうが自らの欠点を隠すすべを心得ており、男ははったりで内容がない。しかし、それが優秀な人間のスタイルであり、自信のある態度だと理解する。ウイット

ケンブリッジ大学キングズ・コレッジ ホール

ケンブリッジ大学キングズ コレッジ

に富む面白い人間が好まれる。このような一般に男性に共通する資質が評価される中で、女性は違和感をもち萎縮する。こうした巧妙な差別が女子学生を自信喪失へと導き、自身の潜在能力の開発に勇気をなくす。原因が自分にではなく、環境にあることを知っていても、それをどうすることもできずに苛立ちと怒りを増す。妨害要因は精神的なものが多いのである。

研究活動については、女性は権威に従属しがちで、自らの理論や見解を提示する危険を冒そうとしない。それは男性の場合は危険への挑戦が認められても、女性は多くの場合認められないからである。例えば、フェミニストの視点からの研究は三倍困難である。ある研究者は、女性が自分の見解を提示するのに慣れるために、一定の戦略を立てることの必要を説いた。女性はとかく、状況の改善のための有効な戦略より、障害に目を奪われてしまうのである。

くり返し述べたように、自信の欠如はケンブリッジでの学問的活動を大きく阻害する。しかし、自信の喪失は大学院ではごく普通であり、女性の場合とくに多い。失望した女子学生の扱いは女性教師のほうが的確である。自信の基礎である自尊心を維持・発展させるためにはそれにふさわしい戦略を立てることが必要であり、女子学生を孤独から救うことがまず望まれる。教師の側でカウンセリングの訓練を受けることも必要である。

一方、ケンブリッジ大学の年長女性委員会は男性が支配的な学部で、孤立する女性を支えるための大切な組織となっている。同委員会は各コレッジに所属する年長女性で構成されており、女性のための特定の目的をもつ小グループの上部機関ともみなされている。大学行政に関する情報の欠如は女性の大学職への進出の障害であるが、同委員会は一学期に二回開催されて、情報交換はもとより、大学とそれぞれのコレッジで女性が十分活躍できるように、重要な役割を果たしている。

「報告書」の第二章では、キングズ・コレッジの研究員や学生の家族的社会的背景、コミュニティ・ケア、居住・研究環境等について調査し、大学の中でもっともリベラルなキングズにおいても、白人の中産階級出身者が多いこと（もっとも公立学校出身者が過半数を占める）、女性研究員のわずか二一・四％が大学講師または教授であることを明らかにした（男性は五七・三％）（六〇ページ）。もちろん最後の点はキングズ・コレッジの問題というより、大学側の問題である。

キングズ・コレッジをケース・スタディとした調査から判明したことは、五点あるが、そのうち次の指摘はとくに説得的である。

平等化の推進は、実際、学問と個人生活を別個のものとする文化を拒否し、個人と職業の統合を認めることである。

キングズ・コレッジの理事会が平等機会推進委員会の勧告を受け入れたことは、このような文化への第一歩なのである。

以上、主に『調査報告書』をもとに、キングズ・コレッジにおける差別撤廃へのとり組みを述べたが、この中で明らかになったことは、もっとも優秀な学生が集まる大学の一つであるケンブリッジにおいても、大学院への女子の進学が約二割と少ないこと、あるいは進学しても途中で放棄する学生が少なくないことである。奨学金の削減など経済的理由もあるが、自信喪失もその大きな原因であることはすでに見た通りである。これは女性が能力面で劣るというより、歴史的に培われてきた性別役割分担が本人にも、周囲の人びとにも知らず知らずのうちに意識されているからである。私がインタヴューしたキングズ・コレッジ・フェローのA・ケリィ氏も自分の歴史のクラスで、首席の女子学生より中の上《アッパーセカンド》の男子学生のほうがはるかに自信ありげに自分の見解を披露するという。男性は幼い頃から自己表現の訓練を受けてきたし、そうすることを奨励されてきた。これに対して、女性は意欲をそがれることが多い。

社会人類学者として著名なC・ハンフリィ氏は自らの過去を振り返り、自分が研究生活を継続できたのは、同じく専門職についていた母親の不断の激励があったからだと指摘する。こうした経験からハンフリィ氏は、女性研究者を増やすには、まず彼女たちの研究を支援することだという。研究は孤独なものだが、指導教師の役割はそれなりに大きい。第二に、保育所の完備や、安定した身分を維持したままのパートタイム制の導入などを主張して、平等機会推進委員会の勧告を完全に支持していた。ハンフリィ氏によれば、その後、平等機会役員《イークォル・オポテュニティ・オフィサー》がコレッジによって任命され、各種委員会の公平な構成、人事選考に関する公正な扱いとその結果の文書による公表など平等化に向けての努力が着実に進展しているとのことであった[5]。

その他の諸機関による平等政策

以上のようなキングズ・コレッジの先駆的努力の影響で、一九九一年一二月大学事務総長は女性のための機会の平等に関する文書を全学科長宛てに配布した。この中で同氏は、ケンブリッジ大学における学部女子学生の数は過去一五―二〇年間にごく少数から三八・七%(一九九〇―九一年)にまで増加したが、大学教員に占める女性の数は一割以下に留まっていると指摘した。教員採用に関する調査によれば、女性の採用はその応募数にだいたい比例するが、人文・社会科学部門への応募が三七%に対し、自然科学部門はわずか一二%である。女性の応募を奨励し、採用された場合、そこに留まれるような具体的な方策を討議してほしいと要請した。

これを受けて一九九二年から九三年にかけて一連の会議や作業部会が開催され、応用数学・理論物理学科（ＤＡＭＴＰ）の女性による報告書[6]が提出されたのである。同報告書は事務総長に対してだけでなく、一九九一年八月の性暴力《セクシュアル・ハラスメント》に関する大学評議会および理事会共同報告書にも答えたものであり、大学の最高機関による差別撤廃への支持を高く評価している。しかし、ＤＡＭＴＰ報告書は決して「上から下へ」のものでなく、むしろ「下から上へ」のものであることを確認している。調査・執筆の動機は理論的な問題であるより、ＤＡＭＴＰの女性が職業生活において直面している多様な困難を理解することだとする。そして、困難の多くは圧倒的な男性社会の中での、「女性である」ことに起因すると述べている。

大学における女性数学教師の数が少ない問題は大学以外にもその原因があるが、同報告書は大学で改善できる事項についてまとめたものである。

本報告を受けとった学科長は一九九三年三月ＤＡＭＴＰの全員に宛てて、同年五月この問題をめぐる集会を開催する旨通知した[7]。学科長はその通知の中で、自分は調和的で創造的な雰囲気がＤＡＭＴＰにあると確信していたが、それは女性が共有するものでないことを知って驚いた。またＤＡＭＴＰは、男性の場合と違って、女性には支援的でも刺戟的でも、楽しい所でもないことが判明した。さらに不用意な言葉づかいや冗談が無用な摩擦や苦悩さえ引き起こしていると記し、ＤＡＭＴＰを開かれた、魅力ある、女性にとって働きやすい学科にするために大いに議論してほしいと提言していた。

集会の結果について、私は残念ながら情報を得られなかったが、以上に述べたような男女差別撤廃のための努力は随所に見られた。トリニティ・コレッジやニューナム・コレッジでの第一線で活躍する女性を講師に迎えての連続講演会や昨年（一九九三年）一〇月二五日から一週間にわたって開催された「ヴァジニア・ウルフ週間」などは意識改革を目指すものとして重要であった。ウルフは六五年前にケンブリッジを訪れて「女性と文学」(8)を講じ、そのなかですでに女性の経済的独立の必要を論じていたのである。

冒頭で述べたように、目下のところイギリスばかりでなく世界中で女性運動は外面的にはやや低調であるように見える。しかし、私はイギリスの長い男性的伝統と文化に支配されたケンブリッジ大学で、女子学生や女性研究者だけでなく大学全体が、教学上の男女平等の実現に真剣にとり組んでいる姿に接して勇気づけられる思いであった。女性数学者による報告の中には、日本に言及する部分が一度ならずあったが、それらはいずれも先進国の中で、女性差別が根強く残っている国の例としてである。目下、わが国で大学改革が進んでいるが、差別――性別によるだけでなく、人種、障害による差別も含めて――撤廃の観点こそ前面におし出されるべきだと思われる。

なお、本稿執筆にあたって、さまざまな貴重な機会と情報を提供されたキングズ・コレッジ・フェローのA・ケリィ博士とC・ハンフリィ博士に心からお礼申しあげたい。

注

（1） *Report of the Women in Higher Education: Research Project 1988-90*, Written and edited by Andrea Spurling（King's College, Cambridge 1990）p.69. 以下、本調査書からの引用は、本文中の（　）内にページ数のみ記す。

（2） *Cambridge University Reporter: Student Numbers*, Vol. CXXIII, Special No.18 p.12

（3） 'The Provost's Paper on Women Fellows, February 1988' By Patrick Bateson, Provost, in *Report*, op. cit., pp.128-131

（4） 同報告書一二八ページ。各コレッジのフェローが大学で教鞭をとるが、すべてのフェローが大学で教えているわけではない。キングズ・コレッジでは女性フェロー一五人のうち、四人が大学の教員でもある。同報告書七〇ページ

（5） A・ケリィ博士へのインタヴューは一九九三年一一月一八日、C・ハンフリィ博士へのそれは同年一一月五日、いずれもキングズ・コレッジのコンビネーション・ルームで行った。

（6） A. Aitta et al., 'Women in DAMTP'

（7） 一九九三年三月三〇日付　Prof. D.C.Crighton FRS, Head of Department of Applied Mathematics and Theoretical Physics からの手紙。なお、六、七の資料入手については、トリニティ・コレッジの渡辺千香子さんに大変お世話になった。本誌上を借りて感謝の意を表したい。

（8） 当時の講演をもとに次の作品が生まれた。V. Woolf, *A Room of One's Own*（London: The Hogarth Press, 1929, repr. 1967）川本静子訳『自分だけの部屋』（みすず書房　一九八八年）

6　女性と平和
――グリーナムとロンドンの反核運動

一九七八年のWLMの分裂後の女性たちの注目すべき活動としては、一九八二年から始まったグリーナムでの反戦活動がある。巡航ミサイルのグリーナム配備に反対して、彼女たちは近くにテントを張り、同年一二月には約三万人の女性の参加を得て基地を人間の環で包囲したのである。巡航ミサイルの到着日に近い一九八三年の元旦には基地内にもぐり込み核納庫の上でダンスをするというフェミニストらしい奇抜な抗議行動も行った。しかし、SFらによって始められた反戦活動もしだいにエコ・フェミニスト、女性心霊グループ、分離主義者らに取って代わられ、一九八三年二月には男性の反戦主義者らを排除してしまった。反戦平和は女性だけのものなのかという疑問を残した活動となった(1)。

私自身はグリーナムの女性たちの反核行動の前年（一九八一年）にロンドンで開催された反核デモに参加することができた。以下はその際の記録である。

イギリスの反核デモ

一九八一年一〇月二四日

一九六九年に初めて私が渡英したときに出会ったニック・ハンフリーは、この十余年間にイギリスではずいぶん著名な人になっていた。新聞のBBCテレビの予告欄で彼が講演するのを知った私は、その日は早目に図書館から帰宅してテレビをつけた。それはまぎれもなく知人のニックであった。彼は現在ケンブリッジ大学心理学研究所で働く研究者であると同時に、E・P・トムスンとともにイギリスの反核運動のリーダーとなっていた。

テレビでは、彼は低く落ち着いた声でゆっくりと「人間は自分と同じか、あるいはそれに近い大きさのものは理解できる。一〇の二乗は一〇〇であり、その二乗は一万。このあたりまでは理解できる。しかし、その二乗は一億で、そのさらに二乗は……となるともうお手上げである。われわれが核の恐ろしさに無感覚なのも実はこのとてつもない大きさのエネルギーの破壊力を想像することもできないからだ」と語り始めた。そして核兵器のもつ巨大な力が人間の心理に与える影響——無力感について静かに客観的に話したのである。その説得力の強さに深く感動した私は翌日（一九八一年一〇月二四日）ロンドンの反核デモに参加すべく、オクスフォードのバス・ターミナルに足を運んだのである。バッグの中には「ノーモア・ヒロシマズ」のプラカードがしのばせてあった。

すでにボンやパリでは全ヨーロッパの反核デモが行われ、新聞『ガーディアン』の女性欄でも早くから、このデモへの参加を呼びかけて、組織に属さない女性でも容易に参加できるように集合場所や時間あるいは方法などを詳しく報道していた。私はそのときパリまで行きたいと思ったが、オクスフォードにとどまって仕事もしたいと迷ってついに行くのをやめていた。滞英期間は一年しかない。デモに参加する時間的余裕はとてもないと思ったのである。しかし、ニックの話は私のこの迷いを吹きとばした。

オクスフォードからは大型バスが一一台チャーターされ、私はやっと最後のバスに間に合った。一時間半ほどでテムズ河のサウスバンクに着き、そこからハイド・パークに向かった。いちいち隊列を調整するようなことはない。人々はバスを降りると、自然に列を作って早足で進んでいく。あっという間にバスの同乗者は見えなくなって私は迷子になった。幸いなことに同じような迷子の女性が数人見つかり（オクスフォードの女子コレッジから来ていた）、彼女たちと懸命にわれらがグループに追いつくべくデモ隊の間をぬって走った。時々道路わきで見ている人々に聞くと「オクスフォード」はずっと前だという。それほどぼんやりしていたはずでもないのに、どうしてこんなに差ができたのか不思議だった。彼女たちとは途中、前日のニックの講演の感想などを語りながら、それでも私たちは一二時半頃にはハイド・パークに着いた。その間の距離は四キロぐらいあっただろうか。

公園には、すでにかなりの人たちが集まっていたが、さらにさまざまのルートから続々と詰めかけてきた。特別列車をしたてて、スコットランドから、リバプールから、マンチェスターから、サセックスから、全国津々浦々から人びとが集まったのである。私たちは結局大学関係の仲間を見つけることができず、たまたま「オクスフォード・マザーズ」のグループがいたのでそれに加わり、私はそっと「ノーモア・ヒロシマズ」のプラカードをバッグからとり出した。私は彼女たちから「たった今、日本のテレビ・カメラマンが来ていた。あなた、もう少し早く来るとよかったのに」といわれたが、私はむしろおくれて幸いだった。

中央の仮設舞台では、一七、八歳の少年がスピーチをしたり、年輩の女性が自作の反核の詩を読んだり、また若い女性グループがピンク

オクスフォードの母たちの核武装反対（中央　著者）

の薄い布地のミニドレスを着て、これも自作の反核音頭といったものを歌いながら、核で死ぬ人間の様子をユーモラスに演じて踊っていた。キノコ雲や骸骨の仮装をして演ずるパントマイムもあった。二時になっても三時になっても公園への人の流入はやまない。そして、やっと四時頃になって、労働党党首のマイケル・フットやトニー・ベン、E・P・トムスンらのスピーチが始まったのである。日本では午前中にまず著名人のスピーチがあり、その後いくつかのコースに分かれてデモをするが、イギリスではこれと逆で、デモをしながら各方面から会場に集まり、人の集まりが最高頂に達したところで有名人の演説が行われるのである。

イギリスに来ても反核デモに加わるとは！　私の胸の中にはまだ「八・六」(2)の火が燃えていたようである。

翌日の新聞は全国から五〇万人の人がロンドンに集まったと報道していた。BBCテレビではその後原子力研究所の内部やイギリス空軍が核戦争に備えてアメリカで共同訓練していることを伝えていた。また、別の日には近く導入されるトライデントの破壊力がこれまでの核兵器よりどれだけ強力であるかを詳しく、わかりやすく一時間番組で紹介していた。

わが国でもNHKやその他の民放が巡航ミサイル・トマホークやパーシングⅡあるいはSS20についてやさしく解説してくれたら（ゴールデン・アワーに）、もっと人々の核兵器への関心を高めることができるであろう。そうすれば、その破壊力がどんなに大きかろうと、ニックの不安も少しは解消できるのではなかろうか。

二〇年後のWLMは……

一九六〇年代末に始まった女性解放運動（WLM）は一つのまとまった運動のように見えた。しかし、実は多様な解放理論をもつフェミニストたちの運動であったことは前述の通りである。多様性が合体して一つの力となり、法制度をはじめ旧式な社会的慣習を改革し得た。だが、一九七〇年代末の保守党政権出現による労働組合の弱体化、社会保障費の削減に加えて上述のようなフェミニスト理論と行動の混迷の中で、運動は表面上停滞期に入る。しかし、フェミニストの思想と活動は、労働党支配の地方自治体の女性委員会を通して広がり、自治体の福祉政策とも相まって、容易ではないが、着実に広がっていった。それは、一九八一年の都議会議員選挙における労働党の勝利を機にできたロンドンの女性委員会から始まり、バーミンガム、リーズ、マンチェスター、ブリストルにも広がり一九九〇年にスコットランドでは一二の地方自治体で設立された。地方労働党保守派との対立でできなかったところもあるが[3]、サッチャー内閣誕生後の衰退の中で運動としてのフェミニズムは労働組合や地方自治体で生き残ったといえよう。本稿では論じられなかったが、労働党内の改革にも見るべきものがあった。

さらにフェミニズムの思想や慣習は確実に社会全般に広がり、女性の教育の向上、専攻分野の拡張、職域の拡大には著しいものがあった。政治的課題の中でも主流の一角を占めるにいたった。政・官・財界の政策決定機関に進出する女性の数も増えた。EOCの活動にも依拠しながら男女の賃金格差（フルタイムのみ）は男性の六三％から八〇％（一九七〇－一九九五年）に縮小した[4]。労働党女性議員の増加もみられた。それでも、これらの改革は部分的断片的であり、家父長制の一端を崩したに過ぎない。社会制度全体に深く根づき、生活を根底から改革するところまでにはいたっていない。それどころか、シルヴィア・ウォルビーの詳細な研究が示すように、新たな格差が生まれつつある。若くて高学歴で、かつ良い仕事に恵まれた女性はフェミニズムの恩恵にあずかっているが[5]、シングル・マザー、高齢女性、失業女性たちは新たな格差のもとにある。この中にマイノリティの女性たちが含まれる。イメルダ・ウィーランは七〇年代における女性の統一、シスターフッドの主張は幻想であり、こうしたフェミニスト理論には欠陥があるという[6]。ウォルビーもウィーランも異性間の差別が解消されないばかりか女性間の新しい差別が生じた点に注目している。それらはまた男性間の差別にも連なっている。社会主義フェミニストたちはばらばらの改革ではなく、人々の生活の全過程を自らコントロールできるような自由な社会の構築を望んだが、それは未だ実現し得ていないのである。社会主義フェミニストのロウボタムも「希望と理想を抱いて語り合った政治的展望の瓦解と失墜に戦わねばならぬ(7)」という。新たな不公正といかにたたかうか。再び困難な課題に直面している。

注

（1） Jill Liddington, *The Long Road to Greenham: Feminism and Anti-Militarism in Britain since 1820* (London: Virago. 1989)『魔女とミサイル——イギリス女性平和運動史』白石瑞子・清水洋子訳（新評論　一九九六年）二三五—三二〇ページ

（2）『ＷＡＫＡＢＡ——八・六、八・九』（原水爆禁止世界大会［第一～八回、一九五五—六二年］、通訳および翻訳者の会）「会報」二号　一九八四年

（3） Lovenduski; Randall, op. cit., pp. 191-208

（4） Sylvia Walby, op. cit., p. 31

（5） ibid., p. 212

（6） Whelehan, op. cit., p. 129

（7） Sheila Rowbotham, 'Introduction' to *Mapping the Women's Movement: Feminist Politics and Social Transformation in the North*, ed. by Monica Threlfall, London (Verso, 1996) p. 15

第三章　女性解放運動の源流を探る

1　ジョージ・エリオット『ミドルマーチ』と
ディルク夫人の慈善・労働運動

はじめに

本章では女性解放運動の源流を探る例として、同時代の女性作家たちが女性、とくに労働者階級の女性問題をどのように考え、描いたかを見ていきたい。ただ、G・エリオットの場合は時代的制約のため、作品そのものより作品のヒロインとそのモデル、およびモデルと労働者階級の女性との関係に注目した。

E・ショウォールターは『女性自身の文学』（一九七七年）の中でイギリス女性作家の多様さを一握りの「偉大な作家たち」に縮小することに反対しながらも、その巨匠、エリオットやウルフへの言及が多い(1)。両人とも作家としての創作上の諸問題はもとより、当時の社会や女性が直面する課題に敏感に対峙しているからである。では、G・エリオットは『ミドルマーチ――地方生活の研究』（一八七二年）で何を描こうとしたのか。倫理的側面からの分析が多いが、筆者はむしろそのモデルになった女性がイギリス女性（労働）運動史で切り拓いた序奏部分の解明に力点をおいた。中産階級の女性たちがかかわった節約・貯蓄推進のヴォランタリ活動が女性（労働）

運動に発展していく例をここに見出すからである。

Ｇ・エリオットは女性参政権を原理的には認めたが、女性も社会も未だその実施を可能にするほど成長していないと考えていた[2]。中産階級の若い女性たちの熱望《アスピレーション》はヴォランタリ活動を通した神あるいは社会への奉仕である。だが、小説のヒロイン、ドロシア・ブルックの高邁な理想達成の道は夫の学問研究の手助けという形をとった。小説の主人公のカソーボン氏は実在した著名なリンカーン・コレッジ学寮長《レクター》のマーク・パティスン（Mark Pattison 1813-84）であり、二七歳年下のパティスン夫人が、ドロシア・ブルックのモデルだった。

彼らの結婚は、小説中のカソーボン夫妻の場合と同様に不幸なものだった。ドロシアは他者を通しての自己実現の困難と悲劇を経験するのである。エリオットは、ドロシアの前半生を通して、ヴィクトリア時代前期における女性の人間としての未熟さと、その社会的地位の低さから生まれた自立の難しさを描いたといえよう[3]。

だが、ドロシアのモデルであるエミリア・パティスン（のちのディルク夫人）の活動は、女性の権利運動の進展や、彼女自身の強い個性ともあいまって、その領域を拡大した。オクスフォードで彼女が属した自助目的の「女性保護共済連盟（ＷＰＰＬ）」はやがて「女性労働組合連盟（Women's Trade Union League, WTUL 以下、「連盟」あるいはＷＴＵＬ）と略記」に発展し、男性の労働組合とも連携したのである。

「連盟」については、拙著[4]を参照していただければ幸いである。

以下は同書の補論ともいうべきもので、パティスン夫人、のちのディルク夫人の小伝の一部である[5]。Ｇ・エリオットの作品に触れながら、パティスン夫妻の結婚生活、パティスンと大学教育改革、同夫人の美術界における活動などから、当時の社会・文化面にも言及した。「ドロシア・ブルック」としての厳しい時代はあったが、それ以前にも、以後にも、女性への抑圧が大きかった時代に、自己実現を求め続けたエミリア・ディルクの足跡がたどれればと思う。ちなみに女性の広範な活動舞台だった慈善団体は、社会福祉国家構築のための国家と市民を結ぶ重要な中間団体として、現在も注目を集めている。[6]

注

（1）Elaine Showalter, *A Literature of Their Own: British Women Novelists from Bronte to Lessing*（Princeton University Press 1977）川本静子、岡村直美、鷲見八重子、窪田憲子訳（みすず書房　一九九三年）四―五、一九―二〇ページ
（2）エリオットは有名な『ナインティーンス・センチュリー』誌上での「女性参政権反対のアピール」に署名している。
（3）E・ショウォールター、前掲書　九五―九七ページ
（4）今井けい『イギリス女性運動史――フェミニズムと女性労働運動の結合』（日本経済評論社　一九九二年）
（5）今井けい「ディルク夫人とイギリス女性労働運動　その一――ジョージ・エリオット作『ミドルマーチ』と関連して（『大東文化大学　紀要』第二二号　一九八四年）
（6）岡村東洋光　高田実　金沢周作編『英国福祉ボランタリズムの起源――資本・コミュニティ・国家』（ミネルヴァ書房　二〇一二年）

(1)『ミドルマーチ』のモデルと主題

一八七一年から七二年にかけて、ジョージ・エリオット作『ミドルマーチ――地方生活の研究』が出版されると、その主人公のカソーボン夫妻はオクスフォードのリンカーン・コレッジ学寮長パティスン夫妻がそのモデルではないかと噂された。(1) それはまず第一に、両夫妻の年齢差がともに二七歳――マーク・パティスンは結婚したとき四八歳で、妻のエミリア・フランシス・ストロング(Emilia Francis Strong, 1840-1904)は二一歳――と大きくかけ離れていたからである。第二に、パティスンはすでに高名な学者であり、アイザック・カソーボン(Isaac Casaubon)の伝記を書いていたからであり、第三に、パティスンと小説の中のカソーボンの容貌がひどく似ていたからである。パティスンの大きな肖像画は今でもリンカーン・コレッジのホールで見ることができる。そして、第四に、パティスン夫妻はカソーボン夫妻と同様に不幸な結婚に苦しんでいた。妻のフランシスも作品中のドロシア・ブルックのように若くて、高潔な精神と温かい心根をもっており、崇高な宗教的情熱に燃えていた。こうしたさまざまの類似性に加えて、作者のエリオットがパティスン夫妻に出会った年月と、『ミドルマーチ』執筆のときとがまたたくみに符合する。筆者はここで、『ミドルマーチ』の中に出てくる四つの主な物語の中の一つであるカソーボン夫妻の物語の主人公がパティスン夫妻であったか否かについて深く詮索する意図はない。

筆者にとって問題なのは、それではエリオットの頭の中にずっと存在し続けた主題とは何であったか？ それはカソーボン夫妻の中にどのように表現されているのか？ モデルとされたか、あるいは創作の契機を与えたと思われるパティスン夫妻とはいったい何ものであったか？　なぜ、エリオットはパティスン夫妻を想像させるような設定を小説の中でしたか？　ということなのである。『ミドルマーチ』は「歴史的というより予言的(2)」な書であるとグリーンはいったが、実際エリオットが作品の中では不十分にしか展開し得なかった政治評論家のウィル・ラディスローとドロシアの生活は、現実の世界ではパティスン夫人とチャールズ・ディルクとの再婚によってみごとに完結する。『ミドルマーチ』が対象とした一九世紀前半においては未解決であった事柄が、パティスン夫妻が生きた一九世紀後半にはある程度解決する。われわれは歴史の発展を見るのである。

また、パティスンの生涯を通して、われわれは当時の知識人の信仰の問題や大学改革の実態に触れることができるし、美術評論家としてのパティスン夫人の活動を通しては、当時の美術界の諸問題を理解することができる。

『ミドルマーチ』は一八二九年一一月から一八三二年三月までの地方都市——コヴェントリと思われる——の人びとの生活を描いたものである。当時イギリスは農業社会から工業社会へ移り変わり、中産階級の台頭によって人びとの価値観が大きく揺れ動いた時代である。作者エリオットはこの時代のこれらの人びとの生活を通して、高邁な理想をもちながらもそれを実現する場も手だてもなかった人たちの悲劇を描いた。これが第一とすれば、第二の主題は「人間宗教」に見出すことができる。周知のように、エリオットはキリスト教に対する知的懐疑に苦しむが、やがてフランスの実証主義哲学者コント（一七九八—一八五七）の人類教（Religion of Humanity）に近づく。すなわち、神の存在を真に知り得ぬ以上、愛や崇拝の対象は人間（Humanity）でなければならず、すべての男女は人類の幸福と進歩のためにおのれを捧げなければならないとの結論にエリオットは到達した。ドロシアの場合もその熱情に宗教的色彩が濃厚であったとしても、そのおもむくところは同じようにむしろ社会であり、人間であった。しかし、新しい価値観が徐々に形成されつつあったとはいえ、なお、若い女性ドロシアの熱情を発揮する場はまだなかったし、何よりもドロシア自身の熱望も具体性に欠けていた。ホートンのいうところの、高尚な熱情を抱きながらも、その対象、すなわち「客観的相関物」を自分の周囲に見出し得ないような熱望《アスピレーション》であったのである。(3) 彼女はその対象をせいぜい、貧しい農民たちのために快適な小屋の設計図づくりに見出したのである。

結婚も当然のことながら、この熱望の発揮の場と考えられたために、ドロシアの悲劇が始まるのである。エドワード・カソーボン師は、まさにこのような彼女の希望に答えてくれる人物のように思われた。彼はドロシアの州では「高邁な学問のある人として名高く、もう長い間宗教史に関する著述にたずさわっていた。」

しかし、結婚後まもなく彼女は、カソーボンの知識は「生気のないミイラ」であることに気づく。深遠な学問について、やさしく教えてくれるだろうと期待し、書物から書き抜きをしたり、それを整理して夫を助けたいと願った献身的な妻の申し出も、彼には自分の無味乾燥な学問の内容を見すかされるような気がして、受け入れることはできなかったのである。

一方では、人間的な交流のない孤独な男が、無意味ともみえる知識やデータの蓄積に専念し、他方では、高尚な理想に胸をときめかしている若い女性が、男の仕事の内容を理解しないまま、この男に、この男の事業に魅《ひ》かれて結婚し、破綻する。こうした悲劇を描いたのが『ミドルマーチ』といえるであろう。川本静子氏は、これは妻に従順な秘書兼看護婦の役を求めるカソーボンのエゴイズムと、夫に「父のような、師のような」役を期待し、他人を自己実現の手段とするドロシアのエゴイズムとのぶつかり合いがもたらしたものだとする。ここからの脱出、すなわち「エゴイズムの牢獄からの解放」――「自我の超越」は、他者の理解、すなわち他者の苦しみや悲しみをおのれのものとし、それに同情の手を差し伸べることによって可能だとするのである。[4] 事実、ドロシアはそうした方向で自らの道徳的成長をはかるのである。

こうした「『生』の倫理的意味を執ように追求する作家[5]」としてエリオットをとらえ、その観点から『ミドルマーチ』を見る見方に対して、ジョン・スパロウ（J. Sparrow）の、エリオットの『ミドルマーチ』執筆の動機についての見方は独特で、実に興味深[6]い。しかし、スパロウ説を検討する前にまず、パティスン夫妻の生涯を見てみよう。

ただ、パティスンの学問が、カソーボンのそれのように、無益であるどころか、オクスフォードの学問のあり方を改革するのに大いに貢献したし、パティスン夫人も「不適当な時代と不適当な場」に生を受けたドロシアより、より適切な（しかし、依然として、女性には厳しい）時代に、より適当な場をみずから作り出したという事実は、あらかじめ指摘しておきたい。

注

（1） G.S. Haight は、カソーボンとマーク・パティスンとの類似を明確に言及したもっとも早い著作は Mrs. Olighant, *Autobiography*（1899）であると述べている。G.S. Haight, *George Eliot: A Biography*（1968, Appendix II）p. 363.（以下 *G.E. Biography* と略記）

（2） V.H.H. Green, *Oxford Common Room: A Study of Lincoln College and Mark Pattison* 1957

（3） Walter E. Houghton, *The Victorian Frame of Mind, 1830-1870*（New Haven, Yale University Press, 1975）（1st ed. 1957）p. 293

（4）川本静子『G・エリオット――他者との絆を求めて』（冬樹社　一九八〇年）一九九―二一〇ページ
（5）同右
（6）J. Sparrow, *Mark Pattison and the Idea of a University,* 1967. pp. 16-17. 本書については、All Souls College (Oxford) の G.S.J. Simmons 先生にご教示いただいた。同先生の蔵書の一部が立教大学に入っている。

(2) マーク・パティスンの大学改革と夫人の美術批評

マーク・パティスンとエミリア・フランシス・ストロングの結婚式は一八六一年九月一〇日、オクスフォード郊外の美しい小村イフリイ（Iffley）の教区教会で行われた。新郎は四八歳にまもなくなる聖職者だった。新婦は二一歳を迎えたばかりで、小柄でしまった身体つきには精力があふれていた。輝くように美しい女性で、全体としては実際よりも若く見えたのである。(1)

パティスンはあれほど期待した前回の選挙で敗れて、一〇年後にやっと学寮長になったために、その喜びと感激は、一〇年前なら味わったであろうほどには大きくなかった。しかし、学寮長の地位は、普通の特別研究生には許されない結婚を彼には可能にした。そして、彼らの結婚は少なくとも最初の数年間は幸福なものであった。

しかし、やがて彼らの結婚生活にもかげりが見え始めた。一八六五―六六年以後の日記には、しばしば憂うつな調子が見られる。その原因の第一は、彼の信仰の動揺とも関連するコレッジおよび大学内の諸問題であり、第二は、パティスン夫妻の健康上の問題であり、第三は、経済問題、とくに夫人の転地療養がもたらした出費の増大であり、そして、第四――これがもっとも深刻な原因である――が、夫妻の大きな性格上の相違であった。これらの四つの要因が相互に原因となり、結果となって、夫妻の家庭生活はしだいに崩壊していくのである。

一八〇〇年から一九〇〇年にかけての一世紀は、イギリスで宗教革命が起きつつあった時代である。宗教的理念が再検討され、信仰上の形式が絶えず変化した時代である。福音主義が再生し、また一八三〇年代にはニューマンやキーブルらのオクスフォード運動が始まり、英国教会を大きく揺り動かした。一八五九年に出版されたチャールズ・ダーウィンの『種の起源』はこの傾向をさらに助長した。オクスフォードやケンブリッジは依然として英国教会の聖職者たちの教育の場であったから、宗教上の教義や信仰の動揺は、そのまま大学の問題でもある。聖書批評家たちは、教会が教育界とくに大学を独占しつづけるために、大学における思想の自由を制限していると非難したのである。[2]

パティスンにとっての大学問題

パティスンは大学問題では自由派に属していた。しかし、彼が英国教会の信条もカトリックの信条も固守できなかったばかりでなく、宗教問題における彼なりの確固たる論理を作り出せなかったこと[3]が彼の不幸の要因であった。実際、信仰を失った者が学寮長として、儀式を行い、説教をし、祈とうを捧げることは苦痛であったろう。結婚後数年間は幸福な気分にひたっていた彼も、やがて再びふさぎの虫にとらえられることになる。さらにパティスンは一方では英国教会の支配下にあるコレッジや大学に、神学上の自由をもたらしたが、他方では、大学法の改善（一八五四）によって入ってくる中産階級の子弟が、大学教育を自分たちの地位の向上という実利的な面から求めることに強く反対した。大学は改革されても、「俗物化（philistined）」される大きな危険が存在したのである。彼が大学教育に情熱を感じなくなるのも、これが一つの原因であり、自分の残る人生の短さに焦慮を感じながら、カソーボン研究のまとめに集中することになる（一八七五年出版）。彼にとっては、大学の目的は「学者や科学者という専門職階級」(4)を作り出すことであり、その主な機能は研究と調査であって、教育ではない。『ミドルマーチ』の中のカソーボンが単なるペダントであったのに対し、パティスンが真の学者であったというのは、まさにこのような意味においてであった。

以上のように、パティスンの信仰上の動揺、期待よりはるかにおくれた学寮長への就任、そして、実際に進行した大学の改革の方向が必ずしも彼の望むものではなかったことなどが、彼の学寮長としての生涯――それはまた彼の結婚生活とも時期的に一致する――の不幸の原因になっているが、健康上の衰えもまた微妙な要因となっている。これは彼の家系からくるものでもあった。

さらにエミリア・パティスンの病によっても彼の憂うつは倍加された。彼女は結婚後ほどなくして、自分の結婚が失敗であったことに気づく。オクスフォードは当時、ジャウィトが大学改革に情熱を燃やし、ペイターやラスキンが教鞭をとっていた。クライスト・チャーチの若い数学教師がディーンの小さな娘たちを花つみに連れていき『ふしぎの国のアリス』を書いた輝かしい時代だった。しかし、他方では、低地であるために湿気が多く、気候も今より悪かった。彼女はついに一八六七年から六八年にかけての冬と、六八年から六九年にかけての冬に神経を病んだのである。医者は彼女にオクスフォードを離れることをすすめ、彼女はロンドンに出る。そして、このときにこそ彼女はG・エリオットと親交を結ぶのである。一八七四年には痛風を病み、これ以後パティスン夫人はたびたび冬の期間を南フランスで過ごすことになる。

度重なる滞仏生活は当然のことながら、夫パティスンの出費を増やした。こうして、双方の病いが両者の関係を決定的に破滅へと導くのである。

パティスン夫人と美術

以上見てきたように、パティスンはその学問、家庭的背景（カソーボンは財産家の出身となっている）は別として、年齢、容貌、性格において、カソーボンと多くの共通点をもっている。とくに、その性格は魅力に乏しく、近づき難く、うつ症状を呈していた。これに対して、フランシスはドロシアのように人間性豊かで、他人の生活の向上を願い、学問や精神文化に深い尊敬の念を抱いていた。しかし、ドロシアが周辺に自分と同程度に知的な友人を一人ももたず、狭く閉ざされた世界に住んでいたのと違って、フランシスは結婚前にすでに家を離れ、ロンドンで絵画を学ぶほどに自由で、また、行動力もあった。それは一九世紀もなかばを過ぎ、女性の社会的進出が少しずつ認められるようになったことと、彼女の家庭環境が幸いしたと思われる。

彼女の父は、原因は不明だがかなりの財産を失っており、フランシスが生まれた翌年の一八四一年には、ロンドン・州銀行（The London and County Bank）のマネージャーとしてオクスフォード郊外のイフリイに移住した。歌をうたい、フルートを吹き、絵をたしなむ彼は、娘のフランシスの小さい時から彼女に絵画を教えたようである。友人を介して、彼女の絵をラスキンに見せたのも彼だった。ラスキンは早速彼女に、ロンドンのサウスケンジントン美術学校でいっそうの訓練を受けるようにと助言したのである。ラスキンとの交流は、文通を通して、彼の晩年まで続き、彼女は大きな影響を受けるが、他方また、彼と意見を異にするところも多かった。彼女は彼の美術論を一八七〇年には公然と『アカデミー（*The Academy*）』誌上で批評するが、この点については後で触れたい。

当時、彼女が知り合ったもう一人の、のちに重要な役割を演ずる人物はチャールズ・ディルクである。彼は彼女について次のように記している。「彼女の話したり、書いたりするすばらしい才能と能力のために、私より年上の世代に属しているように見えたので、私は彼女を年齢も地位も上の人々と同列においていた。遠くから尊敬していたが、彼女はいつも私に親切であり、よく私に話しかけてきた」(5)と。美術学校では彼女は成績もよかったが絵に対するすぐれた感覚と、スケッチの才能はあっても、それ以上のものはないと判断したと思われる。実際スケッチはいくつか残っているが、絵が一枚も残っていないのは、おそらくそうするのに値いしないと思ったのであろう(6)。一八六一年二月には、イフリイの家に戻るのである。

同年六月には、もうマーク・パティスンと婚約し、前述のように九月には結婚した。フランシスがどのようにしてパティスンと逢い、彼をどう思って結婚したかは、彼女が資料を残していないために明らかではない。しかし、画家になることを断念したとはいえ、画才と知性豊かな彼女が、オクスフォードのコレッジの学寮長との結婚に自分の夢を託したことは想像に難くない。ドロシアがカソーボンの学識に深い感銘を受けたと同じように、フランシスもパティスンのそれに強く打たれたのであろう。だが、彼女の芸術への関心がなくなったわけではなかった。むしろ、パティスンを通して哲学や文学の研究が進むにつれて、彼女の芸術理解は広がるのである。

初期の結婚生活はパティスンにとってと同様、彼女にとっても必ずしも不幸なものではなかった。夫との大陸旅行を契機に既得のイタリア語に加えて、彼女はさらにラテン語、ドイツ語、フランス語を習得した。また、当地に一種のサロンを作り、ジャウィト、ペーター、ラスキンら当時のすぐれた知識人と親交を深めた。この間の交遊の中で、パティスン夫人にとってもっとも幸福なものの一つは、おそらくポーリン・トレヴェリアン夫人とのものであろう。彼女より二三歳年上のトレヴェリアン夫人は一八歳のときに二〇歳も年上の気むずかしい男性と結婚したが、因襲にとらわれずに、美術に充実した時を過ごしており、魅力的な性格を失わずにいたのである。

一八六七年から六八年にかけてと、一八六九年から七〇年にかけての冬に、パティスン夫人が大病をしたこと、この静養期間の一八六九年にジョージ・エリオットと逢ったことはすでに述べたが、彼女が『アカデミー』誌に積極的に執筆するようになるのはこの病いの後である。一八七〇年には、ドイツ芸術論や、ラスキンのオクスフォードの講義について、あるいは、ラファエロについて論評している。彼女の美術論の特徴は、彼女が当時にあってはただ一人、美術を絵画のみでなく、彫刻や建築物をも含む広い視野から理解しようとしたことである。[7] 彼女はまた、「芸術の分野では、想像力は理解のための侍女ではなく女主人だ」と考え、「芸術のための芸術」を主張した。恩師ラスキンの美術論に勇敢に論評を加えたのも、このような観点からであった。ラスキンは、芸術は良き生活に従属されなければならないと考え、講義の中でも「宗教的信仰にたいする芸術の影響は概してひどく有害なものである」[8] と述べている。こうした両者の見解の相違はパティスン夫人のチャールズ・ディルクとの再婚（一八八五年）後も続いた。ただディルク夫人は「親愛なる先生、言われた通りにしないことは精神的なことではしばしばもっともまじめで、もっとも高い服従の形態です！　実際、すべてのことにおいて真実を求めるためにに、できるだけ簡素に暮し、愛と正義をもってすべての人を扱うことは、たとえ『あなた流』のやり方でないとしても、やはり『あなたのおっしやった通り』にすることです。[9]」と述べてラスキンへの恭順の意を示した。

パティスン夫人の、もう一人の巨匠ウォルター・ペイターに対する書評にもかなり厳しいものがあった。彼女は一八七三年の『ウェストミンスター・レヴュー』誌に、ペイターの『ルネッサンス史研究（*Studies in the History of the Renaissance*）』をとり上げ、冒頭から「標題は誤解を生じやすい。歴史的要素がまさに本書に不足したものであり、その欠如が本書全体の弱点となっている[10]」と評した。

だが、この批評が出た後も、ペイターとパティスン夫人との関係は、ラスキンの場合とは違って、悪くはならなかったようである。両者ともお互いの仕事に敬意を表していた。

三〇歳そこそこで比較的無名だったパティスン夫人が二大巨匠を批判するには、かなりの勇気がいったに違いない。ここにわれわれはパティスン夫人の強い個性を見ると同時に、ラスキンとの文通やペイターとの話し合いからは、彼女の強じんな倫理観を知る。彼女は初期には、聖オーガスティンや教父たちの著作を学んで、教会の教義の正しさを確かめようとしたこと、教会制度の内容がわかるにつれて、彼女の宗教観にはしだいに感覚的性格が薄れて、ついには告白やざんげをやめた。しかし、教会の教父たちの説く倫理体系は固守し、やがて、彼女はコントの教義問答集の序文に引きつけられる。またこれによって、信仰を失いかけていたマーク・パティスンとの結婚や、キリスト教信仰には燃えていなかったオクスフォードの知的社会との交流から生まれた宗教的衝撃に、彼女は対処することができたのである。そして、自制の義務、すなわち彼女のいうところの「自己犠牲の至高の道徳的義務[11]」をますます認めることになる。

このようなパティスン夫人の、高教会派からコント主義への宗教観の変遷は、エリオットの関心を大いに引いたようである。それは両者の間の文通で大きなテーマとなり[12]、ドロシア・ブルックとパティスン夫人の同一視が生まれた一つの原因となった。G・ハイトは、「ドロシアの禁欲主義はパティスン夫人のアングロ・カトリックとは違って、福音主義に根ざすピューリタン的なものだ」として、その違いを強調する[13]。しかし、こまかい宗教的セクト上の相違は別として、ディルク自身も認めるように、「ドロシア・ブルックの宗教的側面はパティスン夫人の手紙から、ジョージ・エリオットが作り出したと思われる[14]」。そして、パティスン夫人のこの強い宗教心と倫理感、さらには強烈な個性が、スパロウ説を導き出したし、また、彼女に女性労働者とのかかわりをもたせたと思われる。

ジョン・スパロウは彼の「マーク・パティスンと大学の理念」と題する著作の中で、『ミドルマーチ』は「一人の高潔な女性による、もう一人の高潔な女性のための、強い行動の物語である」[15]と述べている。すなわち、気むずかしく冷酷で陰気な夫に苦しむ妻（パティスン夫人）の腹心の友であるジョージ・エリオットが今度は夫を苦しめるために書いたのが、この物語だというのである。すなわち、パティスンは「心も頭脳もないペダント」と嘲笑されて、深く自尊心を傷つけられたと思われる。だが、彼は「あまりに誇り高く、類似性が存在することなどおくびにも出せなかった。自分の大げさな結婚の申込みが妻によって、友人の小説家に伝えられ、それらがほとんど一字一句同じように小説の中で再現されたのを見るのに堪えねばならなかった。また、笑い者にされるのにも我慢しなければならなかった。ジョージ・エリオットは彼が苦しみ、それも一人で黙って苦しむことを疑わなかった」[16]とスパロウはうがつのである。

このようなユニークで鋭い見方を、G・ハイトは実証性に乏しいとして否定する。[17]筆者も小説に倫理性を求める作家のエリオットが、果たしてそうした邪悪な意図があったか疑問に思う。しかし、スパロウが「もし、芸術が人生を模倣するとするなら、人生は、これまで見てきたように、芸術を模倣することによって、その復しゅうをする」[18]と語るとき、この言葉には真実がある。すなわち、ドロシア・カソーボンは、夫がロマンチックな愛に欠ける慰めを若い政治評論家ウィル・ラディスローに見出し、夫が死去した後にラディスローと再婚するが、これとちょうど同じことが『ミドルマーチ』が発表された三年後にパティスン夫人にも起こるのである。V・H・H・グリーンが同書を歴史的というよりは予言的な書[19]と言った意味はここにある。すなわち、一八七五年パティスン夫人はチャールズ・ディルクとの再会を契機に、夫からその心がいっそう離れていき、パティスンの死（一八八四）の翌年には、ディルクと再婚するのである。もっともそこにいたるまでの道は、彼女にとって決して平坦なものではなかった。スパロウのいう復しゅうをいくつも受けねばならなかったのである。

パティスンの側でも、やがて若い女性メタ・ブラッドリ（Meta Bradley）との新しい愛の交流が始まる。そして、パティスン夫人は夫が死去したとき（一八八四年七月）、彼がメタに五〇〇〇ポンド[20]という莫大な財産を遺したことを知るのである。小説では、ドロシアは夫カソーボンの遺書で、ドロシアがもし、ウィル・ラディスローと再婚するなら、彼女に対する遺産はない旨知らされたのであった。スパロウのいう「人生は芸術を模倣して、その復しゅうをする」、これがその第一の例だといえよう。しかも、それは第二の復しゅうをも伴っていた。すなわち、パティスン夫人は夫の死の翌年一八八五年一〇月、約一〇年間の苦しいひそかな交際の後に、チャールズ・ディルクと結ばれるが、その二カ月前にディルクを共同被告としておこされたクローフォード離婚訴訟によって、ディルクは大きな打撃を受けるのである。彼はグラッドストンの後の首相の地位さえ噂されたすぐれた自由党代議士だったにもかかわらず、この影響で一八八六年から九二年までの間、厳しい在野生活を余儀なくされた。

注

（1） Betty Askwith, *Lady Dilke, A Biography* (London, Chatts & Windus, 1969) p. 1

（2） V. H. H. Green. op. cit., pp. 217-218

（3） ibid., pp. 118-119

（4） M. Pattison, *Academical Organization*, p. 247

（5） Dilke's unpublished memories of his life. D.P. 43932. Askwith, op. cit., p. 8 に引用

（6） ibid., p. 9

（7） Pattison, E.F.S., *The Book of the Spiritual Life*, including a memoir of the author by Sir Charles Dilke（John Murray, 1908）（以下 B.S.L と略）p. 22

（8） *The Saturday Review*（1868. 8. 23）Askwith, op. cit. p. 35 に引用

（9） *The Academy*, 1870

（10） Letter to Ruskin, 23. 3. 1887, D.P. 43908

（11） *The Westminster and Foreign Quarterly Review*（Apr. 1, 1873）p. 639（本資料の閲覧にあたっては、ペイター研究家、萩原博子氏のご助力を得た。）

（12） B.S.L., p. 10

（13） G.S.Haight, *G.E. Biography*, p. 564

（14） B.S.L., p. 16

（15） J. Sparrow, op. cit., p. 17

（16） ibid

（17） G.S. Haight, *G.E. Biography*, p. 565

（18） J. Sparrow, op. cit., p. 17

（19） V.H.H. Green, op. cit., p. 214

（20） ibid., p. 316 パティスン夫人への遺産は五万ポンド弱であった。

(3) ディルク（パティスン）夫人の女性労働運動への参加

「芸術が人生を模倣するとすれば、人生は芸術を模倣して、その復しゅうをする。」この過程がパティスン夫人のたどった前半生だとすれば、ディルク夫人としての後半生は、その復しゅうを受けとめ、それらを克服していく過程としてとらえることができる。

パティスン夫人（当時はフランシス・ストロング）が、ケンジントン美術学校で面識のあったチャールズ・ディルクと再会したのは前述のように、一八七五年二月であった。彼はかなり富裕な準男爵で国会議員であり、ジョウジフ・チェムバレンらとともに自由党の急進派を構成していた。一時は共和主義者だったが、やがてグラッドストンの後継者の一人と目されるまでになった。「彼はきれいな方ではなかったが、疲れを知らぬ活動家で、すぐれた行政官だった。知識を吸収し、保持し、それを応用するすばらしい能力をもっていた（実際、彼の知性はフランシス・パティスンのものとよく似ていた）、そして、何よりも強い自負心をもっていた。[1]」パブリック・スクールに行かず、外国で一時育ったこともあったためか、女性とも気安く、また、女性にとっても魅力ある存在であった。

一八六二年には、金持ちで魅力的だが、少し神経質な女性と結婚した。しかし、彼女が一八七四年九月出産時に他界すると、彼は深い衝撃を受け、仕事からも友人からも家族からも離れてパリにひきこもった。これは、同じ運命を経験したチェムバレンの対応とはまさに対照的であった。ディルクは翌一八七五年一月やっとロンドンに戻り、以前彼の愛人だったユースタス・スミス夫人との関係を再開する。[2] しかし、同年二月のパティスン夫人との出会いは、スミス夫人との関係を清算させたようである。「恐ろしい痛風の療養中のパティスン夫人と交わした会話の多くは、一八七五年の私に全く有益な影響を与えた。……すべてのことにおけるパティスン夫人の高い水準は、私のものの見方に影響し、最近のかんばしくない日々を反省させて、以前の私に戻らせてくれた[3]」とディルクは記している。だが、十余年後の一八八六年に、スミス夫人の末娘のヴァジニア・クローフォード(Virginia Crawford)夫人の離婚事件にまき込まれ、ディルクの政治家としての人生が大きく狂うことになる。

ディルクは、当時夫との間がすでに冷えきっていたパティスン夫人と急速に親しくなっていく。しかし、彼らの間はどの程度親密だったのか、いつ頃から彼らの友情が愛情に変わったのか? などはさだかではない。ただ、一八七五年の出会いから一八七九年の四年間には、二七二通の文通[4]があり、ディルクが外務次官になった一八八〇年には、外交問題について、連日といってよいほど、手紙でパティスン夫人の意見を求めている。

パティスン夫人の側でも、しだいに政治問題への関心が高まっていく。この間マーク・パティスンは長い間手がけてきた『カソーボン研究』をようやく出版した(一八七五年)。フランシスも海外滞在中に準備した『フランスにおける芸術のルネッサンス(*The Renaissance of Art in France*)』を刊行し(一八七九年)、同じ頃『アニュアル・レジスター(*Annual Register*)』誌に、療養と美術研究のためにしばしば訪れたフランスやイタリアの政治情勢についての論評を送っている。

女性参政権問題には早くから関与し、一八六九年には「女性参政権連合(Women's Suffrage Union)オクスフォード支部」の会員になっている。一八七二年の『絵入りロンドン・ニュース(*Illustrated London News*)』誌上にはアルバート・ホールの集会でミリセント・フォーセットの隣にいるパティスン夫人の姿を見出すことができる。[5] したがって、ディルクの影響でのみパティスン夫人が政治・社会問題に関心を寄せたとはいえまい。ディルク自身も彼女は自分との再婚以前から、女性労働問題にかかわっており、マーク・パティスンの影響が大なることを強調するが、[6] 彼女の社会運動家——美術評論家ではない——としての活躍は、やはりディルクとの再会（一八七五年）以後にめざましいものが見られる。一八七八年には、チェムバレンやフォーセット教授、ヘレン・テイラー（J・S・ミルの継娘）がメンバーである「ラディカル・クラブ（Radical Club）」の会員に推され、「女性労働者の賃金決定の諸条件」を討論のテーマとして提出したこともあった。[7] しかし、彼女の後半生の中心的な活動の舞台は、「女性保護共済連盟（The Women's Protective and Provident League）」（以後、「連盟」あるいはWPPLと略記）である。

WPPLは女性労働者の組織化と、その組織を通して、彼女たちの労働条件の改善をはかることを目的として、一八七四年にエマ・パタスン（Emma Paterson）によって設立されたが、[8] パティスン夫人が実際にこれに関与するのは一八七六年以後である。同年機関誌『女性組合ジャーナル（*The Women's Union Journal*）』が発刊されるが、彼女はこれへの一ポンドの寄付者として登場する。ラスキンやL・ベッカーも激励の手紙を寄せている。同年一〇月の第九回「労働組合会議（TUC）」には、WPPLから三人の女性が出席した。パティスン夫人がTUC総会に出席するのはずっと後のこと、すなわち、ディルクと再婚後の一八九〇年代である。だが、WPPL内では、例えば、第三回総会（一八七七年）ですでにヘレン・テイラーとともにスピーチをしており、積極的な活動を開始している。彼女のこのような活動の背景には、前章でも触れたように彼女の宗教観と強い倫理観があることを指摘しなければならない。彼女はつねに、「公共への奉仕」の義務を感じ、「他人の生業に直接かかわる事柄に時間をさき、それらに思いを寄せないで、純粋に個人生活をおくることは、その個人にとってすらも有害であると考えていた。彼女自身の言葉を使うなら、『それは私たち――精神的な事柄の価値を知っている人々――が今世紀になすべく求められている事業の一部である。われわれは、多くの人々が彼らの実際的な利益と偉大な目的との関連を理解するように、助力しなければならない』のである。[9]」具体的な事柄、例えば女性の労働時間の短縮に対しては、彼女は当時（一八七〇年代）のフェミニストと同様、法律による規制には強く反対し、「女性労働者たちが自らを守ることを学ぶように主張し、これこそが当連盟の目的である」（*The Women's Union Journal WUJ*）[10] と高い調子で演説した。

三年後の一八八〇年のＷＰＰＬ総会（後半はウィリアム・モリスが司会）では、パティスン夫人は女性がより高度な技術で異なる職業に就くことができるようにするための商工業訓練を与える職業学校の必要性を説いた。この点について彼女は、数カ月前に同じ場所（工芸学校）で開かれた集会でのハックスリイ教授の言葉に言及している。教授は、イギリスが海外市場において、もし現在の地位を維持しようとするなら、労働者に技術教育を施す必要があると述べた。「これまでの古い徒弟制度はその目的をもはや達成せず、無益であるどころか有害でさえある。……労働者たちが従事するさまざまな工芸や職業における、継続的で高度な訓練を与えることができる機関を各工業都市に設立すべきである」[11] と彼は都市ギルド（City Guilds）に対して主張したのである。パティスン夫人はこの主張には女性の訓練についての言及がないことを指摘し、ＷＰＰＬおよびその加盟組合は、今後そのような機関が設立された場合は、女性も同じ立場で考慮の対象となるように要請しようと述べたのである。[12]

翌一八八一年のＷＰＰＬ第七回総会では、パティスン夫人は再び工場法による女性の労働時間短縮に触れ、ＴＵＣ議長のブロードハーストが同法を支持していることを非難した。また、彼女が尊敬するマンデラ（A. J. Mundella）[13] が同法を推進することに遺憾の意を表明した。パティスン夫人としては、団結による労働時間の短縮こそもっとも安全で効果的な方法と思われたのである。[14] また、このときに彼女はジェイコブ・ブライト夫人やフォーセット夫人、F・P・コッブやヘレン・テイラーらとともにWPPLの評議員に選出された。

一八八一年九月には、WPPLオクスフォード支部が創設され、その設立総会がリンカーン・コレッジ学寮長宅の食堂で開かれた。パティスン夫人が主催して、縫製工場で働く数人の女性労働者を含む約一二〇人が出席した。この中には、マーク・パティスンの数少ない、親しい同僚のネトルシップ教授も含まれており支部の活動規則などが決められた。会員は当初縫製女性労働者に限定するはずであったが、結局どの職業に働く女性も加入を認められることになった。労働組合法に基づいて法人登録をし、[15] 以後長い間着実な活動を続ける組織となる。ネトルシップ教授夫人によれば、「この運動は全くパティスン夫人のたゆまない努力と婦人たちにたいする彼女の個人的な影響力によるものだった。彼女は自宅に女性たちを招くのみでなく、彼女らの家庭をも訪問して[16]」支部創設の準備をしたのである。

しかし、この後一八八二年から八四年一一月のオクスフォード支部大会まで彼女の姿を公式の席で見ることはできない。この頃、パティスン夫妻の間は最悪だった。パティスンとメタとの関係が親密になるにつれて、それだけパティスンのフランシスへの憎悪は深まったのである。夫の病が悪化すると、夫人は八四年二月には療養先の大陸から帰国し、その夏にはパティスンを彼の故郷のハロゲイトに連れ出している。だが、美しいヨークシャーの渓谷も彼の病む心と身体を治すことはできなかった。同年七月三〇日ついに彼は息を引きとった。

こうして、パティスン夫人がWPPLとの直接的な連携を断っていた頃、オクスフォードでは一八八四年二月に社会問題研究会（アルフレッド・マーシャルが司会）があり、WPPLからはエマ・パタスンとE・シムコックスが出席して、女性労働の現状について報告した。[17] パティスン夫人は一一月のオクスフォード支部大会には、復帰することができた。大会を司会するかたわら、彼女は「労働組合はそれ自身で奇蹟をおこすことはできないが、同時に、もし私たちがそれを私たちの手中におさめ、そのやり方を試み、理解し、それを私たちのために働かせるならば、多くのことをなし得るに違いない[18]」と強調した。同時に彼女は過大な期待は誤りである、「すべての企業がこれまで悩み、今後も苦しむであろうあらゆる無秩序を、労働組合が治癒できると宣伝するのは最悪のサーヴィスである[19]」ことについても警告したのである。しかしながら、このようなパティスン夫人のＷＰＰＬへの力強い復帰は、思わぬ第二の復しゅうによって再び挫折し、一八八五―八六年の二年間、彼女は舞台を下りることになる。八六年にはＷＰＰＬの今後の進路をめぐって、激しい論争があるが[20]、これにも彼女は関与できなかったのである。

ディルクがかかわる離婚訴訟とその経過については省略するが、彼の無罪を心から信じていたパティスン夫人は世間にも彼の潔白を証明するために、インドからの電報で『タイムズ』紙に、彼らの婚約を発表した。同年一〇月パティスン夫人はチャールズ・ディルク夫人となった（この頃から、セカンド・ネームのフランシスより、ファースト・ネームのエミリアを使うようになる）。彼らの結婚は『女性組合ジャーナル』でも報じられた[21]。そして以後クローフォード事件に対してディルク夫妻は一丸となってあたることになる[22]。その後、ディルクにとって有利な証言がいくつか現れた。その中でももっとも有力なのはマニング枢機卿からの好意的な手紙であろう。だが、ディルクにとって、政界への復帰の道は長く厳しいものであった[23]。だが、一八九一年六月彼はついに、自由党フォレスト・オブ・ディーン（The Forest of Dean）支部による（彼のこれまでの選挙区はロンドンのチェルシーだった）、次期総選挙の候補者としての指名を受けた。炭鉱労働者の多いこの選挙区は、同時にグロースターシャーの古い農村的伝統も残していたために、ノーサムバーランドや南ウェールズのような典型的な炭鉱労働者の地域ではなかった。したがって、ディルクのように富裕な自由党員で、しかも、炭鉱労働者の主張に好意的な候補者がもっとも望ましかったわけである。当時、炭鉱労働組合にとって重要な課題は、法定八時間労働日を実現することだったが、ディルクはこの問題について、一八八五年にすでにこの方針を支持する側に廻っていた。彼はまた、都市社会主義が社会サーヴィスの分野のみでなく、商工業にも拡大することを求めていたのである。(24)

グラッドストンは依然として、ディルクの立候補に反対だったが、支持者たちの熱意は大きかった。たいまつ行列を実施したり、ディルク支持の応援歌を作ったりして、はなばなしい選挙戦がくり広げられた。ディルク夫人の活躍が大きかったことはもちろんである。一八九二年夏、彼はついに保守党候補者の二五二〇票に対して五三六〇票を獲得して、念願の政界への返り咲きを実現したのである。

以上のようなプロセスからも明らかなように、ディルクはこれ以後、労働側といっそう接近した。夫人も一八八七年にはWPPLの執行委員となり、一八八九年にWPPLがWTUL（The Women's Trade Union League「女性労働組合連盟」）と改名される頃からは、その中心的な存在となった。ついでながら、マニング枢機卿もこの頃WTULの会員となっている。ディルク夫人は一八七〇年代および八〇年代前半には女性に対する保護立法に反対したが、夫のディルクが炭鉱労働者の法定八時間労働日を支持したように、彼女もしだいに法律による女性労働者の保護の必要性を認めるようになる。そして、チャールズ・ディルクがその立法化のための国会との重要なパイプとなる。ディルク夫人はこうして、WTULを基盤にして女性労働問題の解決にとり組むのである。

さすがのエリオットも、ここまで予測することはできなかったようである。それは『ミドルマーチ』の対象とした一九世紀前半の社会と、モデルの生きた一九世紀後半のそれとが大きくかけ離れていたからである。それは、まさに「進歩の時代」を反映していた。したがって、そこに生きるヴィクトリア女性の、何か有益なことをしたいという漠然とした熱望も、一九世紀の後半になると、その具体的な対象を見出すようになる。パティスン夫人にあっては、それは美術評論であり、次いで女性労働問題であった。

もっとも、エリオットはパティスン夫妻から創作の動機を与えられたとしても、その伝記を書いたわけではない。したがって、パティスンが年齢、容貌、性格において、カソーボンと多くの共通点をもっていたとしても、後者のように単なるペダントではなく真の学者であり、若いときには乗馬や釣りを楽しみ、女子学生からも人気があったなど、カソーボンと異なる点があったとしても不思議ではない。パティスン夫人の場合も、気質や性向はドロシアに似ていたが、服装などから受ける印象は大きく異なる。むしろ、この点はパティスンの妹のドロシイを想起させる。名前のドロシイもドロシアに近い。また、彼女は英国教会の教団に入って、北部工業都市ウォルソル（Walsall）で、工場災害で傷ついた労働者の救済に一生を捧げるのである。したがって、ドロシアの形象はパティスン夫人とドロシイ・パティスンから作られたのではないかとする見解は示唆的である[25]。

だが、エリオットが『ミドルマーチ』で追求した、エゴのぶつかり合いがもたらした悲劇というテーマは、たしかにパティスン夫妻から得られたか、または暗示されたものと思われる。そして、この悲劇は作者が小説の中で求めたように、あるいは、それ以上に現実ではスパロウのいう「人生の復しゅう」を受けながら、ヒロインの強い倫理感に支えられて、エゴイズムの克服という形で解決されていくのである。
ディルク夫人の労働運動における具体的な活動については、拙著（前掲　一九九二年）を参照していただきたい。

注

（1）Askwith, op. cit., p. 65
（2）一八七六年三月には、スミス夫人の長女が、チャールズの弟アシュトン・ディルク（Ashton Dilke）と結婚して、事情はいっそう複雑となった。アシュトン・ディルク夫人は女性参政権運動で活躍した。
（3）Dilke Memoirs, D.P. 43932
（4）British Library の Dilke Papers の中に保管されている手紙の多くは切り刻まれて無残な姿になっている。ディルクからパティスン夫人に宛てた手紙は、ほとんど冒頭の呼びかけ部分と結語がない。本文ものによっては縦横に削除されていて判読に困難なものが多かった。一八七五年一〇月二三日付の手紙は「江戸、現在東京と呼ばれている」からのもので、日光、京都を訪れようとしていること、富士山を眺めたことなどを記し、スケッチも入れて、日本の風物を伝えている。D.P.（The Dilke Papers in the British Library, London をさす。）MSS. 43903.
（5）Askwith, op. cit., p.p. 73-74. マーク・パティスンの女性参政権に対する見解は明らかではない。しかし、女子教育には熱心で、また女子学生からも人気があった。一八六八年六月にはロンドンの Bedford College（女子コレッジ）の新設の運営委員会の委員長となり、Ellen Smith らとともに、コレッジを非聖職者の運営にまかせて、女子の高等教育の場にすることに努力した。彼はまた、一八七八年初めまで評議会議長を務め、彼の友人の Ingram Bywater

らの協力を得てBedford Collegeの教育内容と水準を高めることに成功した。すなわち、一八七八年にロンドン大学がイギリスで初めて女子に学位を認めたとき、同コレッジの学生が、まっさきにこの機会を享受したのである。Margaret Tuke, *A History of Bedford College for Women 1849-1937* (O.U.P., 1939) pp. 114-133.

個人的にもパティスンは、夫人の姪のGertrude Tuckwellからのさまざまの質問、例えば、時間の問題（一八八〇年一二月二六日付の手紙で回答）や「ものごとを理解することはどういうことか」（一八八一年三月一〇日付で返事）、などの抽象的な質問から彼女の進路についての相談にいたるまで懇切に答えている。これらの中で顕著なことは、パティスンがたえず彼女の知性の涵養を助言していることである。ガートルードは自分の生活の糧を得るために病院の看護婦になろうとするが、パティスンは次のように記している。「私が答えられることは、あなたがフランシスおばさんの助言に従うこと、そして、家で（少なくとも）もう一年試験〔ケムブリッジの〕準備をすることです。あなたはとても若く——それに、まだ、みがかれてはいないが、すぐれた精神力をもっています。もし、あなたが急いで十分考えないで、自己改革の刺戟も、それを得る機会もなく、書物による教育もなく、そういう世界に何の関係もない偏狭な人々と過ごさねばならないような情況に自分をおいたら、それはあなた自身の価値を見そこなうことになるでしょう。……」（日付なしの手紙。一八八一年一〇月からその年の暮れまでの間に書かれたと思われる。）

（6）B.S.L. p. 43

（7）ibid., pp. 53-54

（8）ＷＰＰＬについては「一九世紀後半イギリスにおける女性労働者たち——婦人労働組合連盟の活動を中心に」『大東文化大学紀要』一七号（一九七九年）および拙著　前掲、第四章参照

（9）B.S.L. p. 43

（10）*The Women's Union Journal*（*WUJ*）（『女性組合ジャーナル』）Vol. II, No. 18, July, 1877

(11) ibid., Vol. V, No. 54, July, 1880

(12) ibid

(13) A.J. Mundella, 1825-97, 1868-97, シェフィールド代表国会議員。進歩的自由党員。アイルランド自治に賛成。1886. 1.–1886, 7. および1892-94　商務院総裁。

(14) *WUJ*, Vol. VI, No. 66, July, 1881.

(15) ibid., Vol. VI, No. 68, Sept., 1881. なお、この法律についてパティスン夫人は、ディルクに関係資料の送付を依頼している。

(16) B.S.L., p. 76

(17) 拙稿「一九世紀後半のイギリスにおける女性労働運動とミドル・クラス」『大東文化大学紀要』二一号（一九八三年）一九一ページ

(18) *WUJ*, Vol. IX, No. 107, Dec., 1884

(19) ibid

(20) 拙稿、前掲論文

(21) *WUJ*, Vol. X, No. 117, Oct., 1885

(22) J・チェムバレンは、この事件を通して、政治上のライヴァルであるディルクを陥れようとしたのではないかとの見方がある。なぜ、彼はディルクが証言台に立たないように助言したのか？ これはディルクに対する疑惑を深めただけになった。また、クローフォード夫人は匿名の手紙を出す前に、なぜ、チェムバレンを訪れたか？ この件に関して、なぜ彼は事の真相を明白にしなかったのか？ など多くの謎がチェムバレンの周辺には存在する。「彼は野心家だった、そして、あまりよくない人だった、と言わねばならない。……〔彼に対する疑惑が真実なら〕それは、近代の英国政治への個人的な信頼の最大の裏切りであり、アイルランド自治をめぐるチェムバレンのグラッドストンとの分裂に対して、一八八六年以後に、自由党員たちが彼につけた『ユダ』のあだ名をも正当化することになる」と、ジェイは書いている。Richard Jay, *Joseph Chamberlain: A Political Study*（Oxford, 1981）Appendix: Chamberlain and the Crawford-Dilke Divorce Case. pp. 352-356

（23） 一八七七年のブラッドロー＝ベサント裁判にみられる産児制限の主張や、ジョセフィーヌ・バトラーによる伝染病条令廃止運動（一七年間にわたる彼女の努力によって、一八八六年にやっと廃止された）、さらには一八八五年にW・T・ステッドによって暴露された、ロンドンにおける売春の座視しがたい実態は、「社会的純潔（Social Purity）」を国民的課題とした。すなわち、一九世紀後半の道徳復活運動をもたらしたのである。社会がこのような状況であったからこそ、「ディルクやパーネルのような公の人物は、以前ならおそらく大目に見られたような個人的行為についても非難を免れることはできなかった」。Paul McHugh, *Prostitution and Victorian Social Reform*,（London 1980）p. 264（なお、本書では伝染病条令廃止における、ディルクの努力に言及している）。ステッドはとくに、執ようにに、クローフォード事件におけるディルクに対する評決が不当だとして、その解明に躍起になったのである。他方、WPPLは、女性労働者の低賃金が、ステッドの暴露にみられるような売春を生み出すのだと主張している。*WUJ*, Vol. X, No. 12（一一五の誤りと思われる。）, Aug., 1885

（24） R. Jenkins, *Sir Charles Dilke: A Victorian Tragedy*（London, 1958）p. 380

（25） Jo Manton, *Sister Dora: The Life of Dorothy Pattison*（London, Methuen & Co., 1971）p. 354

2　ヴァジニア・ウルフの「女性協同組合ギルド（WCG）」との出会い

懸案の男女同等参政権は一九二八年の「国民代表法」で実現した。この頃さらに幼児後見法、遺族年金、離婚法改正など女性にかかわる法的改正がいくつか見られた。しかし、こうしたことにもかかわらず、政党や政治的枠組における女性への影響は限定的であった。フェミニストたちの関心はしだいに法的政治的なものから、経済あるいは文化へと移行した。炭鉱ストや世界恐慌などの影響で、人びとは健康、福祉・家庭生活に、より注目したのである。他方、既婚女性の職場（教師あるいは公務員）からの追放や男女の賃金格差は依然としてフェミニストたちの大きな問題だった。フェビアン協会女性部では、二〇世紀初頭から平等賃金をめぐって議論していたが、後述するように、エリナ・ラスバウン（E. Rathbone, 1872-1946）は、男女格差が縮まらないのは男性が家族扶養者だからだという。では、なぜ男性が扶養者で女性は被扶養者か？　W・ホウルトビイ（Winnifred Holtby）らフェミニストの間で男性の支配欲が語られ、他方で女性の経済的従属が熱心に論じられた[1]。

ウルフは小説ではあからさまに述べていないが、評論では『自分だけの部屋』（一九二九年、以下『部屋』と略）や『三ギニー』（一九三八年[2]）でフェミニストの見解を率直に表明している。女性の自立のために自分だけが使える部屋と年間五〇〇ポンドの収入が必要だと前者で説き、後者では女性の高等教育、雇用、平和の実現を求めた。そのために三つの組織にそれぞれ一ギニー（イギリスの貨幣単位、約一ポンド）ずつ計三ギニーの寄付を呼びかけたのである。さらにヴィクトリア時代以降依然として女性の内に残存する「家庭の天使」の追放をすすめた。「家庭の天使」は「とても同情心に富んでおり……自分自身の心や願望をもたず、他人の気持や願望に共感することを好むように仕組まれていた……」(3)とウルフは語る。こうした気分はやがて女性の劣等感へと連なっていく。一九六〇～七〇年代のアメリカのウーマン・リブ運動高揚期には、ケイト・ミレット (Kate Millet) が『性の政治学』(4)で、この「家庭の天使」から「劣等感」へと発展する論理をより率直に激しく時にどぎつく論じて、運動を盛り上げたのである。

ウルフが関係した「女性協同組合ギルド、WCG」(以下、ギルドまたはWCGと略)は、女性問題の解決を求める運動の中でユニークな活動を続けてきた。一部中産階級の女性を含むが、主に労働者階級の妻であり母であり、消費者である彼女たちは協同主義の原則に則りながらも女性としての立場を主張し、行動したのである。本節では、その輝かしい前史(一八八三―一九二一年)を(1)で概観し、(2)ではギルド会員たちが描いた「自分史集」ともいえる『私たちの知っているままの生活』(*Life As We Have Known It*) 一九三一年)(以下『生活』と略)にV・ウルフが寄せた「前置きの手紙 (Introductory Letter)」(以下『手紙』と略)をとり上げた。裕福な中産階級の女性作家が感じた階級の壁や、ギルド会員たちへの思いが明らかにされる。

ウルフの記事が、マーガレット・ルウェリン・デイヴィス (Margaret Llewelyn Davies, 1861-1944) に宛てた『手紙』の形式をとったのは、ウルフが本はその本自体の自分の足で立つべきで、「序文」は不要という立場をとったからである。(5)一九一三年のギルド総会に出席した時の経験と、その一七年後にもち上がった会員たちの『生活』の出版を機に、ウルフの『手紙』が執筆されたのである。当初 *The Yale Review* に論文 (article) として出版の予定だったが、ギルド指導部 (Eleanor Barton, のちのギルド事務局長) との調整の必要が出てきた。実名を避けること、女性ギルドの全般的な印象はウルフ個人のものである、などの執筆上のとりきめが両者間で話し合われた。ウルフはこの経緯をデイヴィスに知らせて、了承を求めている。

この過程で彼女を落胆させたのは「労働者たちの恐るべき因習への執着である。……リリアン〔ハリス〕（―デイヴィスの秘書）がパイプをくゆらし探偵小説を呼んでいる事実を直視できなくて、どうして彼らが『現実』に向き合っていると言えるだろうか?……残念なことに私たちが向き合って、放棄してきた中産階級のレスペクタビリティを、労働者たちはすべてとり入れてきたように思われる……なぜ、このような機会に因習から脱皮しようとしないのだろうか?(6)」とウルフは嘆いている。もちろんこうしたことは「丁重であるべき」だとして表面化しなかった。

『手紙』は一九三〇年九月『イェール・レヴュー（*The Yale Review*）』に「労働女性組合ギルドの思い出」として出版された。ギルドとの話し合いによって事は複雑になり、第二版（最終版）は初版と一致しないが、ウルフの死後、夫のレナードによって、イエール版が決定版となった(7)。紆余曲折があったとはいえ、巨匠作家ウルフの唯一ともいえる労働者階級の女性論――二四ページという短いものだが　が世に出たことは意義深い。両階級間の厚い壁にとまどいながらも、労働者階級の女性たちの前向きな努力への敬意にウルフのフェミニストとしての共感が読みとれる。

注

（1）Barbara Caine, *English Feminism 1780-1980*（Oxford University Press, 1997）pp. 212-215

（2）今井けい「現代の女性と社会――V・ウルフ『私だけの部屋』と『三ギニー』を中心に」鷲見八重子、岡村直美編『現代イギリスの女性作家』（勁草書房　一九八六年）二九三―三一七ページ

（3）ヴァジニア・ウルフ「女性にとっての職業」一九四二年、『女性にとっての職業　エッセイ集』出淵敬子・川本静子監訳（みすず書房　一九九四年）

（4）ケイト・ミレット『性の政治学』（一九七三年）

（5）*Letter* to Margaret Llewelyn Davies from V. Woolf, 25th July 1930. *A Reflection of the Other Person, The Letters of Virginia Woolf*, V. Ⅳ: 1929-1931, Ed. Nigel Nicolson, pp. 190-191
Virginia Woolf, 'Memories of a Working Women's Guild,' *The Yale Review*, Sept. 1930. p. 121

（6）ibid, *Letter*, Oct. 10th 1930, pp. 228-229

（7）Naomi Black, *Virginia Woolf as Feminist*（Cornell University Press, Ithaca, 2004）p. 117

(1)「ギルドの歴史」にみるフェミニズム

ヴァジニア・ウルフ（一八八二―一九四一年）がギルドにかかわるのは女性参政権運動の高揚期においてだった。彼女は、参政権運動にとくに熱心だったわけではない。ラテン語の教師で友人だったジャネット・ケイス(Janet Case）から「人民参政権連合（The People's Suffrage Federation, PSF)」を紹介されたのは一九一〇年である。M・フォーセットの「女性参政権協会全国連合、NUWSS」とは異なり、労働者階級の女性たちの小さな団体である。その理事をしていたケイスを介して、ウルフ（当時はまだスティーヴン）はやがて女性協同組合ギルド事務局長のマーガレット・ルウェリン・デイヴィスと親交を結ぶ。女性の高等教育の開放に尽力したエミリ・デイヴィス（Emily Davies, 1830-1921）を伯母にもつマーガレット・デイヴィスはケンブリッジのガートン・コレッジ（Girton College）を卒業後一八八九年にギルド事務局長に就任。当時すでにギルドでめざましい活動をくり広げていたウルフは調査や執筆でWCGに協力することになる。以下、デイヴィスの指導になるフェミニズムはもとより、WCGの多面的な活動を見ていきたい。

ギルドの協同主義・労働組合主義・フェミニズム

男性の熟練労働者を対象にした協同組合は一八四四年にロッチデールに設立された。女性協同組合ギルドはそれから約四〇年後の一八八三年に『協同組合ニュース』に「女性コーナー」を設けることから始まった。夫がオクスフォードのフェローであるアクランド夫人がひかえめだが、核心をついた呼びかけを行ったのである。

私たちは、私たちの店舗の独立した会員になることができます。でも私たちは「店に来て買う」ことだけを求められます。……なぜ私たちは私た

Co-operative College, Stanford Hall, Loughborough

協同組合大学（1970年頃）

ちの協同組合の母たちの集まりをもってはいけないのでしょうか。仕事を持ってきて一緒に座り、誰かが協同組合の著作を声を出して読み、あとで討論するのがなぜいけないのでしょうか？[1]

早速一読者から具体的な提案があり、翌一八八四年に正式にギルドが誕生した。

一八八九年にマーガレット・ルウェリン・デイヴィスが事務局長になると、ギルドの活動は飛躍的に進展した。G・D・H・コールは彼女の優れた資質と人柄について次のように述べている。

もって生まれた性質や清廉な理想主義において、マーガレット・ルウェリン・デイヴィスは、イギリス協同組合運動に積極的に仲間入りをした、群を抜いて最も偉大な女性であった。……既成の指導者たちにならっておとなしく従うのではなく、女性たちが協同組合の前進の先頭に立つように鼓吹しようとした。……彼女は、女性ギルドが協同組合の政策に積極的に参加し、協同組合改革や社会改革について多くの大計画を次々と始めたりするようにうながした。[2]

ギルドは以後デイヴィスの指導のもとに、民主主義・自治を原則に女性・妻・母に関するさまざまな課題に取り組んだ。組合員は一八八六年の五〇〇人から一八九二年には五〇〇〇人、一〇〇支部に増加したのである。デイヴィスが事務局長に就任した一八八九年には、ロンドンでガス労働者と港湾労働者の大争議が起き、イースト・エンドの女性労働者も組合を作って賃金引き上げの運動を起こした。ギルドは一八九一年冬に労働組合員と協同組合員との一連の集会を開いてこれらの運動を支援している。その後協同組合店舗で働く女性については、最低賃金法の制定（一九〇九年）を背景に、全女性労働者の賃金改善を雇用者である協同卸売連合会（ＣＷＳ）との間でとり決めた。

貧困地域の協同運動

協同（組合）運動の本質にかかわるものとしては、貧困地域に協同運動を拡大する先駆的な試みがあげられる。一八八九年の協同組合大会で会長が「莫大な数の人びとがまだ協同運動の外にいる。私たちは彼らを入れるように努めなければならない」と語り、出席者の一人が、「それを実行するには女性ギルドより良い機関はないでしょう」と発言した。ギルドはこれを契機に、数カ月の間に「貧困地域の協同」と題する報告書を発行し、貧民の手の届く所に協同組合を作るためには、(1)健康に良い食品を安価で、少量にして販売する庶民店舗、(2)コーヒーと料理された肉の店、(3)必要につけこむような貸し方はしない貸出部門、(4)酒場からつれ戻し、個々の必要に応じた援助を与えるクラブ・ルームかセツルメントのような施設が望ましいとしたのである。[3]

ギルド会員からはこの提案について、熱心な反応があったが、全体として協同組合員とくに男性は好意的ではなかった。協同組合連合会理事会からの助成金によって、ギルドはさらに調査を重ね一九〇二年サンダーランドに支部店舗の開店を見たのである。貧しい人たちの喜びや収支結果をデイヴィスは詳細に示し、①貧民を対象とした商売が成り立つこと、②協同組合全体にとってこのような商売は財政的に収益をあげられる、③店舗は自信と友情を育むたしかな手段であり、④もっとも必要とされている所での建設的な社会事業の拠点となりセンターになった、とサンダーランドでの試みを評価した。そして「協同組合員たちは、もしその意思があったら、ほぼ無制限に、貧民地域での個人および社会生活の全体の水準を上げる力を持っている」と結論づけたのである。[4] しかしセツルメントの活動に不満をもつ組合理事たちの反対によって二年たらずのうちに挫折した。協同組合運動の理念と社会活動が結びつかなかったのである。[5]

女性参政権

女性運動との連携については、まず参政権問題があげられる。当初ギルドは「女性参政権」を支持したが、それへの異論が労働組合や労働党関係者、さらには協同組合連合会からも出るにおよんでデイヴィスは前述の「人民参政権連合（ＰＳＦ）」の設立に尽力した。「財産ではなく個人が基本であることが唯一民主的である」と主張した。一九一一年までに六八のギルド支部が、またギルド以外の女性労働団体――女性労働連盟（ＷＬＬ）、女性労働組合連盟（ＷＴＵＬ）、全国女性労働者連合（ＮＦＷＷ）などもＰＳＦに連携した。[6] Ｖ・ウルフとデイヴィスの出会いは、この頃でありウルフのギルドへの貴重な助言が始まったのである。

国民保険法と出産手当

女性運動との連携の第二は、一九一一年の国民保険法に関するものである。出産は女性の生命にかかわる重要な仕事であるばかりでなく、次世代の育成という国家的事業でもある。にもかかわらず女性に対する配慮が同法案ではいっさいなされていない。法案の作成過程でギルドは大蔵大臣に対して、出産手当の全面負担制度を提案。手当が母に直接支払われること、扶養家族も含むように健康保険の範囲を拡大すること、および医療ケア施設の増加の必要を主張した。政府は非賃金稼得女性のための任意保険制度を含む多くのギルドの提案を受け入れ、出産手当にも譲った。[7] だが、支給対象については譲らなかったために、ギルドは「手当てを直接母へ」のキャンペーンを開始。一九一三年に、妻が承認した時にのみ給付金は夫の署名で受け取れる修正案が成立した。「それは家庭における母の地位についての最初の公的承認であり、妻の経済的独立への新しい一歩であった。[8]」

しかし、雇用に基づくこの保険制度では一般既婚女性の、母性にかかわるさまざまな要請に対応しきれない。ギルドは国民的な制度を樹立するためのさらなるキャンペーンを開始した。戦争の勃発は未来の世代に対する関心から母性福祉の重要性に注意を向けた。ギルド会員から寄せられた一六〇通の手紙を読んだＶ・ウルフはその出版を強くデイヴィスに勧めた。デイヴィスの序文付きで『母性――働く女性たちからの手紙』(9)が、出版されたのはこの頃である。貧困や母性が女性たちに与える悩み、困難、苦悩、衰弱を如実に訴えるものであり、戦争中にもかかわらず二つの版が数カ月の間に完売された。ギルドはこのような実情をふまえて、国の補助金による自治体のマタニティ・センターが全国に作られることを主張した。その主張は一九一八年の「母子福祉法」に結実した。

離婚法改正

母子の健康のためのキャンペーン中にギルドは離婚法改正にもかかわることになる。しかも、政府との交渉だけではなく協同組合内でのトラブルにまき込まれた。王立離婚法改正委員会は一九〇九年に任命され、その中にデイヴィスとバートン夫人が労働女性組織の役員として含まれた。ギルド会員に対する調査は、(1)法の下での男女平等、(2)離婚手続費用の低廉化、(3)女性の陪審員への参加についてであり、一九一〇年に回答が寄せられた。いずれの質問に対しても圧倒的多数の賛成が得られた。ギルドは現行法の改正点として、離婚の理由を男女同等にするだけでなく、遺棄、虐待、深刻な不一致、双方の合意にまで拡大することの必要を示した。また、離婚した妻とその子どもたちの経済的安定のために、生計費の支払い遅延に対しては法的規制を課すべきと主張した。

ギルドは王立委員会での証言や多数派報告を印刷して、一九一一年と一九一三年のギルドの部門別会議や、地域会議その他支部集会でこの問題について討議した。一九一三年の総会では多数派報告を支持する決議を採択したのである。[10] しかしカトリック教徒連盟から強い反対があり、翌一九一四年協同組合連合会理事会はギルドに対して離婚問題キャンペーンをやめるように申し入れた。やめない場合はこれまで実施してきたギルドへの財政援助を打ち切るというのである。これは社会的民主的運動としての協同組合運動の意義の解釈をめぐる重要な問題であった。レナード・ウルフへの手紙でデイヴィスもいう通り、理事会は離婚法だけではなく、彼女たちの「参政権――や実際すべての政治活動を嫌っていた[11]」のである。一九一四年八月、宣戦布告直前の最後のバーミンガム総会でギルドは理事会の通告を拒否したのである。同年連合会理事会はギルドに対する助成金支給を撤回した。

しかし一九一八年八月連合会とギルドの間で話し合いがもたれ、両者の関係が率直に討議された。その結果両者間の信頼が回復し、今後は少なくとも年一回会議を開き、両者が関心をもつ事業での協力につき討議することになった。助成金は復活した。自治を守るために助成金一六〇〇ポンド（年四〇〇ポンド×四年）を犠牲にしたが、一部の支部に反対はあったものの、ほぼ全ギルドが大義のためにたたかった。厳しい四年間をギルドは中央委員会とミス・ルウェリン・デイヴィスを支持した、とキャサリン・ウエッブは誇らしく記している。[12] その後連合会からの助成金は年間五〇〇ポンドに増額された。一九二三年、結婚訴訟法の成立によって離婚における男女平等の扱いが実現し、妻も夫の不貞を理由に離婚が可能になった。性格の不一致などによる協議離婚は一九六九年まで待たねばならなかった。

注

（1） Margaret Llewelyn, Davies, *The Women's Co-operative Guild, 1883-1904*, Kirkby Lonsdale: The Women's

Co-operative Guild, 1904, pp. 10, 11-14

（2） G.D.H. Cole, *A Century of Co-operation*, George Allen & Unwin, 1944 p. 218. 森晋監修　中央協同組合学園・コール研究会訳（家の光協会　一九七五年）三二四―三二五ページ。マーガレットの父 John Llewelyn Davies はキリスト教社会主義の影響を受けた牧師であり、熱心な女性参政権論者であった。彼女は父が学長である Queen's College を卒業後父方の伯母 Emily Davis の設立になるイギリスで最初の女性高等教育機関 Girton College, Cambridge で学んだ。その後、父の影響で生地ロンドンのメラバーン協同組合に参加した。J.M. Bellamy and J. Saville, *Dictionary of Labour Biography*, vol. 1 (London: Macmillan, 1972) pp. 96-99

（3） Davies, op. cit, pp. 76-77

（4） ibid., pp. 92-95. 貧困と協同運動については、水田珠枝「イギリス協同組合運動におけるジェンダー摩擦――女性協同組合ギルドの思想と活動　一八八三年―一九二一年」(1)(2)『名古屋経済大学　社会科学論集』第六〇・六一、六二号（一九九七年）参照

（5） コール、前掲書　三三一―三三二ページ

（6） Gillian Scott, *Feminism and the Politics of Working Women: The Women's Co-operative Guild, 1880s to the Second World War* (London: University College London 1998) pp. 109-110 Jill Liddington & Jill Norris *One Hand Tied Behind Us: The Rise of the Women's Suffrage Movement* (London: Virago, 1978) p. 247

（7） Pat Thane, *The Foundations of the Welfare State* (2nd Edition) (London: Longman, 1996)『イギリス福祉国家の社会史　経済・社会・政治・文化的背景』深澤和子・深澤敦監訳（ミネルヴァ書房　二〇〇〇年）九九―一〇〇ページ

（8） Catherine Webb *The Woman with the Basket: The History of the Women's Co-operative Guild, 1883-1927*

(Manchester: Co-operative Wholesale Society's Printing Works, 1927) p. 127

(9) M.L. Davies, (ed.), *Maternity: Letters from Working Women*. 1915, London: Virago, 1978. ウルフとデイヴィスのギルドとの関係については、Naomi Black, *Virginia Woolf as Feminist* (Ithaca, New York: Cornell University Press, 2004) pp. 38-41 参照

(10) WCG, *Working Women and Divorce: an Account of the Evidence given on Behalf of the WCG before the RC on Divorce* (London: David Nott, 1911) in Scott, op. cit, p. 139

(11) ibid., p. 142

(12) C. Webb, op. cit, pp. 157-159. なおこれは助成金を得ている補助組織の自治の問題だとして一九二〇年に再燃するが、ギルドは譲歩しなかった。S. & B. Webb, *The Consumers' Co-operative Movement* (London: Longman, Green, 1921) pp. 175-176.

(2) ウルフのみた「女性協同組合ギルド」の女性たち
——『私たちの知っているままの生活』より

ヴァジニア・スティーヴンはヴィクトリア時代の著名な思想家・文筆家であるレズリー・スティーヴン（Leslie Stephen, 1832-1904）を父にもつ上層中産階級[1]の知識人家庭に生まれた。兄や弟がケンブリッジ大学で教育を受けたのに対し、ヴァジニアは良家の子女の典型として家庭教師から教育を受けた。マーガレット・ルウェリン・デイヴィスとヴァジニア・スティーヴンとの共通の、高い知的背景は二人のその後の交流を親密にしたようである。

夫になるレナード・シドニイ・ウルフ（Leonard Sidney Woolf）もケンブリッジ出身であり、二人は一九一二年八月結婚。ヴァジニアは作家になるべく努力を傾注。翌一九一三年最初の作品『船出』を脱稿した。レナードはウェッブ夫妻の少数派報告に基づく救貧法改革キャンペーンに関心をもち、社会主義者としての道を歩み始める。M・L・デイヴィスに会ったのはこの頃で、しだいに他の社会主義者たちより、協同運動を社会変革の手段として、より真剣に考えるようになった。同年彼はヴァジニアとともに産業動向と協同組合の実態調査のため、マンチェスター、リヴァプール、リーズ、グラスゴウ、レスター、ニューカッスルを訪れている。女性ギルドや北部地域の男性指導者の熱意に打たれてレナードはその後教育面で協力することになる(2)。ニューカッスルで開催されたギルド総会にも出席。ヴァジニアは後日デイヴィスがギルドの女性から集めた手紙『母性——働く女性たちからの手紙』の出版（一九一五年刊）を助言するが、その背景にはこうしたウルフ夫妻の調査旅行があった。翌一九一六年にはロンドンでのギルド

ニューナム・コレッジ（ケンブリッジ大学）

総会に出席。その後数年間居住地リッチモンドの支部のために集会や講演会の開催に協力した。一九一三―三三年間におけるヴァジニアの手紙には協同組合に関するものがかなりあり、一九二二年の「協同組合連合」総会についてのJ・ケイスへの手紙にはヴァジニアのギルドへの親近感が記されている。総会ではギルド事務局長をすでに退任していたデイヴィスが招かれて司会をし、それまでの彼女のギルドに対する貢献と名誉に対して市と「協同組合連合」からバラの花が贈呈された。(3) これを機にギルドは三十有余年におよぶ中産・知識階級出身のデイヴィスの指導の時代から、数年間の過渡期を除いて、労働者階級出身のリーダーによるギルドへと移行するのである。

ヴァジニア・ウルフは作家の仕事は「人間生活」を描くことだといい、自らの属する上層中産階級の人びとの生活を描いた。しかし、労働者階級の人びとについては、ウルフ自身が語るというより、彼女たち自身による「語り」を積極的にとり上げた。『母性——働く女性たちからの手紙』はそうして生まれた。一七年後に刊行された『私たちの知っているままの生活』（以下『生活』と略）、（一九三一年　ホガース）も同様の経緯をたどった。ただ、『生活』には既述のようにウルフ自身によるデイヴィス宛ての『前置きの手紙（Introductory Letter）』が付されている。それは階級の壁を論じただけでなく、ギルドの女性たちの生活や教育、ひいては政治改革への熱意を強く伝えている。以下では、この『手紙』に依拠しながら、ウルフによる臨場感あふれる総会の記録や女性たちの「自分史」に対する思いを通して、ウルフの労働者階級の女性に対する見解を探った。

一九一三年六月の暑い日にウルフはニューカッスル(4)で開催されたギルド総会に出席した。しかし会議中沈黙したまま着席することをよぎなくされた彼女は、中産階級の訪問者の「矛盾した複雑な感情」と周囲の女性たちとの隔離感を抱かざるを得なかった。ウルフはギルドの女性たちの要求を認めたけれど、それらの一部は参政権を持たない限り実現は不可能であり、また、他のものは中産階級の女性たちにはすでに実現していたからである。

議事の進行や発言者についての生き生きした描写が続く。大勢の人前で話したことのないギルドの女性たちの緊張感が伝わってくる。女性の集まりなのに、男性社会で見られる市長のように肩のまわりにくさり（地位を表わすための）をつけた女性やつけない女性たちが着席。……ベルが鳴り、一人がフロアから立ち上って壇上に上り、きっちり五分間しゃべって降りてくると別の女性が同じようにそれぞれの地域の女性たちの心情を五分間で語る。議論が続き、決議が否決されて、修正案が通った。（『手紙』一八―二〇ページ）。

その後一七年が過ぎて、この間にウルフの心をよぎった当日の集会の様子がさらに語られる。……会場の女性たちは離婚、教育、投票権……みんないいことばかり――を望んでいたが、訪問者たちの不満感はゆれていた。こうした問題の底には、さらに切実な問題、衛生、教育年限の延長、賃金の上昇がある。しかし「私自身の琴線には触れませんでした。希望の諸改革が今すぐ実施されても、それは、すでに快適な資本主義的生活の中にいる私の髪の毛一本も動かさないでしょう。だから私の関心は利他的なのです。……そう思うとほんとうにいらいらして気が滅入りました」（『手紙』二一ページ）とウルフは振り返る。その後、Co-op のジャムのびん詰めや Co-op のビスケットの製造過程を見た後、横断幕の下で歌を歌い……会長の交代の後、協同組合の特徴に満ちた総会は解散となった。

同じ年の夏の終わり頃、ここに十分展開できなかった考えについて再び話し合うことになる。それはハムステッド（ロンドン北部）に当時あったギルド本部においてである。……総会はたしかに非常に多様な性質の思いや考えをもたらしたが、それは啓示と同時に失望だったとウルフはいう。会場で論じられたことと、自らの感情の齟齬《そご》を率直に語る。だが同時に出席者たちの特異性に気づく。

……働く女性たちの表現範囲は狭いがその少ない表現にはレディたちの顔には欠けている悲劇やユーモアがもつ力と強調が、あります。……間違いなく総会に出ていた女性たちにはレディにはないが、何か望ましい、刺戟的なものがあります。しかし、それは定義するのがむずかしいのです。……あちこちで聞いた言葉遣い、通りすがりに見た笑いや身振りから判断すると、彼女たちが持っている資質はまさにシェークスピアが喜びそうなものです……実際私たちが総会で得た最もふしぎな印象は「貧しい」「労働者階級」……の人びとが踏みつけられ、疲れ果ててはいないということです。彼女たちはユーモアに富んでおり、全く独立しています。……私たちは彼女たちが私たちに与えると同じくらい彼女たちに与えるものを持っています――ウィット、公平さ、学問、詩、その他すべて良きもの――それらは、玄関のベルに応えたり、工場の機械番をしたことがない人が、生れつき持っているものです。けれども障壁は越えることができません。そして総会で抱いた思い程いらつくものはありませんでした。あなたも時々覚える焦燥感に気づかれたに違いありません。それは彼女たちのこの火が、このくすぶった熱が燃え出し、私たちをともに溶かして、人生がより豊かになり、書物がより複雑に、社会がその持てるものを分離するのではなく出し合うようになる――すべてこうしたことがまさに不可避的に起ろうとしています、大きくはあなたの、またミス・ハリスやミス・キッドのおかげで――。でも、それはただ私たちが死ぬ時です。」(『手紙』二一八―二二一ページ)。

こうしてウルフたちはその日の午後、ギルドの事務所でまやかしの同情の性質について、それが真の同情といかに異なるか、について説明を試みた。なぜなら、それは知らず知らずのうちに同じ重要な感情を共有していなかったからである。おそらくこの時、デイヴィスは引き出しの鍵をはずし一束の書類をとり出した。でも、すぐにはしばってあるひもを解かなかった。

「それらはきっと興味深いものでしょう。それらを読んだら女性たちは表象（シンボル）であることをやめて、その代りに一人一人の個人になるでしょう」（『手紙』三一ページ）。「……でもデイヴィスはすぐ開けることはできなかった。あたかも他人の眼にそれらをさらすことは、信頼への裏切りのようでもあったから。書き方を知らない人の書きもの――その生硬さが困惑であったかもしれない。――だがこの時点でつき進まねばならない。（中略）少しずつ進められ、また多くの遅延――例えば戦争があり、ミス・キッドが亡くなり、デイヴィスやリリアン・ハリスがギルドを退職した。何千という多くの働く女性たちは、デイヴィスがいかに彼女たちの生活を変えたかを語ろうとしていた」。

こうした中断の後についにデイヴィスはペーパーを集め、この五月の初めにウルフの手に委ねたのである。これ以後『生活』に寄せられたペーパーの内容と、それがひき起こしたさまざまな感慨をウルフが語っている。

リンカーンシアーの沼沢地帯では少女たちの多くが七～八歳で働き始め、土曜日には戸口の階段を洗って一ペニーを、また、鉄工所で働く男性に夕食を運ぶことで二ペンスを稼いだ。一四歳で工場に入り朝七時から夜八～九時まで働き、週に一三～一四シリングを手にした。その中から数ペンスを貯めて母親のためにジンを求めた。母は夕方になるとひどく疲れた。長年の間におそらく一三人の子を生んだのであろう。……親切な老レディたちが食料の包みを送ってきた。パンのみみとくさりかけたベーコン……。彼女たちは、これらを経験し、見、そして知っていた。ウルフはそうした少女たちの固い顔つきと表情にどこか不屈のものがあったことを思い出す。

「ふしぎなことにそれは人間性は非常に強固で、どれ程傷つきやすい年齢の時でもその傷をもち続けそれらを生き返らせる」(『手紙』三四ページ)と述べている。また、別の種類のヴァイタリティも発見する。度重なる出産や多量の洗たくでも抑えきれないエネルギーが湧き出して古い雑誌の中のディケンズにとりつかれる。バーンズの詩を料理中に読む。カーライルのものではなく、何か適当なフランス革命史を手に入れたいと望む。……子どもが工場で働いて生活の資を得なければならぬなら、そうした世界に子どもを生む権利が自分にあるのだろうか、と問う。あるいは本のどこかで彼女の想像力に火がついて、風呂や台所、洗たく場、美術館、博物館、公園のある未来都市を夢見るようになる。

だが、どうやって働く女性たちの理想に沿って世界を再構築できるか? この時一八八三年に「女性協同組合ギルド」が創設された。そしてギルドこそがあの性急な願望と夢をギルドに引きつけた。

ギルドは「私だけの部屋」になり、ワークショップになり、顔をつき合わせて夢を語り合い、実現する場となる。それから三〇年経た一九一三年のニューカッスルでは報告者たちは、風呂、賃金だけでなく、成人選挙権、離婚法改正を要求。一～二年もすると、平和と軍縮そして協同原則のイギリス国内だけでなく世界の国ぐにへの普及を要望した(『手紙』三八ページ)。

ウルフはデイヴィスに対して「あなたが私に送ってくださったペーパーは確かにある光を投げかけました。それはあの総会を忘れられないもの、答えられない疑問でいっぱいにした以前からの好奇心と困惑に対してです」と述べている。表面的なまやかしの同情が真の同情に近づいたのであろうか。ウルフは作家としての厳しい眼と、働く女性たちの苦悩と向上心に対する敬意から、さらには彼女たちの独得な能力に対する積極的な評価の両面から次のようにまとめている。

ここに書かれたものが公平さや想像力の広さに欠けると文芸批評家は言うかもしれません。熟慮がない、全体として人生についての考えがない、他人の人生に入りこもうとしないと言って反対する人もいるでしょう。詩も小説も水平線のはるか向うに見えるのです。実際私たちは、自らの教区の境界線より彼方を旅したこともなく、自分の言葉以外の言葉を読んだこともなく、言葉が見つからなくて書くことに困難を感じた、シェークスピア以前に生れた隠れた作家たちを思い出します。とはいえ、書くことは人生によって大きな影響をうける複雑な芸術です。これらのペーパーも文人として教育された人が羨むような文学としての資質を持っています（「手紙」三九—四〇ページ）。

こうしてウルフは総会で抱いた「まやかしの同情」の実態を知り、また超多忙な中で彼女たち自身が書いた『生活』に出会う中で、労働者階級の女性たちの実像に迫った。両者の格差はあまりに大きく容易に解消できないが、「両階級の人びとが溶け合う時、人びとはその持てるものを分離するのではなく、出し合うようになる」とウルフが語るとき、そこには協同精神の一端が示されているといえよう。

以上、G・エリオットとV・ウルフが作品のうえで、労働者階級の女性運動にかかわっていく過程（エリオットの場合は彼女の作品と、そのモデルの実人生において）を跡づけた。一九世紀前半期から後半期までの工場労働者と、同世紀後半期から二〇世紀前半期までの消費者（といっても、労働者階級の女性は何らかの形で稼いでいた）と時代も対象も異なるが、中産階級に属する両作家の、労働者階級の女性への共感的協力的アプローチが印象に残る。

エリオットの場合、ヒロイン自身も中産階級の出身であり高邁な理想を抱いてもその実現の場も手だてもなかった。しかし、ウルフが見た、ギルドの中産階級の女性リーダーたちは、労働者階級の女性たちの自由・自主・

V. ウルフ講演会の参加者たちと（前列右　著者　1993）

ケンブリッジ大学　ニューナム・コレッジでのV. ウルフ講演会（1993）

教育への熱望を導き、その実現への道を開いた。彼女たちは理想実現の場と手だてを、一部だがもっていたのである。「歴史の進歩」がここに見られる。だが、一九二八年の男女平等参政権実現後、労働党の勢力が強化される中で、女性運動のあり方は様変わりする。『イエール・レヴュー』[5]掲載の評論でウルフは、ギルドの女性たちは「平和・軍縮と『各国の姉妹愛』の普及を求める」、としたが、『前置きの手紙』では「協同原則」の普及と、より具体的な表現に変わった。フェミニストの声が小さくなった。女性運動が再び高揚した一九七〇年代には「シスターフッド」が再び愛用されたのである。

注

（1）V・ウルフの「階級差異」についてはMichael Whitoworth, *Virginia Woolf, Authors in Context 2*（OUP, 2005）窪田憲子訳『時代のなかの作家たち 2　ヴァージニア・ウルフ』（彩流社　二〇一一年）八五―九五ページ参照。なお、レズリー・スティーヴンは『イギリス人名辞典』の執筆・監修者

（2）Leonard Woolf, *An Autobiography 2: 1911-1969*（OUP, 1980）pp. 77-79

（3）Naomi Black, *Virginia Woolf as Feminist*（Cornell University Press, Ithaca 2004）pp. 39-40

（4）*The Yale Review*, op. cit., ではManchesterになっている。

（5）ibid

第四章　ジェンダー平等と階級の平等

――両大戦間期における女性運動の多様化と統合化

1　イギリス社会の変貌とセクシュアリティ

第一次世界大戦末期の一九一八年に女性選挙権が一応賦与されると，戦前大同団結した女性たちは再び多様な目標のもとに分散していった。歴史家たちはこの事実から両大戦間期にフェミニスト運動は退潮期に入ったという。

本章は女性運動の停滞・退潮というより多様化と統合化が，第一次世界大戦前に見られたような女性選挙権獲得という単一の目標に向かった時のぼう大なエネルギーを拡散したとの観点に立っている。そして，その観点から戦間期の多岐にわたる女性運動の特質を探った。一九六〇年代末に始まった第二波フェミニスト運動は新しい側面をいくつか示した。だが，他方では戦間期から続けられた運動を継承することによって――ある時には激しい対立を示したが――大きな展開を見ることに成功した。その意味で両大戦間期の複雑に交錯するさまざまな女性運動を検討することは，現代女性運動の理解に不可欠と思われる。

筆者は拙著『イギリス女性運動史――フェミニズムと女性労働運動の結合』（一九九二年）の中で，第一次大戦までの女性運動を「平等派」「独自派」「社会派」の三つに大別して多様なフェミニズムの相互関連を明らかにした。本章においても基本的にはこれらの区分を踏襲したが，「独自派」は，その内容をより明確に示す「母性派」と呼称を改めた。本章では，それぞれのグループのフェミニストたちの運動が戦間期というイギリス社会の激動期に，その特質をいかに維持し，また変えたか，あるいはそれぞれの相互連関が第一次世界大戦以前といかに変容したかを、第二波フェミニズムとの関連を視野に入れつつ明らかにしたい。

(1) 社会と女性運動の変容

第一次世界大戦前のエドワード期からイギリス社会は大きく変わり始めていた。産業革命以後確立された階級社会は揺らぎ始め、[1]ヴィクトリア朝期の息苦しい道徳や文化に対する反撃が見られるようになった。戦争はこのような傾向を加速しただけでなく、すでに始まっていた経済的停滞をいっそう深刻化した。[2]失業対策は戦間期歴代政府の重要な課題であった。一九二四年の最初の労働党内閣の誕生は、こうした社会経済状況の改善を望む人びとの期待の反映といえよう。一九一八年の選挙法改正によって、新たに有権者となった二一歳以上の男性の投票の影響も無視し得ない。[4]とはいえ、一九二六年に史上初めて起きたゼネストには、炭鉱労働者が一〇〇万人、その他の産業から一五〇万人が参加して、あらためて事態の深刻さを露呈した。ゼネストは九日間で終わったが、炭鉱労働者のストはさらに半年間続き労働側の敗北で終結した。これで電気、化学、自動車などのいわゆる新産業は別として、炭鉱をはじめとする鉄鋼、造船、機械、繊維などの旧産業の衰退がいっそう明らかとなった。労働組合会議（ＴＵＣ）と労働党は以後、より緊密な連携を保つことによって態勢の立て直しに向かうことになる。

労働党はこうして紆余曲折を経ながらも、しだいに政治的基盤を確立していった。その反面、自由党の凋落が目立ち、これ以後のイギリスの政治構造に転換をもたらすことになる。女性たちもこの過程で、男性の組織に組み込まれていった。「女性労働連盟（The Women's Labour League, 以下ＷＬＬと略）」は一九一八年に労働党に吸収されて、女性問題は労働党を通して解決がはかられる。他方、労働組合運動も第一次世界大戦後の不況の中で諸組合の合併による強化がはかられ、女性労働組合も男性組合に吸収されていった。「女性労働組合連盟（ＷＴＵＬ）」が「労働組合会議（ＴＵＣ）」に、また「全国女性労働者連合（ＮＦＷＷ）」が「全国一般労働者組合（ＮＵＧＷ）」に併合された。[5] このような中央集権化の中で女性問題はある時は効果的に、またある時は、一般的問題に優先されて、後回しにされたり、あるいは男性との利害の衝突に出合うこともあった。

このような政治、経済、社会状況の変化の中で両大戦間期の女性運動の特徴は次のようにまとめることができよう。

第一は、一九一八年の改正選挙法が男性には二一歳以上に、女性には三〇歳以上に選挙権を与えるという差別的なものであったから、完全な平等を求めるために「平等派」の運動が続けられたことである。しかし、一九二七年に女性労働者のための保護立法をめぐって「平等市民協会全国連合（ＮＵＳＥＣ）」（一九一九年「女性参政権協会全国連合（ＮＵＷＳＳ）」を改名したもの）は分裂し、保護法反対派はＮＵＳＥＣを脱退した。フォーセット夫人のあとを継いだエリナ・ラスバウンは保護法賛成の立場に立ったばかりでなく、その後「母性手当」を要請して「平等派」の運動をさらに混迷させることになる。彼女は妻・母としての女性の独自な役割を認める点で「母性派」と見解を共有したが、ラスバウンはそうした女性の社会的貢献に「母性手当」を支給することによって、夫への依存から妻を解放し、経済的独立を実現しようとしたのである。その意図には「平等派」の主張がこめられている。しかも、その財源を富の社会的再分配に求めたから、女性の地位改善を個人的努力だけではなく社会改革の中で実現しようとした「社会派」の意向にも通ずるものがあった。それ故、ラスバウンのフェミニズムは、「平等派」「母性派」「社会派」のいずれかに分類するより、むしろニュー・フェミニズムと呼ばれるよ

うになったのである。(6)

しかし、「母性手当」について、ハロルド・スミスは、男女の差異を強調し女性独自の社会的貢献に対して正当な評価をせよとの主張は、反フェミニズムに通ずるとして批判する。(7) 一方、スーザン・ケントはブライアン・ハリスンやジェイン・ルイスを引用しながら「男性が所有するものを女性にも与えよ(8)」という主張は、第一次世界大戦後の新しい状況の中では若い女性を引きつけなくなった。ラスバウンの主張には潜在的な起爆力があるとして、むしろ彼女を支持した。「母性手当」がこのように現代の研究者間でも、また当時においてもさまざまな見解を呼び起こしたことは、それ自体が運動を弱体化したことは否めない。

第二は、「社会派」の中心的グループをなしている労働界における女性運動である。前述のように、戦後労働党は躍進したが、その基盤を安定させるためには党内の結束が不可欠である。女性労働党員や支持者の協力が求められただけでなく、女性側も母子の福祉実現のために労働党の力を必要とした。社会状況の悪化の中で中産階級の女性もまた労働者階級の母子福祉に関心を抱いていたから、イギリスではオリヴ・バンクスが指摘するような福祉とフェミニズムの合体――福祉フェミニズムが誕生したのである。(9)

労働党内においても、また労働組合の内部でも産児制限や結婚退職制をめぐっては、男女の対立が激しく続いた。だが、平等賃金を求める活動は労働界の「平等派」の運動として、第二波女性運動に引き継がれていく。

第三の「母性派」の運動としては、女性の平和運動への関与をあげることができる。子を産み育てる母として平和の希求は必須であり、女性が政治に参加することは国際政治の武器としての戦争を回避するのに役立つ。こうした考え方は女性を、より教化され道徳的に優れた性として見なす(10)「母性派」のものである。しかし一九一六年に組織された「婦人国際平和自由連盟(Women's International League for Peace and Freedom, 以下、W

ＩＬＰＦと略）」の指導者たちは、女性選挙権運動でともにたたかったＮＵＷＳＳのヘレナ・スウォニックやモード・ロイドン*（Maude Royden, 1876-1956）、産業界からのマーガレット・ボンドフィールド*（Margaret Grace Bondfield, 1873-1953）、女性協同組合ギルドのマーガレット・ルウェリン・デイヴィスらであったから、ここでは「母性派」だけではなく広範な女性グループの参加を見ることができる。

以上のように、両大戦間期の女性運動の主要テーマは、社会における平等のいっそうの推進、平等賃金、「母性手当」、母子福祉、平和などであった。さらにこの時期にとくに顕著になったのは、セクシュアリティをはじめとする女性の身体についての考え方の変化である。これらは上記三グループのメンバーのそれぞれに多様な影響を与えたために、女性運動はいっそう複雑になったのである。

注

（１）Paul Thompson, *The Edwardians: The Remaking of British Society*（London & New York: Routledge, 1975, 2nd ed. 1992）Part Ⅱ

（２）「第一次世界大戦まで世界最大の債権国であったイギリスは、戦費調達のために債務をふやし、アメリカ合衆国に五〇億ドル近い債務を負うことになった。」村岡健次・木畑洋一編『世界歴史体系　イギリス史　三、近現代』（山川出版社　一九九一年）三一五―三一六ページ

（３）戦間期における失業者数は、約一四〇万人（七・四％＝一九二六年）から三四〇万人（一七％＝一九三二年）の間を推移した。W.R. Garside, *British Unemployment 1919-1939: A Study in Public Policy*（Cambridge University Press. 1990）p.5

（4）女性票はとくに保守党に多く投じられた。村岡・木畑編　前掲書　三一六ページ。この女性の過去における投票行動の実態と、その思想的背景については、小関隆氏の詳細な研究『プリムローズ・リーグの時代　世紀転換期イギリスの保守主義』（岩波書店　二〇〇六年）参照

（5）今井　前掲書　三一四―三一五ページ

（6）O. Banks, *Faces of Feminism: A Study of Feminism as a Social Movement*（Oxford: Martin Robertson, 1981）p. 167

Jane Lewis は、「ニュー・フェミニズム」は「女性の地位についての革新的な分析を発展させる可能性を秘めている」として、「ニュー・フェミニズム」の視点の新しさを評価する。'Feminism and Welfare,' in Juliet Mitchell & Ann Oakley（eds.）*What is Feminism*（Oxford: Blackwell, 1992, 1st published 1986）p. 94

（7）Harold L. Smith, 'British Feminism in the 1920s' in Harold L. Smith（ed.）, *British Feminism in the Twentieth Century*（Aldershot: Edward Elgar. 1990）pp. 62-63

（8）Susan K. Kent, 'Gender Reconstruction after the First World War' in ibid., pp. 66-67. Brian Harrison, *Prudent Revolutionaries: Portraits of British Feminists between the Wars*（Oxford: Clarendon Press, 1987）pp. 323-324.

（9）O. Banks, op. cit., pp. 172-174

（10）Martin Pugh, *Women and the Women's Movement in Britain 1914-1959*（London: Macmillan, 1992）pp. 72, 104-105　中嶌邦・杉森長子編『20世紀における女性の平和運動――婦人国際平和自由連盟と日本の女性』（ドメス出版　二〇〇六年）

(2) セクシュアリティと生殖・離婚をめぐる運動

性風俗の変化とセクシュアリティ

ヴィクトリア朝の息づまるような因襲やモラルは、一八九〇年代にすでに緩み始めていた。女性とくに中産階級の女性の教育、あるいは結婚前の専門職への就業が、彼女たちに少しずつ自由を与えた。郊外へのサイクリングやスポーツがはやり[1]、それにふさわしいゆったりした服装が広がりつつあった。「新しい女性《ニュー・ウーマン》」が出現したのもこの頃だといわれる[2]。しかし、こうした傾向が顕著になるのは第一次世界大戦後であり、アメリカ映画の流入とともに、服装やヘア・スタイルの変化、あるいは化粧・飲酒・喫煙が中・上流階級の女性の間で見られるようになった。断髪が現れたのは一九二三年であり、一九二四年以後の衣服のスタイルはウエストでしめることのない筒状となり、スカートも短くなった。軽くて動きやすいものとなったのである。「フラッパー」なる語が軽蔑的に使われるようになったのも一九二〇年代である。しかし、シーラ・ロウボタムも指摘するように、二〇年代の性的挑戦は一つのスタイルであり、また文化的流行であって、多くの女性たちが現実的諸問題を無視していた。「それは事柄の表面を光らせ、特権的な少数の人びとには解放であったが、大多数の生活の新しい道ではなかった」[3]。性的反抗は戦争がもたらした緊張に対する反動だった。だが、古い時代の、受身的な、人形のようなヒロインは永遠に消え去ったのである。

性的解放は性に対する新しい考え方によっても促進された。従来、性は生殖と結びつけて考えられたが、性そのものの魅力についてしだいに語られるようになった。性的欲求の抑制は、肉体的にも精神的にも有害であることをG・ドライズデイル*（George Drysdale, 1824-1904）は一九世紀なかばにすでに主張していたが、(4) こうした主張がこの頃浸透し始めた。女性は性的衝動に欠け、性的交渉を嫌悪しさえするという、女性のセクシュアリティに対する戦前の否定的見解は修正されつつあった。フェミニストのモード・ロイドンでさえ、女性が性を嫌うとする考え方を批判し、むしろ女性はそうするように教えられたのだと主張した。しかし、彼女は男女ともに結婚まで貞節は守られるべきであり、性の病理学的理由による自己規制の放棄を非難した。(5) 戦間期イギリスの著名な性科学者であるハヴロック・エリス*（Havelock Ellis, 1859-1939）は、その著『性の心理学』の中で性の意義をさらに積極的に評価し、性は「単に人類を維持し、築き上げるための経路ではなく、未来世界のすべての夢が構築される土台」(6) だと主張したのである。

　旧来のフェミニストたちは、性が妊娠―出産―母性の強調に連なり、「平等」の視点を弱める落とし穴になるとして警戒してきた。だが、戦後の状況の変化の中で、ロイドンの例でもわかるように、フェミニストたち自身の女性のセクシュアリティに対する考え方が変わった。それは大量虐殺が行われた第一次世界大戦の後で、生殖が重要な課題となったこととも関係する。さらに、スーザン・ケントによれば、「平等」を主張した戦前のフェミニズムは男女間の性戦争《セックス・ウォー》をもたらしたが、戦後における性の充足と性的快楽による両性の融和は「平和」のイメージと結びついていたのである。(7) エリスをはじめとする一九二〇―三〇年代の性科学者たちはこうした性行動を結婚―生殖の中にしっかりと位置づけた。しかし、母性の尊重は女性の家庭役割の強調を意味したから、戦時中に進出した女性たちは雇用労働から撤退しなければならなかった。多くの女性は喜んで工場や公務から家に戻り、マスコミや社会はこぞって女性の家庭への復帰の必要を宣伝し、その促進をはかったのである。(8) 両大戦間期の「平等派」フェミニズムの衰退は、こうしてセクシュアリティに対する考え方の変化——人口増加と平和への希求などが深くかかわっていたのである。

産児制限

一方、性と生殖を別個に考える考え方はおのずと産児制限の問題へと移っていった。産児制限は子だくさんによる貧困から労働者家族を救うという観点から、すでに一九世紀の七〇年代に論じられていた(9)。しかし、旧来のフェミニストたちは、家族計画が大家族から女性を救済する側面を認めながらも、それが結婚の内であれ外であれ、道徳の低下につながりはしないかと恐れて、産児制限問題に積極的に関与しなかった。もっとも、一九二〇年代になると出生率の低下と家族規模の縮小が見られた。ヴィクトリア時代中期に平均的な家族で、約六人ないしはそれ以上の子どもがいたのに対し、二〇年代には約二人になった。三〇年代にもこの傾向は続き、失業が最高潮に達した一九三三年には最低を記録している。これはすべての階級で見られたが、中産および中産下層階級でとくに顕著だった。この事実が再び女性の家庭への復帰を促し、とくに三〇年代にファシズムが台頭すると、帝国の維持のためと優生学上の理由からいっそう強く望まれるようになった(10)。だが、労働者階級の中には依然として、大家族に悩む女性たちがいた。彼女たちは、中産階級の女性の間ではすでに知られていた避妊の知識も安全な道具も持ち合わせずに、度重なる妊娠に肉体的にも経済的にもおびえていたのである。幼児死亡率はしだいに減ったが、産婦死亡率は減少しなかった。むしろ、一九二二—三三年間に増加し、一九二〇年から一〇年間に約三万九〇〇〇人の女性が出産時に死亡し、四〇年代初頭まで改善されなかった(11)。女性労働者たちが避妊知識を求める熱意を、アメリカの産児制限論者マーガレット・サンガーは自伝の中で次のように述べている。彼女は一九二〇年に来英の際、グラスゴウで講演したのである。

ある年輩の男性が、自分は一一年間党員であり、日曜の夜の講演会には毎回規則正しく出席した。しかし、以前に一度だって自分の妻を出席させることはできなかったと語った。だが、今夜は彼女を家に留まらせることはできなかった。「見てください！　女性たちで一杯で男性はこのホールからはみ出しています。私は以前にこれ程多くの同志の妻を見たことがありません」と彼は驚いたように言った。[12]

二〇世紀に入ると、フェミニストたち、とくに政治的左翼と結びついた女性たちの間でも、家族制限の手段としての避妊の思想が広がった。前述したハヴロック・エリスやエドワード・カーペンターの影響は大きく、後者の著作『成熟の愛』は社会主義運動と結びつけて広く読まれたのである。[13]

M・ストープスと産児制限クリニック

産児制限を思想としてだけではなく、具体的な方法に関する知識の普及と助言に努めたのは、日本人[14]を恋人にもったことのあるマリー・ストープス*（Marie Stopes, 1880-1958）である。「何かに欠けた[15]」不幸な結婚を経験した彼女は、性に関するあらゆる知識を学び、一九一八年に『結婚愛[16]』を刊行した。出版後二週間で二〇〇〇部が売れ、最初の一年間で七版を重ねたこの書物の内容は、決して新しいものではなく、E・カーペンター、H・エリス、オリヴ・シュライナーらの思想から得られたもののつなぎ合わせであった。今から見れば無邪気で、ピューリタン的でさえある。[17]しかし、女性のセクシュアリティについて語るときのその率直さと、性的快楽は罪悪だとする考え方を打破した点で大きな功績があった。ストープスはロマンティックな愛と性愛が結びついた幸福な結婚を主唱した。そして、望まれ、愛されるために生まれる子どもというイメージの中で家族計画の必要を説いた。それはネオ・マルサス主義者たちがまず第一に、人口抑制という視点から避妊を説いたのとでは、その動機において著しく異なっていたのである。

彼女は一九二一年に、イギリスで最初の産児制限クリニックをロンドン北部のホラウェィに創設した。初年度は五一八人の女性に助言が与えられ、翌二二年には一〇一九人、さらに二三年には二三六八人と来訪者が激増して、彼女の成功をたしかなものにした。三〇年代にさらに五つの地域にクリニックが設立された[18]。

新しくできた「産児制限クリニック設立協会」のもとにも類似のものが創設された。しかし、人びとはむしろ手近な厚生省管轄下の妊産婦クリニックに産児制限のための情報の提供を求めた。だが、厚生省はその要望に応えるどころか、ロンドンの保健係官を産児制限の情報を与えたかどで解雇した。子だくさんで悩む労働者の妻から成り立っている女性協同組合ギルドは即刻一九二三年の総会で[19]、また労働党の女性会議は一九二四年以後の総会で毎回熱心に妊産婦クリニックでの情報提供を求めた[20]。一九二四年には代表を厚生大臣に送ったが、カトリック教徒である彼の回答は同情のないものであった。協同組合も、労働党も、労働組合もそれぞれ多数のカトリック教徒を抱えていたために、これらの組織の中でも女性メンバーの声は容易に聞き入れられなかったのである。

反対者たちとステラ・ブラウン

家族計画[21]への反対は、上記のようなカトリック教徒ばかりでなく、正統派マルクス主義者からもきた。サンガー夫人も『自伝』の中で、ネオ・マルサス主義者による大衆への産児制限の導入の努力が、上流階級ばかりでなく正統派マルクス主義者によっても執ように妨害されたことを伝えている[22]。前者が「マルサスの原理[23]」から貧困の原因が大家族にあるとしたのに対し、マルクス主義者はその原因は個人にではなく、社会・経済体制にあると考えたからである。後者によれば、家族制限は個々の家族の問題であり、さらにそれは貧者の子どもをもつ権利への攻撃になる、とさえ見たのである。

一方、産児制限が、多産による女性の健康破壊や育児のための経済的負担から主に論じられたのに対し、ステラ・ブラウン*（Stella Browne, 1882-1955）は女性の肉体に対する自らの管理といういうきわめて現代的な観点から、産児制限ひいては中絶をも主張した。彼女はイギリス共産党の機関誌『ザ・ウィークリィ・ワーカー』の前身、『ザ・コミュニスト』に一九二二年三月、女性解放のための諸条件を次のように列挙して、新しいテーマに関する論戦の火ぶたを切った。

自分にふさわしいいかなる労働をも行う自由、妊娠中の母と子に対する社会による適切な保護……母性を受け入れるか入れないかは女性個々の完全な責任である、生命を喜んで育むか、あるいは全く望まないかは母親の基本的人権であり、望まれ歓迎されることがこれから生まれる子供の基本的人権である、一九一五年とさらに一九一七年に私が指摘したように、拒否の人権は社会主義倫理の重要な点であり、性的諸関係が法律的経済的理由によって強制されないことを意味する。(24)

これに対し、八月に「クリート」という筆名のもとに反論が寄せられた。彼は、失業者たちが静かに飢える習慣を明らかに失い、階級意識をぼんやりもち始めたことから、資本家たちが避妊に対する態度を変えたと主張した。組織された失業者たちの脅威が、雇用者たちを人口調整に対してより同情的にしたというのである。(25)ステラ・ブラウンはすかさず同月一九日の同紙上で「クリート」を次のように批判した。

共産主義は、両性間の完全な平等と連帯を擁護する唯一明快な政治的経済的信条であるから、私の次の主張を許していただけると思います。すなわち、女性にとって産児制限は、職場管理や労働諸条件の決定が男性にとって基本的であるのと同じように、主要なことなのです。産児制限は、自立と、自分自身の人格および環境の管理に対する女性の決定的に重要な努力なのです[26]。

しかし、一週間後の同紙上で、さらに別人が「クリート」を支持して、ステラを非難した。彼は、いわゆる女性の男性への「隷属」はただ単に経済的依存によるのだから、資本主義体制が終わればそれも終わることに、今こそ性にとりつかれた同志たちは気づくべきだと主張したのである。

この二つの相異なる主張は、「階級か性か」の当時の対立を生き生きと示している。それはサンガー夫人が指摘した正統派マルクス主義者とマルサス主義者との対立に加うるに、さらに社会主義フェミニストとの対立も示している。イギリスの経済状態の悪化に根ざす階級対立の激化の中で、女性を含めた労働者階級の結束が求められたからである。しかし、ロウボタムもいうように、マルクス主義者たちのこのような一面的な女性理解と問題への対処の仕方が、社会主義フェミニズムの発展を阻害しただけではなく、「革命的政治の理論的実際的発育不全[27]」に貢献したのである。

一方、女性団体はしだいに産児制限を認める方向に向かった。NUSECは一九二五年の年次評議会で、既婚女性に対する産児制限情報の提供を政府に求める決議をした。女性参政権運動で活躍したメアリ・ストックス*（Mary Stocks, 1891-1975）がフェミニスト改革の一つとして産児制限を主張するパンフレットを作成した。NUSEC会長のラスバウンも支持したが、同じ年彼女の主張する「母性手当」もNUSECの活動方針として承認されたために、彼女自身は産児制限問題に深くかかわることはしなかった。子どもの数を制限するのか、それとも多数の子をもつ母親に適切な財政援助をするのかは女性解放の行方に大きな影響を与えるのだが、NUSECはこの二つの政策をともに認めたのである。『結婚愛』の著者マリー・ストープスから「結婚後三年経ても処女だった」という衝撃的な告白を聞いたメアリー・ストックスは、(28) むしろ前者を既婚女性の権利とみなした。そして、自らの住むマンチェスターに地方で最初のクリニックを開設したのである。

医師たちも一九三〇年七月の総会で「医師個人の判断と責任において、避妊方法の使用に賛成するか反対するかを助言する権利がある」として産児制限を承認した。

英国国教会もしだいに態度を軟化させた。こうした全般的な状況の変化の中で、ようやく一九三一年に厚生省管轄下の妊産婦クリニックは産児制限に関する情報を提供することが許可されたのである。

中絶

「中絶」はさらに複雑な問題を含んでいた。ステラ・ブラウンは中絶を産児制限の延長線上に考えていた。だが、もともと「中絶」は一八六一年の法律によって違法であったばかりでなく、マルサス主義者たちも胎児殺しとみなして批判した。フェミニストで労働党員のドーラ・ラッセル*（Dora Russell, 1894-1986）も当初産児制限の知識普及という主要な目的が阻害されるとして、中絶法改正には消極的であった。法律は、自分自身あるいは他の女性に対する「道具」または「毒」その他「有害なもの」の使用を禁止したから、医師も妊婦からの中絶の要請を受け入れることはできなかった。しかし、実際には、闇で行われることが多く、女性の健康に深刻な影響を与えていた。

中絶問題はまた別の角度、すなわち人口減少に対する深い憂慮からとり上げられるようになった。一九三六年にそれぞれ独自に発表された三つの研究がいずれもイギリスの純再生産率に注目し、たとえ出生率が死亡率を上回っても、長期的にはイギリスの人口は再生できなくなるという驚くべき予測を示したのである。(29) リーサードによれば、出生率も純再生産率も下降し、後者は一九二一年に一・一、一九三〇年に〇・八、一九三六年に〇・七と下がった。議会では、人口が少なすぎては「われわれの指導力」を損なう、両親を相応に守ることの必要、「国が指導力を維持するためには民族の体位が十分に改善されなければならない」等の意見が述べられた。産婦死亡率は一九三四年の四・四一人（一〇〇〇人の出生に対して）から三七年の三・一一人に下ってはいたが、妊産婦への適切な対策が求められた。こうして「中絶法改正協会（ＡＬＲＡ）」が三六年に中絶に関する委員会を設け、レイプがあった場合、母親の肉体的精神的健康に危険があるとき、深刻な病気が子どもに遺伝するときには中絶が合法化されるべきことを勧告した[30]。

こうした背景のもとに省庁間で作られたバーキット委員会は一九三九年六月、次のような法改正を求めたのである。「一人の同僚の同意を得つつ、生命を守り、健康破壊を防ぐとの信念のもとに中絶を行った医師は、法律違反でもなければ、訴追されることもない旨誤解なきよう明示すること[31]」。

ここには、イギリス国民の健康の維持と人口増加という目的は見られても、ステラ・ブラウンが、レイプや近親相姦、子だくさん、貧困からだけではなく、「無礼な詰問や、破壊的な財政的支出あるいは官僚的形式主義とのいざこざもなしに[32]」すべての女性が受けられる中絶を求めた姿勢はまったく見られない。同勧告自体も第二次世界大戦の勃発によってその実施が見送られた。中絶問題は結局一九六〇年代末のラディカル・フェミニストたちによる新しい考え方と方法による運動が起こるまで、具体的な解決をもち越したのである。

離婚法改正

両大戦間期のセクシュアリティにかかわるもう一つの問題は離婚法の改正である。性の解放の思想が広がる中で、アナキスト、社会主義者あるいはドーラ・ラッセルのようなフェミニストたちの一部は、結婚は純粋に愛のみに依存すべきものと考えた（ドーラは子どもができたためにやむなくバートランド・ラッセルと結婚した）。それどころかむしろ、法律的社会的規制を伴う結婚より、フリー・ラヴ、フリー・ユニオンを主張したのである。しかし、旧来のフェミニストたちの大半はフリー・ラヴや、性道徳の弛緩をもたらすと思われるものとの関係を極力避けた。したがって、離婚法改正問題においても、女性の不貞が離婚理由になるのに対して、男性の不貞は不問に付されるという道徳の二重基準に反対するという立場からであった[33]。

他方、WCGは、前章で触れたように、すでに一九一一年に「離婚に関する王立委員会」で証言を求められた折の調査から、法の下での男女の平等、離婚費用の低廉化を主張した。WCGのメンバーの中にはさらに虐待を離婚理由の中に含めることや、協議離婚も認めることを望んだ。こうしたWCGの先駆的な見解は、上部機関と対立し、WCGへの補助金が一時打ち切られたことは既述の通りである。しかし、二三年には平等の取り扱いが認められ、三七年には遺棄、不治の精神障害、虐待が離婚理由に加えられた。第二次世界大戦後の一九四九年には貧困家庭の訴訟に対する財政的援助が法律によって実施され、また六九年に協議離婚が認められた。

以上のように、離婚法の改正はセクシュアリティに対する新しい見解に基づくというより、現存する結婚制度下における、平等で、より合理的な離婚方法の模索というプロセスをたどった。したがって、純粋な愛に基づく「結婚」と「離婚」という根本的命題についての議論は未完のままに終わったのである。

注

（1） G.M. Trevelyan, *Illustrated English Social History, 4. The Nineteenth Century* （Harmondsworth: Penguin

Books Ltd., 1942）pp. 185-192

（2）Peter T. Cominos, 'Late Victorian Sexual Responsibility and the Social System' *International Review of Social History* 8, pp. 216-50．および Lucy Bland, 'Marriage Laid Bare: Middle-Class Women and Marital Sex C. 1880-1914 in Jane Lewis（ed.）, *Labour and Love: Women's Experience of Home and Family, 1850-1940*（Oxford: Basil Blackwell, 1986）．なお、ニュー・ウーマンの先がけとされた Olive Schreiner, *The Story of an African Farm*, の最初の日本語版『アフリカ農場物語』大井真理子・都築忠七訳、岩波文庫は二〇〇六年に刊行

（3）Sheila Rowbotham, *Hidden from History: 300 Years of Women's Oppression and the Fight Against It*（London: Pluto Press, 1973）pp. 124-125

（4）J.A. and Olive Banks. *Feminism and Family Planning in Victorian England*（Schocken Books, 1964）河村貞枝訳『ヴィクトリア時代の女性たち――フェミニズムと家族計画』（東京　創文社　一九八〇年）一五一ページ。G・ドライズデイルについては次を参照。佐藤共子「ジョージ・ドライズデイルの〝死〟と彼の『社会科学の諸原理』」『一橋論叢』第七八巻第二号（一九七七年八月）、同「ドライズデイルの『社会科学の諸原理』に対する初期の新聞の反応」『一橋論叢』第八〇巻　第三号（一九七八年九月）

（5）Maude Roydon. 'Modern Love', in Victor Gollancz（ed.）*The Making of Women: Oxford Essays in Feminism*（London: Allen and Unwin, 1917）quoted in O. Banks, op, cit., p. 184

（6）Havelock Ellis, *Psychology of Sex*（London: Heinemann, 1948）quoted in Susan Kingsley Kent, op. cit., p. 72.

（7）S.K. Kent. ibid., pp. 72-73

（8）Deirdre Beddoe, *Back to Home and Duty: Women Between the Wars, 1918-1939*（London: Pandora, 1989）

（9）C・ノウルトンによる産児制限のためのパンフレットを出版したかどで、A. Besant と Charles Bradlaugh が一

八七七年に訴追された事件は有名である。詳細については以下参照。 J.A. and Olive Banks, op. cit., 河村貞枝訳前掲書　一五〇－一五二ページ。この後、イギリスで最初の産児制限運動団体「マルサス連盟」が誕生した。連盟員たちをネオ・マルサス主義者と呼び、前記G・ドライズデイルは、同連盟初代会長C・R・ドライズデイルの兄である。ネオ（新）マルサス主義については注23参照。および R. Soloway, *Birth Control and the Population Question in England, 1877-1930*（Chapel Hill: The University of North Carolina Press, 1982）ch.3, p. 326 n.27

（10）Anna Davin, 'Imperialism and Motherhood', *History Workshop Journal*, no. 5（1979）

（11）S. Rowbotham, op. cit., p. 145

（12）Margaret Sanger, *An Autobiography*（1939）pp. 267-268, quoted in ibid., p. 151

（13）Edward Carpenter, *Love's Coming of Age*（Manchester, 1896）カーペンターについては都築忠七氏の、原資料に基づく詳細な研究を参照。Chushichi Tsuzuki, *Edward Carpenter 1844-1929: Prophet of Human Fellowship*（Cambridge University Press, 1980）同訳『エドワード・カーペンター伝　人類連帯の予言者』（晶文社　一九八五年）

（14）Ruth Hall, *Marie Stopes: A Biography*（London: Virago, 1977）pp. 47-77

（15）R.A. Soloway, op. cit., p. 210

（16）Marie Stopes, *Married Love: A New Contribution to the Solution of Sex Difficulties*（1918）現代性科学研究会訳『結婚愛』（新版　世界性医学全集２）（東京　美学館　一九八一年）

なお、当時の女性たちのセクシュアリティと結婚に対する態度については以下参照。 Ellen M. Holtzman, 'The Pursuit of Married Love: Women's Attitudes towards Sexuality and Marriage in Great Britain, 1918-39', *Journal of Social History*, 16（Winter 1982）pp. 39-51

（17） R. Hall, op. cit., pp. 129-131

（18） Deborah A. Cohen, 'Private Lives in Public Spaces: Marie Stopes, the Mothers' Clinics and the Practice of Contraception, *History Workshop*, Issue 35 （Spring 1993） pp. 95-116, R. Hall, op, cit., p. 246

（19） The Women's Co-operative Guild, *Annual Report*, 1923
子だくさんで悩む女性の実情については Margaret Llwelyn Davis （ed.）, *Maternity: Letters from Working-Women* （London: Virago. 1978. 1st edn. 1915）

（20） The Labour Women's Conference *Report*, 1924

（21） 家族計画は当時産児制限と呼ばれていた。しかし、一九三〇年代の半ば頃から人口減少の懸念が出てくると、婉曲な表現である「家族計画」が、健康な、望まれた子どもの創造という意味で使われるようになった。産児制限が、あらゆる方法による避妊ばかりでなく、不妊や中絶をも含む広い概念であるのに対し、家族計画は避妊（すなわち妊娠の防止）による出産の間隔の調整を意味するようになった。Audrey Leathard, *The Fight for Family Planning: The Development of Family Planning Services in Britain 1921-74* （London: Macmillan, 1980） p. xvii

（22） M. Sanger, *An Autobiography* （New York, 1971, 1st edn. 1938） p. 275, quoted in Angus McLaren, *Birth Control in Nineteenth-Century England* （London: Croom Helm, 1978） p. 158

（23） 「マルサスの原理」には二つあり、第一は、生存資料による人口の規制作用（規制原理）であり、第二は、人口の不断の増殖傾向（増殖原理）である。生存資料がせいぜい算術級数的にしか増加しないのに対して、人口は幾何級数的な増加を示す。マルサスは、事前に人口増加を抑制するために、道徳的抑制、具体的には結婚の延期を考えていた。これに対して、ネオ（新）マルサス主義者たちは、原理的にはマルサスの人口論をそのまま継承し、マルサスの道徳的抑制の代わりに産児制限を強力に主張した。

(24) F.W. Stella Browne, 'The Women's Question' *The Communist,* (11 March, 1922) p. 7, quoted in S. Rowbotham, op. cit., pp. 152-153

(25) 'Clete', 'Birth Control', *The Communist,* (5 August 1922) quoted in ibid., p. 153

(26) F.W. Stella Browne, 'Reply to Clete', *The Communist* (19 August 1922) quoted in ibid

(27) ibid., p. 155

(28) Mary Stocks, *Still More Commonplace* (London: Peter Davies, 1973) ch.3

(29) A.M. Carr-Saunders, *World Population* (Oxford: OUP, 1936) D.V. Glass, *The Struggle for Population* (Oxford: OUP, 1936); R. Kuczynski, *Population Movements* (Oxford: OUP, 1936) quoted in A. Leathard, op. cit., p. 60

(30) O. Banks, op. cit., p. 192

(31) A. Leathard, op. cit., p. 64

(32) S. Rowbotham, op. cit., p. 156

(33) O. Banks, op. cit., pp. 194-195

2 「平等派」フェミニズムの展開——多様化

(1) 多様な女性運動

一九一八年二月の「国民代表(平等参政権)法(The Representation of the People (Equal Suffrage) Act)」は地方自治体の有権者であるか、あるいは有権者の妻で三〇歳以上の女性、約八五〇万人(有権者総数の三六%)に国政に対する参政権と被参政権を賦与した。ジョン・スチュアート・ミルが女性参政権法案を議会に提出してから、ほぼ半世紀が経っていた。しかし、男性に対しては二一歳以上の成人に賦与されたから、年齢による性差別は依然として残った。これは女性有権者の急激な増加を恐れた結果である。

フェミニストたちに課せられた次の課題は、部分的とはいえ、長い年月をかけてたたかい取られた女性参政権をいかに有効に行使するかであった。厳密に「フェミニスト」の目的に沿って、残存する女性差別を除去し、男性と同じ条件に基づく参政権の獲得をめざすのか? それとも一定の政治力を得たのだから、それを子どもの福祉、健康、教育、衛生の改善、国際理解の促進、あるいは市民としての義務が果たせるべく女性を教育することに使うのか?(1) いかなる方法でこれらの課題を実現するか、女性議員を多数、政策決定の場である議会に送ることによってか? その場合既成政党を通してか、それとも独自の女性組織を通してか、あるいは既成政党の政策に女性の意見を反映させるのか、などさまざまな議論が続出したのである。

「平等派」フェミニストたちは投票権における不平等ばかりでなく、産業や公務における雇用と賃金の不平等、親権や離婚の場合の男女の差別など依然として残る不平等の撤廃にその後も、とり組むべきことを主張し、そのために活動を続けた。女性参政権獲得のためにたたかってきた「女性参政権協会全国連合（The National Union of Women's Suffrage Societies, NUWSS)」は一九一九年に「平等市民協会全国連合（The National Union for the Societies of Equal Citizenship, NUSEC)」と改名して、「平等派」フェミニストの伝統を継承した。ＮＵＳＥＣの議会対策委員長のＥ・ハバック*（Eva Hubback, 1886-1949）は「参政権を持つ私たちは、他の成人女性すべてが男性とさまざまの特権を分ち合えるまで満足することはできません」(2)という。ＮＵＳＥＣはとくに一九二〇年代の前半に平等派の伝統を維持しつつ議会による改革、超党派、男性議員との協力という旧来のパターンを踏襲して活動した。目標は(1)参政権の平等、(2)専門職・公務職の女性への開放、(3)教員の男女同一賃金、(4)親権の平等、(5)離婚、売春等における道徳基準の平等などであった。

性別無資格（撤廃）法

こうした要望に応えて、労働党は一九一九年四月、残存する不平等を一掃するための解放法を議員立法として上程した。投票権を平等にし、上院への女性の参加を認め、法律職の女性への開放と陪審員への女性の登用、あらゆる段階の公務への女性の参入を認めようとするものであった。政府は同法案の上程をしぶったが、新しい女性有権者の存在を意識した国会議員たちには、あえてそれに反対する勇気はなかった。激論の末、法案は政府の期待に反して下院を通過した。だが貴族の称号が選出基盤である上院議員は選挙民を意識しないですむためにこの網羅的な法案をつぶしたのである。慌てた政府は短期間に「性別無資格（撤廃）法」を制定して、これに対処した。政府としては参政権の急激な拡大は望まなかったが、公務職の開放については努力するつもりでいた。しかし、公務員の反対にあって修正をよぎなくされた。そのために同法は法律職の開放以上の域を出なかったのである。

だが、「性別無資格（撤廃）法」の通過により女性は治安判事や陪審員に就任でき、前者には大戦前から各分野で活躍した女性が多数任命され[3]、会計士協会の会員になることも可能となり、会計士への道も開かれた。

女性貴族の上院参加について、同法はとくに規定していないが、ロンダ女性子爵（Viscountess Rhondda, 1883-1958）の申請は却下された。父親が遺言状の中で彼女の爵位相続を認めていたので、上院議員への就任の資格は存在するはずであった。

女性の労働権

他方、雇用面においても女性の労働権がはく奪される事態が起こり、法律による不平等の撤廃が必ずしも実際に平等をもたらさないことを明らかにした。すなわち女性は第一次世界大戦中に男性の熟練職や半熟練職に就業したが、戦後、帰還兵にそれらの職を明け渡さねばならなかったのである。家庭への復帰を喜ぶ女性が多かったとはいえ、戦争によって自活をよぎなくされた女性は増えた（女性三人に対して約一人）から、この措置は女性にとって厳しかった。しかも、彼女たちにこれらに代わって提供される職は、自由時間のない、低賃金の家内労働者の職である。もとよりその需要が増加したとはいえ、これは再び女性を家庭に戻そうとする気運がすでに生まれていた証拠といえよう。

雇用を求める既婚女性にとっても、同法が彼女たちを性差別から守らないことを明らかにした。法律は婚姻状態に起因する雇用の拒絶を違法としたが、既婚者を労働界から追放するための結婚退職は一九二〇年代にかなり増加したのである。とくに教職で、一九二〇年代初期に初めて結婚退職が慣例的になり、既婚女性教師の解雇が始まった。一九二三年、解雇の対象になった女性の一部は、こうした事態は「性別無資格（撤廃）法」に違反するとして、ロンダ都市地区自治体を相手どって提訴した。しかし、裁判所は、結婚によって雇用資格を失わないが、そのことが必然的に既婚女性に雇用の権利を与えるものではないとして、解雇を支持したのである(4)。

結婚退職は戦前すでに地方自治体で見られた。だが、国家および地方自治体の公務職や教職で一般的になったのは一九二〇年代に入ってからである。また、一九二〇年の失業保険法では、男性が週一五シリングの給付を受けたのに対し、女性はわずか一二シリングだった。しかも一九二二年失業保険法ではさらに経費の削減がはかられ、「真に常勤の雇用を求める者」にのみ失業給付が支払われた。その意図するところは多数の既婚女性から受給資格を奪うことであった。

ロンドンおよび全国女性奉仕協会（ＬＮＳＷＳ）と女性自由連盟（ＷＦＬ）

こうした状況の中で、ＮＵＳＥＣと同様「平等派」フェミニストの組織である「ロンドンおよび全国女性奉仕協会（London and National Society for Women's Service, LNSWS)」は、参政権の平等とともに女性の経済的平等を運動の最重要課題にした。ＬＳＷＳはＮＵＷＳＳロンドン支部の後身で、ＮＵＳＥＣ内部と同様に「平等派」と、後述するニュー・フェミニストの対立を抱えていた。だが、『大義――イギリス女性運動小史』の著者レイ・ストレイチー（Ray Strachey, 1887-1940）の義姉ピパが指導権を握っていて、もっとも影響力のある

「平等派」のグループを形成していた。

一九〇七年に「女性社会政治連合（The Women's Social and Political Union, WSPU）」から分かれてできた「女性自由連盟（The Women's Freedom League, WFL）」も一九二〇年代に「平等派」フェミニズムを標榜《ひょうぼう》して平等な参政権、平等賃金、機会平等、保護法反対を主張をした。しかし、同時に住宅の改善、子どもへの配慮などニュー・フェミニストの主張をも活動プログラムの中に含めていた。平等を主張する当時のフェミニストたちの多くは、決して福祉政策と無関係ではなかったのである。戦前から熱心なフェミニストであったペシック・ロレンス夫妻*（Frederick and Emmeline, Pethick-Lawrence 1871-1961, 1867-1954）もWFL会員であり、夫のフレデリックは戦後労働党議員として、主要な関心が経済と外交でありながら、議会最初の演説では子をもつ寡婦への年金給付を主張した。もちろん一九二八年の成人選挙権実現についても活躍した。創設以来一九二六年までWFLの会長であったシャーロット・デスパード（Charlotte Despard, 1844-1939）も労働党の活動家としても、フェミニズムと労働運動の結合に努力したのである。

シックス・ポイント・グループ（SPG）

「平等派」の組織としては何よりも第一次世界大戦後新しく生まれた「シックス・ポイント・グループ（The Six Point Group, SPG）」をあげなければならない。これは上院議員への有資格を求めたロンダ女性子爵（Viscountess Rhondda＝Margaret Haig）によって一九二一年二月創設された。非戦闘的なグループだが、会員たちの多くは「女性社会政治連合WSPU」の後継者を自覚した才能ある若きフェミニストたちから成り立っていた。彼女たちは「平等派」だが、その活動方針では必ずしも「平等」に限定されない、女性のための次の六つの改革（組織名はここから生まれた）を標榜した、⑴未婚女性とその子どもの地位⑵子もちの寡婦⑶子どもの虐待に関する法律⑷親権の不平等⑸男女教員の不平等賃金⑹公務における男女の機会の不平等。このプログラムは、マーティン・ピューが指摘するように、一九二〇年代初頭に獲得できるものは何かについての判断と、どの項目も女性運動を支配するだけの重要性に欠けることを示している。[5] しかし、ＷＳＰＵの後継者を名のるＳＰＧとしては、ＮＵＳＥＣの活動が生ぬるいために、単一の組織を通して実現可能なものに女性の努力を集中すべきであった。

だが、ＳＰＧ自体がロンドンとその周辺を中心とする小さな組織であったために強い影響力を発揮するにはいたらなかった。むしろ、一九二〇年に同じくロンダ夫人によって創刊され、ＳＰＧの機関紙となった週刊の『タイム・アンド・タイド（*Time and Tide*）』紙がフェミニスト思想の普及により貢献したといえよう。女性は、男性とは別の組織をもつべきだとするＷＳＰＵの原則を受けついだ同紙は、編集スタッフも女性のみで構成された。また、戦間期のもっとも著名なフェミニスト作家や評論家たち、例えばＥ・ロビンズ（Elizabeth Robins, 1862-1952）、Ｒ・ウエスト（Rebecca West, 1892-1983）、Ｃ・ハミルトン（Cicely Hamilton, 1872-1952）、Ｗ・ハウルトビィ（Winifred Holtby, 1898-1935）らをその寄稿者として、一級の評論紙を目指した。ロンダとしては、意識改革が伴わなければ、投票権の獲得だけで平等は実現できないと思われたからである。彼女は、女性が育児をみずからの主要な機能と考えている限り、男性の見解を受け入れたことになるし、それでは、たとえ新しい法律が女性の生活を変える機会を与えても、実質的な変化をもたらさないであろう、と述べている。[6]

さらに、フェミニストの立場から、既婚女性教員の解雇が続く中で「全国女性教員連合（The National Union of Women Teachers）」が「全国教員組合（The National Union of Teachers）」から分裂して創設されたことを知らせ、また「英国大学女性連盟（The British Federation of University Women）」が宿泊設備のあるクロスビィ・ホールを取得して、大卒女性が国際交流を始めたことを高らかに報道している[7]。

一九二五年頃からＮＵＳＥＣが母性手当を主張するようになると、『タイム・アンド・タイド』紙は「差異より男女の人間としての共通性」を主張して、女性の特質の強調を危険視する論調を掲載した。もっとも、Ｅ・ハバックの母性重視論やその他による家族手当論をも紹介して、女性問題に関する議論の深まりを期待している。

さらに興味あるとり組みとしては、一九二二、二三、二四年の選挙において、『タイム・アンド・タイド』紙上で、女性問題の解決に敵対的な候補者（男性）のブラック・リストと賛成者のホワイト・リストを載せて、女性有権者の注意を喚起したことである。Ｍ・ピューの調査によれば、一九二三年の選挙では、ブラック・リストに載った保守党候補者は得票率で八・六％（保守党平均では六・〇％）の減少を見た。しかし、一九二四年には保守党平均で九・三％に対して、ブラック・リスト掲載候補者の得票率減少は八・五％であったから、反フェミニストの評判が必ずしも悪く作用したことにはならない。それは、ＳＰＧが標的にした多くの選挙区で、女性有権者の意識を高めるための十分な努力がなされなかったからである。フェミニストたちは保守党地盤の中産階級居住地区三つのみで精力的な活動を展開した。フェミニストとして著名なＭ・Ｃ・アシュビィ（Margery Corbet Ashby, 1882-1981）やＲ・ストレイチィが立候補した。とくに後者は一九一八、二二、二三年と続けて立候補し、ＮＵＳＥＣの支持や、ただ二人の女性議員、ナンシィ・アスター（Nancy Astor, 1879-1964）－（保守党、一九一九年夫が上院に移ったのを契機に、後任として当選）とマーガレット・ウィントリガム（Margaret Wintringham, 1879-1955）－（自由党、一九二一年夫の急死後身代わりとして当選）の応援を得て善戦したが四三％の得票に終わった。

一方、ホワイト・リスト掲載の候補者は、一九二二年に保守党候補者が、また二四年には自由党と労働党候補者が得票数を減らしたから、ホワイト・リスト戦術が必ずしも効を奏したとはいえない。むしろ、その時の政党の一般的政策が有権者の投票行動により大きな影響を与えることもあった。また、当時女性有権者は男性有権者より保守党支持が多かった(8)。

こうした理由のために『タイム・アンド・タイド』紙はブラック・リスト、ホワイト・リスト戦術を一九二四年の選挙を最後に中止した。女性問題の多くが未解決であった二四年に中止をよぎなくされたのは、女性有権者の意識が十分高まっていなかったことの反映といえる。

平等市民協会全国連合（NUSEC）

このような女性問題の解決に協力的な男性候補者を支持する戦術に対して、NUSECは直接女性を議会に送り込むことに努め、一九二三年の総選挙では六五支部が一二〇選挙区で積極的に活動した。しかし、フェミニストでなくても女性ならすべて支援するのか、それともフェミニストの候補者に限定するかで意見が分かれた。結局後者の政策が採用されて、保守党候補者一人（ナンシィ・アスター）、自由党六人（ウィントリガム夫人他）、労働党六人（S・ロレンス* (Susan Lawrence, 1871-1947)、M・ボンドフィールド他）、無所属一人（ラスバウン）の計一四人（女性候補者四一人のうち）がNUSECの支持を得て選挙戦をたたかった。

だが、自由党支持者の多いNUSECの支部によっては、労働党女性候補者の支援を断わる場合があった。また、フェミニズムより、党の綱領を重視する女性候補者もいた。例えば、労働党のボンドフィールドは女性問題よりも階級問題を選挙運動でより鮮明にとり上げたのである。選挙の結果は一九二三年に八人、二四年に四人、二九年に一四人（同年女性候補者は全部で六九人）の女性が当選した。

ＮＵＳＥＣは一九二三年の結果を勝利と見るが、同じ年に保守党は関税政策の導入を主張して、選挙民の反撃を食ったから、純粋にフェミニストたちのプレッシァによる勝利とはいいがたい。ラスバウンは一九二四年の敗北を契機に、女性の議席獲得という直接的なやり方を放棄した。これに代わって、彼女はすでに二〇年に始まった各党の指導者や候補者に対する、女性問題に関するアンケート調査を強化したり、あるいは指導者たちの支持を綱領の中に明記させるという間接的方策を採った。自由党と労働党はこれを受け入れた。しかし、女性有権者自身の関心が十分高くないことがわかると、立候補者の中にはＮＵＳＥＣからの質問状に答えない場合も出てきたのである。(9)

こうした個々のフェミニスト・グループの活動は、もちろん横の連携をも求めて、「女性団体諮問委員会（The Consultative Committee of Women's Organizations, CCWO）」を復活した。一九一六年に設立されたＣＣＷＯは、女性として初めて議員に当選したナンシィ・アスターによって二一年に再建された。ＮＵＳＥＣ、ＳＰＧ、保守党および自由党女性部など四九の女性団体が加盟して、女性問題に敵対的な候補者の選挙区で活動する資金づくりや「平等」立法を支持する候補者の選出を確実にするための活動を行った。(10)しかし、この方法は本質的には個々のグループの政策の延長線上にあるとして脱退が相次いだ。

女性労働組合と女性協同組合ギルドは最初からＣＣＷＯに参加しておらず、彼女たちは「産業女性組織常任合同委員会（Standing Joint Committee of Industrial Women's Organizations, SJCIWO）」を結成して別個の活動を展開した。(11)第一次労働党内閣が一九二四年に女性保護法を提出すると、その評価をめぐってフェミニストと女性労働者との見解の相違はいっそう明確になった。この点については別稿で論じたいが、フェミニストたちからなるＣＣＷＯ内部でも、産児制限をめぐる対立とともに論争を呼んだ。そして、これを契機に一九二八年ＮＵＳＥＣはＣＣＷＯを脱退し、同年一〇月、ＣＣＷＯは改組されたのである。

　以上のように、「平等」を求める運動は一九二〇年代なかばにすでに最初の曲り角にきたが、さまざまなフェミニスト・グループからの要請によって、二三年に結婚訴訟法（離婚における男女の平等の確立）、二五年に幼児後見法（親権の平等の確立）、そして、二八年についに平等選挙権法が制定されて、「平等」のための一定の前進を見ることができた。しかし、教師や公務員の男女平等賃金、結婚退職、産児制限といった問題は未解決のまま残った。長期化する経済的不況と、当時の人びとの考え方や人口問題が深くかかわっていたのである。

注

（1）Ray Strachey, *The Cause: A Short History of the Women's Movement in Great Britain*（Port Washington, N.Y.: Kennikat Press, Inc., 1928. Reissued 1969）p. 369

（2）*The Woman's Leader*（WL）, 15 Oct, 1920 quoted in Johanna Alberti, *Beyond Suffrage: Feminists in War and Peace*, 1914-28（London: Macmillan. 1989）p. 136

（3）Mary Macarthur, Hannah Mitchell, Margaret Bondfield ら労働界で活躍した女性たちも含まれている。その他 M. Fawcett, E. Rathbone, Margery Fry, Margaret Rhondda, Jane Harrison らが就任した。Alberti, op. cit., p. 98

（4）Susan Atkins and Brenda Hoggett, *Women and the Law*（Oxford: Blackwell, 1984）p. 17

（5）Martin Pugh, *Women and the Women's Movement in Britain 1914-1959*（London: Macmillan, 1992）p. 49

（6）*Time and Tide*, 14 May 1920, and Muriel Mellown, 'Lady Rhondda and the Changing Faces of British

Feminism', *Frontiers*, vol. 9, no. 2（1987）p. 10

（7） *Time and Tide*（27 Feb. 1925）p. 195（1 July 1927）p. 634. 大卒女性の国際交流センターとして長い歴史を誇ったクロスビィ・ホールはその後一九九二年に手放され、ロンドン南部の Battersea Park Road に移転して現在も活動している。

（8） M. Pugh, op. cit., pp. 143-145　イギリスの女性たちの保守主義については、小関隆『プリムローズ・リーグの時代――世紀転換期イギリスの保守主義』（岩波書店　二〇〇六年）第五章　組織・動員される「未開拓領域」――プリムローズ・リーグと女性の政治参加　参照

（9） ibid., pp. 54-56. ＮＵＳＥＣ による質問の内容としては、参政権の年齢による差別の撤廃、国籍取得における男女の平等、既婚女性の所得に対する独自の課税、親権の平等などに対するものである。

（10） ibid., pp. 70-71

（11） 今井けい前掲書　三〇八―三一三ページ参照

(2) ニュー・フェミニズムとエリナ・ラスバウン
——経済的自立と母性保護を求めて

前節で見たように、一九二〇年代なかばは女性運動にとって第一の転機といえるが、NUSEC会長ラスバウン（Eleanor Florence Rathbone, 1872-1946）が一九二五年に「ニュー・フェミニズム[1]」の概念を導入することによって、それはいっそう明らかになった。

これまでのフェミニズムが男性が享受する自由や機会を女性にも与えようと主張するのに対し、ラスバウンを中心とするニュー・フェミニストたちは女性参政権の賦与という新しい状況の中で女性の真のニーズに応え、真の平等を達成することが必要だと主張した。こうした考え方は第一次世界大戦中にすでに参政権獲得後のフェミニスト運動をいかに展開するかの議論の中で討議されていた。すなわち一九一八年二月の女性参政権法通過一カ月後に開かれたNUWSSの評議会では、その活動の目的を「完全平等参政権」の実現からさらに広げて「男女間に、自由・地位・機会の真の平等を達成するのに必要なその他のあらゆる経済的・立法的・社会的改革の実現」を設定したのである。また、「有権者としての責任を果たせるように女性に援助する[2]」ことを掲げた。

ラスバウンの頭の中では、「同一労働同一賃金」を実現するためには、大多数の女性の仕事である出産・育児に対する国家による補償——家族手当の支給（ニュー・フェミニズムの中心思想）が不可欠と思われていた。しかし、この段階では、まだNUWSSの主要テーマとは考えられていなかった。ラスバウンは別個に、キャスリン・D・コートニィ、H・N・ブレイルスフォード、モード・ロイドン、メアリ・ストックス、エリナおよびエミール・バーンズ（ラスバウン以外、労働党員ないしはその支持者）と「家族手当委員会（The Family Endowment Committee）」を結成して、一九一八年『平等賃金と家族――国家による母性手当支給のための提案』[3]をパンフレットとして出版したのである。

一九一七年はロシアの専制政治が崩壊した年であり、イギリスではそれを歓迎するムードに包まれていた。またバスの車掌による「同一労働同一賃金」を求める争議が成功した年であった。[4]上記パンフレットもバス車掌の平等賃金から筆を起こし、当時の賃金制度や女性の社会的（母性による）貢献への報酬について論じている。結論として「国家による母性手当」の支給を求めるとともに、同委員会は当初、調査を目的としたが、今後はこの目的達成のために、さまざまな個人や団体と提携したいと述べている。[5]

ラスバウンの思想的背景

エリナ・ラスバウンが以上のように「平等賃金」と「家族手当」をセットにして考えるようになった背景には、彼女の生地リヴァプールにおける多彩な活動があった。

ラスバウンは一八七二年に、リヴァプールの政治・経済に多大な影響力をもつ富裕な貿易・海運業者の家庭に生まれた。母方の家系もフレンド協会に属していて慈善活動に熱心であり、女性問題についても開明的な態度をとっていた。[6]当時イギリスでは、ばらばらに行われていた慈善活動を統一し、より一貫した効率的なものにしようとして「慈善組織協会ＣＯＳ」[7]が生まれたが、エリナもこの影響を受けて育った。彼女の死は一九四六年で、彼女の「家族手当」論が最終的にベヴァリッジの包括的な「社会福祉制度」の中にとり込まれて実現した年であった。それ故エリナ・ラスバウンはまさにイギリス社会福祉制度創設期に生きたといえよう。

エリナはオクスフォード大学卒業後一八九七年に「リヴァプール中央救済協会」委員や市立学校幹事、「リヴァプール女性産業評議会」名誉書記として活動した。また「リヴァプール女性参政権協会」議会対策書記として、穏健な参政権運動にもかかわっている。そして一九〇九年に無所属から立候補して、女性として初めてリヴァプール市議会議員に当選した。彼女はマージサイド港湾労働者の実態や季節労働の原因と結果、失業問題の調査を行い、また「女性産業評議会[8] WIC」のために家計調査を行っている。彼女の調査方法は同時代の先輩にあたるB・ウエッブやC・ブースの調査のように丹念で完璧なものであった。「季節労働者はいかに暮しているか」（一九〇九年）や「リヴァプールの救貧法下の寡婦の状態に関する報告書」（一九一三年）の執筆の過程で、エリナは労働者階級の人びとの貧困の実態に触れることができた。彼女はしだいに上層中産階級の人びとのもつ道徳観よりは、むしろ労働者階級の女性に対する心からの同情を抱くようになった。一方で救貧費受給寡婦を、飲酒癖があり、だらしがない生活を送っている怠惰で不適切な母親だと評しながらも、他方で極貧のもとでは、能率的な妻や母であることはきわめて困難だと彼女たちに対する理解を示している。[9]

エリナ・ラスバウン

港湾労働者や船員たちの家庭も、経済状況の変動によって、救貧費受給者と変わらない生活に陥っていることを見出した。しかも扶養しなければならぬ子どもの数は家庭によってまちまちである。当時の経済学は「生活賃金（living wage）」なる概念を創造し、夫婦二人と子ども三人、計五人家族を「平均的」

家族として「生活賃金」を設定した。しかし、エリナはこの平均的家族を基準とする賃金の支給は、一六〇〇万人の実在しない子ども（子ども数三人以下の家族）と三〇〇万人の実在しない妻（独身者の場合）に対する支給となって無駄であるばかりか、一二五万人の子ども（子ども三人以上の家族の場合）に対しては支給されないことになるとして、[10]当時の賃金制度の不備を突いたのである。

こうした欠陥を埋めるヒントを与えたのが、彼女が第一次世界大戦中にかかわった「兵士・水兵家族協会（SSFA）」の活動である。エリナはSSFAを通して労働者家族のより広い知識を得たばかりでなく、兵役に服している男性の母や妻に支給される別居手当制度が、家族の収入を家族の大きさに合わせて調整する利点を見出した。しかも、それは家族の中の女性に直接支払われたのである。[11]エリナの同志で、彼女の伝記を書いたM・ストックスは、「別居手当は微々たるものだった。一九一八年の物価でも、母親への週当り支給額一二シリング六ペンス、第一子五シリング、第二子以下三シリング六ペンスで、最低の生活でも可能であったかどうかは疑わしい。しかし……それは母親自身の手中にある消費力であり、権利として彼女が持っているものであり、国が母親に期待する仕事にとって不可欠の手段を示していた[12]」として、その意義を高く評価している。

換言するなら、エリナは第一次世界大戦前および大戦中にすでに当時の賃金制度が労働者家族の実態に合わないことを知り、国の富の再配分の必要を感じた。それは階級間の不正を正すための「社会主義的」見解というよりは、同じ階級の中での家族間の不平等の是正を意味した。「社会学者の間では、国の単位が家族であることは常識である。しかし、国富の分配の単位は家族ではなくて個々の賃金取得者である。それ故に、いかに広範囲に及ぼうと、賃金を通しての再配分の試みは国民生活にとって最も重要な再配分をもたらさない。家族のニーズに合った国による支給の中にこそ（中略）『より公正な分配』手段を見出す[13]」ことができるとエリナは考えた。そして、その解決の糸口を出征中の兵士の妻への別居手当の中に発見したのである。

エリナ・ラスバウンが以上のプロセスを通じて提起した問題は、それ故に、まず第一に、家族のサイズに合った富の再分配の問題であり、第二に、労働市場での男女の平等賃金であり、第三に、国の維持・発展に寄与する大多数の女性の貢献《サービス》に対する報酬の問題であった。

以下、第二と第三の問題を検討しよう。

平等賃金・家庭の女性の貢献に対する報酬

女性は大きく分けて二つのカテゴリーに属する。一つは労働市場で働く独立した女性であり、もう一つは夫の賃金に依存しつつ出産・育児にはげむ女性である。両者は一見無関係に見えるが、ラスバウンは前者の低賃金が後者と深くかかわっているとした。女性は多くの場合価値の低い職種で働くために低賃金だが、比較的高度の仕事をしてもその報酬は少ない。その理由を彼女は次の四つにまとめている。

一、労働組合がない

二、小遣いかせぎ、または家計補助

三、低水準での満足

四、個人的生計に基づく賃金要求(14)

ラスバウンは上記の中でも四を最大の原因と考えた。それは「男性は、妻子を扶養せねばならないために高賃金を必要とする」との考え方と表裏を成しているからである。言い換えるなら、(男性)労働者の賃金は雇い主や彼を通してのコミュニティに対する、労働者の役務《サービス》の価値を示すだけでなく、彼や子どもたちに対する彼の妻の役務の価値をも代表する。そして、さらに子どもたち自身の国家に対する価値をも表している。……これに対して女性の賃金は「扶養家族をもつ」との想定のもとに決められていない。それは女性個人の生計費に基づいていて、家族の生計費に基づいてはいないのである。[15] ヨーク市の貧困調査をしたS・ラウントリィもこの考えに基づき、最低賃金の提案の中で一九シリングの差をつけて、男性に週給四四シリング、女性に二五シリングを提示した。[16]

このような、一方で家族生計費、他方で個人生計費というまったく異なる賃金算定基準のもとでは、公正な競争はあり得ないし、平等賃金の実現は困難である。女性は低賃金によって「永遠のスト破り」[17] となり、男性の未来を侵害することになる。それでいて現実には、女性労働者の組織率の高い労働組合をもつ産業で平等賃金が実現しつつあった。しかし、これを本格的に、普遍的に実現するためには国による母子に対する支給が不可欠だとラスバウンはいう。そうすれば男女双方とも個人生計費に基づく賃金、あるいは生産した物に対する公平な報酬を要求できるとするのである。

これまで高年齢者や障害者の負担は個人が担ってきたが、いまや老齢年金法や保険法によってとり除かれた。しかし、非生産年齢の子どもの負担を、個人からコミュニティへ移行する試みはいまだなされていない。[18] その意味からも「家族手当」の支給が望まれたわけである。

以上のような試みは、さらに、職場における女性の労働だけでなく、家庭における女性の貢献（出産・育児）に対してもその評価を可能にする。すなわち、第三の問題である次の世代の育成という、女性の従事する唯一最大の仕事に対して正当な評価が与えられることになる。それ故に「家族手当」は平等賃金を可能にするフェミニスト的改革に寄与するだけでなく、母性に対する積極的評価によって、もう一つのフェミニスト改革に貢献することになる。それは、母性に対する当時の貧弱な見解や態度に対する異議申し立てでもあった。M・ストックスは次のように述べている。「出産・育児＝母性は、国富の生産にかかわる男性の行ういかなる職業とも同じくらい社会の生存と福祉にとって、重要な仕事（職業）である。それは骨の折れる仕事であり、熟練を要するものであり、その上危険を伴う仕事でもある。[19]」しかし、それに従事する人たちは統計学者たちによって「無職」とされてきた。母性は社会にとって必要な役務《サービス》としてよりは、個々の男性に対するサービスであり、男性が余剰収入をそれに使うか使わないかを選択できる個人的な贅沢とみなされてきた。しかし、たいていの男性は子どもにその収入を使ったから、子どもをもつことは確実な労働への刺戟となっていた。そのため雇用者たちも労働者が子どものために働くことを歓迎したのである。したがって、学校給食などで父親の負担が軽減されることに対しては、賃金労働者の労働意欲を阻害するとして強い反対があった。ここには、人間の生命の生産は副次的な機能であり、経済的富の生産のための付随的な刺戟だとするお粗末な考え方が横たわっている。しかも、男性労働者が妻の母性に対して支払ってくれる保証はどこにもないのである。

ラスバウンをはじめとするニュー・フェミニストたちは、男性が重要だと考え、考慮に値いするという仕事に、同じ条件で女性も従事するのではなく、むしろ、それ以上のものを要請するニュー・フェミニズムこそ、今求められると主張した。「平等派」フェミニストたちは、男性がすでに享受する自由や機会を女性も獲得することを目指すが、それは男性の作った社会哲学に依拠する狭いフェミニズムだとして、ニュー・フェミニストは批判した。彼女たちはむしろ、母性は石炭業、機械工業、操船術、金融業と同様に重要なものであり、女性のみが行う仕事だが、適切な配慮を要するものと指摘した。そして、「家族手当」こそが「威厳のある、一定の経済的地位を求める母親の要請[20]」を実現するものであり、両性の平等を求めるフェミニストの主張と論理的に合致するとしたのである。

「平等派」フェミニズムからニュー・フェミニズムへ

こうしたラスバウンの主張は、一九二四年に出版された『相続権を奪われた家族――家族手当の請願（*The Disinherited Family: A Plea for the Endowment of the Family*）』の中で詳しく論じられており、広く人びとの中にも浸透しはじめていた。一九二五年までに離婚における男女の平等、親権の平等など主要な課題が解決すると、彼女はＮＵＳＥＣ年次評議会で、それ以後「ニュー・フェミニズム」と呼ばれるようになった活動方針を提起したのである。同年の会長あいさつでラスバウンは次のように語った。「ついに私たちは、私たちの問題を男性の眼を通して見ることをやめ、また、男性の言葉遣いでそれらを論ずるのをやめることができます。私たちは女性にとって必要なものを要請することができます。それは、男性がすでに手に入れているからではなくて、女性が自分たち自身の本性がもつ可能性を実現し、自分たち自身の生活環境に適応するのに必要だからなのです。[21]」

執行委員の多数が「家族手当」に賛成だったので、ＮＵＳＥＣは会長名で同原則を活動方針にするとの「決議」を提出した。

長い議論が続いた。主たる反対は前会長のフォーセット夫人からであった。一九世紀の経済的自由主義者の代表であり、長い間「平等派」フェミニストとして活動してきたフォーセットとしては、「家族手当」は親の子に対する責任を弱めるものであり、実際的な社会主義への一歩と思われた。しかし、「家族手当委員会」委員の一人であり、強力なフェミニストであったキャスリン・Ｄ・コートニィらは熱心に決議に賛同した。同席したストックスは、会議の終わり近くでのラスバウンの熱弁を次のように述べている。「それは、彼女の生涯の中での、すぐれたスピーチの一つであった。早口で、自然で、ある時はひどく感動的であった。（中略）彼女は、NUSECが想像力の乏しい平等主義の狭さから脱却することを切望した。しかし、スピーチの最後で彼女をとらえていたのは、活動の目標そのもの、母親ではなくて子どもたちだった。公式の席で彼女が感情的になることはめったにないが、子どもたちに及ぶと、彼女の声は震えた[22]」

こうして、「決議」は一一一対四二で採択された。だが、「完全平等参政権」の実現（一九二八年）までにまだ三年間あり、新・旧フェミニストの間には依然として強い連帯と友情があったとストックスは述べている。しかし、NUSECは一九二五年を境にして、「平等派」フェミニズムから「ニュー・フェミニズム」に移行して、第二の転換期を迎えたのである。

「家族手当」そのものは、のちにイギリス社会福祉制度の基礎を作ったベヴァリッジが当時学長をしていたロンドン・スクール・オブ・エコノミックスで実施して、全国的な実施に向けての一歩を踏み出した。炭鉱労働組合も一九二六年の年次大会で「家族手当」の要求を運動方針の中に採択したが、労働者階級の問題としては「家族賃金」との関係から容易には結論が出なかった。

ラスバウンは以上のように、妻子の扶養を含む賃金制度の欠陥を指摘し、「家族手当」の支給を通して労働市場ばかりでなく、家庭における母としての女性の地位を高めることに努めた。しかし、ある点では、他のニュー・フェミニストたちと同様に、彼女の家族観は伝統的なものだった。ラスバウンは子どもは二人の親を必要とし、たとえ母親が面倒をみなくても、子どもたちは家で育てられるのが最善だと確信していた[23]。したがって、学校給食などのコミュニティによる「現物支給」に対しては、消極的な見解をとっていた。こうした態度は家事や育児に関する新しい男女のあり方への模索を阻害したかもしれない。また、「家族手当」が、出生率の低下や、貧困・失業の増大の中で、子どもの保護・育成に向けられ、「育児手当」に変質していったことの意味も、今後さらに検討を要する課題である。とはいえ、ラスバウンの提起した問題は、今なお未解決であり、NUSECが両大戦間期に「平等派」から「ニュー・フェミニズム」に移行した意味も大きいのである。

注

(1) Jane Lewis は「戦間期のフェミニズムで新しい点は、社会的母性主義よりは、むしろ、個人としての母親のニーズを重視したことである。……それ故『ニュー・フェミニズム』は家庭における女性の地位改善のための諸改革を促進する慎重な試みを行った」として、ニュー・フェミニズムに一定の評価を与えている。Do., *Women in England 1870-1950: Sexual Divisions and Social Change* (Sussex: Wheatsheaf Books, 1984) pp. 102-103. なお「家族手当」問題は、Eleanor Rathbone がとり上げる以前から、さまざまな角度から論じられていた。とくに一九二〇年代には賃金との関連で論議されることが多かった。John Macnicol. *The Movement for Family Allowances, 1918-45: A Study in Social Policy Development* (London: Heinemann, 1980) pp. 7-8. 第一次世界大戦以前に、女性の経済的自立と「母性手当」を社会主義の観点から論じたものについては、拙著『イギリス女性運動史――フェミニズムとイギリス女性労働運動の結合』(日本経済評論社　一九九二年)第六章 2 参照

(2) Quoted in Mary D. Stocks, *Eleanor Rathbone: A Biography* (London: Victor Gollancz Ltd., 1949) p. 105

(3) K.D. Courtney; H.N. Brailsford; Eleanor Rathbone; A. Maude Royden; Mary Stocks; Elinor & Emile Burns,

Equal Pay and the Family: A Proposal for the National Endowment of Motherhood（London: Headley Bros. Publishers, Ltd., 1918）

（4）ダイリューション問題から派生した機械工業における平等賃金については、今井けい前掲書　第五章　3　参照

（5）Courtney et al., op. cit., p. 71.

（6）Hilary Land, 'Eleanor Rathbone and the Economy of the Family', in Harold L. Smith, op. cit., p. 106. リヴァプールの経験から「国家福祉」計画の策定にいたるまでのラスバウンの生涯にわたる活動については、赤木誠氏の詳細な研究「両大戦間期イギリスにおける家族手当構想の展開――調査・運動・制度設計」『社会経済史学』七一（四）二〇〇五年を参照

（7）「慈善組織協会（The Charity Organization Society, COS）」については、今井けい前掲書　三一―三四ページ参照

（8）「女性産業評議会（The Women's Industrial Council）」については、大森真紀「女性労働協議会　一八九四―一九一九」『立教経済学研究』四三（三）一九九〇年一月、および今井けい前掲書　二五〇―二五一ページ参照

（9）J. Macnicol, op. cit., pp. 18-19

（10）Eleanor F. Rathbone, *The Disinherited Family: A Plea for the Endowment of the Family*（London: Edward Arnold & Co., 1924; Reprint by Garland Publishing, Inc. 1985）p. 20

（11）H. Land, op. cit. p. 107

（12）M. Stocks, *Eleanor Rathbone*, p. 76

（13）Courtney et al., op. cit., p. 23

（14）Eleanor F. Rathbone, 'The Remuneration of Women's Services' *Economic Journal*, Vol. 27（Mar. 1917）p. 60.

および Mary D. Stocks, *The Case for Family Endowment* (London: Labour Publishing Co., Ltd., 1927) pp. 33-34 参照

(15) Rathbone, 'The Remuneration of Women's Services', op. cit. p. 62

(16) Courtney et al., op. cit., p. 17

(17) Rathbone, ibid., p. 63

(18) Courtney et al., op. cit., pp. 14-15

(19) M. Stocks, *The Case for Family Endowment*, p. 36

(20) ibid., p. 39

(21) Quoted in M. Stocks, *Eleanor Rathbone*, op. cit., p. 116

(22) ibid., pp. 117-8

(23) H. Land, op. cit., p. 119

3　ジェンダー平等か階級の平等か——統合化

一九一八年の法の改定によって、女性運動は第一次世界大戦後再び活発化するものと思われた。選挙資格における男女の差別はもとより、社会には解消しなければならないさまざまな差別が残存したままだった。女性たちはこれらの諸問題の解決のために多方面に分散した。そして、その分散の故に女性運動そのものは全体としてむしろ弱体化したのである。(1)こうした分散とさらに対立を複雑にしたのが労働党の指導者および彼らを支える女性指導者と、一般女性労働者との、あるいはフェミニストたち（主に中産階級の「平等派」フェミニスト）との対立と連携であった。

フェミニスト・グループの平等市民協会全国連合（National Union of Societies for Equal Citizenship, NUSEC）は戦前の補欠選挙で労働党の候補者を応援したし、一九一八年には同党策定の「女性解放法（案）」を熱心に支持して、労働党との関係を保っていた。その協力態勢が破綻したのは何故だろうか。

その第一の事件は、「戦前慣行復帰法（The Restoration of Pre-War Practices Act）」の制定であった。(2)同法によって、戦時中に賃金の高い職種に就いた女性たちは、戦場から帰還する兵士たちにその職場を明け渡さねばならなかった。M・マッカーサー（Mary Macarthur, 1880-1921）はじめ当時の女性労働者のリーダーたちは、この過程で女性の労働権を守るどころか、女性の職場からの追放に協力したとして、(3)フェミニストたちとの提携を弱める要因となったのである。

一方、労働側では、一九一八年の労働党の組織改革の折に独立の「女性労働連盟（Women's Labour League, WLL）」が労働党の女性部として労働党に吸収された。ちなみに、女性協同組合ギルド（Women's Co-operative Guild, WCG）も同年労働党に加盟している。党の女性会議は毎年開催されたが、女性の党内での位置づけは付随的なものだった。一九二〇年に共産党が結成されると、それへの党員の流出を抑えるとともに、他方では女性党員のフェミニスト・グループとの接触を嫌って、女性を含む党員全体の結束が求められたのである。

しかし、WLLにも、また労働党の中にも、両「性」の平等を強く求めるフェミニストが含まれており、また戦間期の諸問題には党内および党外のフェミニストと共闘できるものが多々あった。それらは産児制限、家族手当、結婚退職制の廃止、平等賃金などである。これに対して、女性保護法はフェミニストと一般女性労働者がもっとも鋭く対立するものであった。

本節では(1)で、産児制限や家族手当問題で見られた労働党首脳部と一般女性、とくに党内のフェミニストとの対立を、党の女性政策および女性をめぐる組織の改変の中で検討したい。また、(2)では、結婚解雇制をとり上げ、この場合は、党首脳部と見解を一にしつつも当該組織の反対にあって、第二次世界大戦後までその解決をもち越した実態を示したい。これらの作業を通して、B・ハリスン[4]もいうように、一般女性労働者は長年かかって培われた労働者階級の社会と文化の中で、また労使間の対立が深まるなかで、労働者間の連帯を強く求めざるを得なかった経緯を明らかにする。

一般女性労働者はフェミニズムの伝統の中でフェミニストとしての側面も発揮するが、それは主に一九二〇年代で、三〇年代に入ると「階級」がより前面に出て「平等派」フェミニズムより「福祉フェミニズム」に傾斜していくことになる。

(1) 労働党組織の改編と女性

労働党の女性政策は何よりもまず新しく有権者となった女性たちを、労働党の有力な支持者として確保することにあった。P・グレイヴズによれば、一九一八年の参政権の賦与後二〇年間に約二五万人の女性が労働団体あるいは社会主義政治組織に参加した。そのうち少なくとも七五%が労働党に所属して、同党の全国的ネットワークの創造に協力した。二〇%が女性協同組合ギルドに、残りが独立労働党（Independent Labour Party, ILP）と共産党に加盟した。(5) だが、労働党指導者たちは女性も含めて、第一次世界大戦前のサフラジェッツ（パンクハースト母娘を中心とする戦闘的女性参政権論者）による激しい運動に強く影響されていた。彼らは「性的対立（sex antagonism）が労働運動にもち込まれることを極端に警戒し、反フェミニスト感情を露骨に表すことがあった。党の指導者にとっては、フェミニズムの影響を極力抑えて、女性労働者の支持をとりつけることが大きな課題だった。だが、女性を支持者として見なしても、勝てそうな選挙区で女性を指名しない(6)など必ずしも女性を対等に扱ったわけではない。一九一八年のWLLの合併はそうしたフェミニストあるいは女性に対する党指導者たちの警戒心の中で実施されたのである。

WLLは一九〇六年、のちに労働党党首で首相になるR・マクドナルド（Ramsay MacDonald, 1866-1937）のマーガレット夫人によって創設された。彼女自身が富裕な家庭の出身であるばかりでなく、WLLには中産階級出身の社会主義者が参加していた。彼女たちはむろん男女の平等を主張したが、どちらかというと家庭の主婦の地位向上や母子の健康と福祉を求めるとともに、労働党の発展を外側から支えていた。

しかし、党内での影響力の発揮を求めてすでに一九一五年に党へのアプローチを始めていた。[7] その結果一九一八年の組織改革の中で、WLLの労働党への合併が実現したのである。党の指導者（全国執行委員会NEC委員）たちは従来から存在した両性関係を維持しつつ、同時に前述したような「性的対立」が決してもち込まれないように、組織面で慎重な対応を行った。それは女性組織を男性組織に吸収しても同等の地位を与えないことである。WLLは労働党女性部となり、その地方支部は各選挙区の党の女性部となった。中央では女性諮問委員会と主任女性・党役員（Chief Woman Officer）が置かれると同時に、中央執行委員会には二三のうち四つのポストが女性に与えられた。中央や地方の党委員会には最小限の数の女性を送ることが認められた。

だが、重要な政策決定機関への進出にはさまざまな障害があった。NECの委員選出は労働党全国大会で行われるが、ここでは大労働組合の集団票が大きな力をもっている。したがって女性がNECに選出されるためには大労組の男性に支持されることが必要であり、そのためには労働党の男性たちの見解「女性労働者の問題は男女対立よりは階級対立の結果生まれたもの[8]」を受け入れなければならなかった。女性諮問委員会も情報の提供や助言はできても、女性にかかわる政策の策定はできなかった。ただし、WLLのプレッシャーによって、労働・政治団体（一〇〇〇人以上の会員からなる）に加盟する女性労働者が選出した「産業女性組織常任合同委員会（Standing Joint Committee of Industrial Women's Organizations, SJCIWO）」が女性諮問委員会の役割を果たすことになった。「女性の意見をまとめて表明する機会」が必要との見解に対しては、独自の集会＝女性会議[9]の開催が承認された。女性の会費を低額にするとの党側からの提案に対しては、これを拒否し、労働運動内での男女の平等を望むとともに、他方では女性独自の要望の実現を求めたのである。このようなとり決めに対して、鉄道女性ギルド（Railway Women's Guild）はその独立性が失われるのを嫌って、主任女性・党役員となったマリオン・フィリップス（Marion Phillips, 1881-1932）の誘いにもかかわらず労働党に合併しなかった。だが、WLLはじめその他の大半の女性労働団体は党の新機構への参入を受け入れた。女性党員は一九二三年には一二万人、二四年には一五万人を超えている[10]。彼女たちは労働党の全国組織の確立に貢献したのである。

しかし、一九一八年改革の当初から一部でNECへの女性代表の数が少ないことや、代表選出の方法に不満があった。マンチェスター女性諮問委員会のA・ロビンスン（Annot Robinson, 1874-1925）はこの不満を一九二一年の全国女性会議に二つの修正案として提出した。第一は、NECへの女性代表は女性部の直接選挙によること、第二は、女性会議への代表は地方支部と女性部の代表に限定（党中央や労働組合の役員を除外）し、同会議の党の正式なものとする。またその決議は労働党全国会議に提出するというものであった。だが、NEC女性委員の一人であるボンドフィールド*（M. Bondfield 他にS. Lawrence, E. Wilkinson, M. Sutherland）は女性にだけ特権を認めることはできないと述べて第一修正案に反対した。なぜなら男性も労働党全国大会で選ばれるからである。A・ヘンダースン*（Arthur Henderson, 1863-1935）は女性会議は女性問題を討議するためにのみ認められたものである。しかるに第二修正案では女性会議は党の補助機関であるより独立を求めるものとなり、党内にセクショナリズムをもたらす。それは党の統一を乱す危険なものとして反対したのである。

結局ロビンスンの修正案は否決され、彼女たちフェミニストの「分離すれど平等 separate but equal」という党内での女性の位置づけは否定された。そのために、例えば産児制限については、D・ラッセル（Dora Russell, 1894-1986）らのフェミニスト[11]によって、その情報が公立のクリニックで女性たちに与えられるよう女性会議で何度も動議が出され、その都度決議されても、公式の党大会の討議に付されることはなかった。NECがカトリック教徒の党員たちの反対を恐れたからである。こうして党内の女性の位置は「統合して平等 integrate and equal」路線の中に確定したのである。[12] だが、平等はかっこ付きで、多数の男性の中で女性の声はかき消されてしまった。そして「性」より「階級」が先決問題としてますます強く論じられるようになり、党内のフェミニストに対する警戒心はもとより、党外の中産階級のフェミニスト・グループと、労働党の女性たちの接触も回避するように努められた。Ｍ・フィリップスは「フェミニスト団体に属している労働党の女性は、その政治思想が混乱する危険性をもつ[13]」と述べ、また戦前労働党の選挙運動に協力した穏健派女権論者のＣ・マーシャル＊（Catherine Marshall, 1880-1961）が全国労働女性会議に出席して、自分たち「中産階級の女性が党女性部の首脳から歓迎されていない[14]」という強い印象を受けたと書き残し、とくにＭ・フィリップスの名をあげているのは、このような状況を反映したものである。

ドーラ・ラッセル

　国際的なレベルでも「性より階級」路線が広がり、女性問題を国際的に討議する目的で一九一九年に創設された「国際労働女性連合（International Federation of Working Women, IFWW）」も短命に終わった。これはアメリカ女性労働組合連盟（American Women's Trade Union League, AWTUL）が、ＩＬＯでは女性の利益が代表されないとして、イギリス女性労働組合連盟（British Women's Trade Union League, BWTUL）に提案してできたものである。ＩＬＯの第一回会議に合わせてワシントンで開催され、主にヨーロッパから一七カ国の代表が参加した。目的は、各国の労働運動にかかわっている女性に共通の問題とその解決について討議することであった。そして、当面ＩＬＯ会議に上程される諸問題に対して女性としての見解を示す一連の決議を行ったのである。常設組織の必要を決定し、ＡＷＴＵＬ会長のＭ・Ｄ・ロビンズ（Margaret Dreier Robins, 1868-1945）が、ＩＦＷＷ初代会長に選出された[15]。

討議の内容は女性労働者の中に労働組合を発展させることであり、母子のニーズに応える国際的政策の立案、ＩＬＯで提起される諸立法の検討、労働者福祉に影響を与える組織に女性労働者を任命することなどであった。ＩＦＷＷの決議は法的な拘束力をもたないが、各国の実質的な行動指針となることを望んだ。しかし、一九二三年の第三回ウィーン会議（第二回は一九二一年ジュネーブで開催）は早くもＩＦＷＷの将来の方向をめぐって紛糾した。イギリスをはじめ大半の代表はＩＦＷＷが男性とは別の、自主的な組織であることに反対した。イギリスの代表はすでに一九二一年に彼女たちの目的は「労働女性を連携し、彼女たちをさらに、働く男女の国際的な運動に結びつける[16]」国際的な組織をつくることだと述べている。そして一九二三年に国際労働組合連合（International Federation of Trade Unions, IFTU）への加盟を提案した。これに対してアメリカ代表は、三つの理由をあげて反対した。その第一は、ＩＦＴＵへの加盟はＡＷＴＵＬとＡＦＬの関係を悪化させる。なぜならＡＦＬはＩＦＴＵの社会主義的政治的傾向に反対だからである。第二に、ＡＷＴＵＬは別個の自主的組織を希望するし、第三にＩＦＴＵに合併しても女性部はその執行部に代表を送れず、女性問題は副次的にしか扱われないとするものであった[17]。だがアメリカの意見は退けられ、合併は承認された。一九二四年ＩＦＴＵの中に国際労働組合女性委員会が結成され、イギリス、ベルギー、フランス、デンマーク、ドイツの代表で構成されることになった。女性会議は二年ごとに、ＩＦＴＵと同時期に開催し、⑴一般的労働組合運動の中で女性労働者の利害に注目する、⑵女性のための社会的立法に関し、ＩＦＴＵに助言する、⑶女性労働者にかかわる情報や統計収集の援助をする[18]、などが委員会の任務とされたのである。
以上のように女性労働者の組織は、国内的にも国際的にも、男性組織と別個に存在して、独自の活動をするということは形式上なくなった。それよりむしろ男性組織に合体して女性部なり、女性委員会を結成して、そこで女性問題が討議され、必要に応じて全体会議に上げていくことになった。女性労働者はこうして労働者組織に完全にくみ込まれることによって、中産階級のフェミニストとの連携も、組織上も、弱体化していったのである。ただ、問題によっては共闘できる分野もあった。その一つが結婚解雇制の撤回であった。以下にその経緯と問題点を見てみよう。

注

（1）Johanna Alberti, *Beyond Suffrage: Feminists in War and Peace, 1914-28*（London: Macmillan, 1989）pp. 6-7. Olive Banks はとくに一九三〇年代のフェミニズムの衰退は、ファシズムの台頭の中でフェミニストたちが平和運動に転身したからだとしている。Do., *Becoming a Feminist: The Social Origins of 'First Wave' Feminism*（Brighton: Wheatsheaf, 1986）pp. 142-143

（2）労働党は労働組合会議ＴＵＣ、独立労働党ＩＬＰ、協同組合、フェビアン協会などに属する労働者階級と、一部中産階級の知識人・社会主義者からなる。

（3）Gail Braybon, *Women Workers in the First World War: The British Experience*（London: Croom Helm, 1981）

（4）Brian Harrison, 'Class and Gender in Modern British Labour History', *Past & Present*, No. 124（Aug. 1989）pp. 152-154

（5） Pamela M. Graves, *Labour Women: Women in British Working-Class Politics 1918-1939*（Cambridge University Press, 1994）p. 41

（6） Martin Pugh, *Women and the Women's Movement in Britain 1914-1959*（Basingstoke: Macmillan, 1992）p. 136

（7） Graves, op. cit., p. 22

（8） Harold Smith, 'Sex vs. Class: British Feminists and the Labour Movement, 1919-1929', *The Historian*, Vol. 47（Nov. 1984）pp. 35-36

（9） 一九二一年四月二七、二八日に開催された労働党女性会議には五二三人が出席。その内訳は次の通り。

一六四の選挙区労働党女性部から　代表二六二人
二〇の地区労働党から　〃　三三人
五二の地域労働党および労働評議会から　〃　七九人
一九の労働組合から　〃　八四人
六の全国組織から　〃　六五人

最後の組織には、Women's Co-operative Guild; Railway Women's Guild; Women's Trade Union League; Association of Women Clerks and Secretariesを含む。いずれもSJCには加入するが、労働党には加盟していない。Labour Party. *Report of the 21st Annual Conference* held on June 21, 22, 23 & 24, 1921. p. 53

（10） Ross Mckibbin, *The Evolution of the Labour Party 1910-1924*（Oxford: Clarendon Press, 1991）p. 141

（11） 労働党内の正統派は、Marion Phillips; Margaret Bondfield; Susan Lawrence; Mary Sutherlandであり、フェミニストはDorothy Jewson; Helena Swanwick; Dora Russell; Monica Whately; Mrs Harold Laski; Mrs J. Adamson

である。この二つのグループの境界にありながら、党の中で指導力を保持したのは Ellen Wilkinson であった。労働党の女性指導者については、J.M. Bellamy and J. Saville, eds., *Dictionary of Labour Biography*, Vol. V 参照

(12) Graves, op. cit., p. 113

(13) *The Labour Woman* (May 1920) p. 78

(14) Alberti, op. cit., p. 95

(15) Robin M. Jacoby, '*Feminism and Class Consciousness in the British and American Women's Trade Union Leagues, 1890–1925*', in Berenice A. Carroll ed., *Liberating Women's History* (Urbana: University of Illinois Press, 1976) pp. 150-152

(16) 'Working Women at Geneva', *The Labour Woman* (Nov. 1921) p. 176

(17) Jacoby, op. cit., p. 153

(18) *The Labour Woman* (Feb., 1925) p. 20

労働党女性部数

年	1919	1922	1923	1924	1925	1927	1928
部	271	802	1000+	1250	1450	1728	1845
年	1929	1930	1932	1934	1935	1937	
部	1828	1949	1704	1604	1580	1631	

女性労働党員数[a]

年	1922	1924	1925	1927	1928	1930	1931
人	約 100,000	150,000	200,000	300,000	250－300,000	250,000	250,000 以下

a 推定

Source: Annual Reports of the Labour Party Women's Organization. M. Pugh. op. cit., p. 131.

(2) 既婚女性の労働権擁護

既婚女性の労働権の問題は労働党の女性とフェミニストが共有できる問題であった。戦後帰還する兵士たちへの仕事の明け渡しと、その後続く経済状況の悪化による失業者の増加の中で、既婚女性の雇用はすでに大きな問題となっていた。その中でとくに人びとの注意を引いたのが、ロンドンのセント・パンクラス (St. Pancras) 区議会による保健医務官スミス博士 (Dr. Miall Smith) と、グラスゴウ市による同様の地位にある三人の医師の解雇であった。理由は彼女たちが既婚者だからである。これに対してロンドン労働党女性部は即刻一九二一年一〇月開催の第三回年次大会で次のように決議した。

ロンドンの労働団体を代表して、本女性会議は、セント・パンクラス区議会が、母子にとってかけがえのない、有能な医務官スミス博士を解雇したことに強く抗議する。……(中略) 本会議はまた既婚の女性清掃用務員の解雇にも抗議する。[1]

この決議は明らかに労働党が性や結婚による労働者の差別に、原則的に反対であることを示している。党執行部はSJCにこの問題について諮問し、その報告書を一九二二年二月七日に了承した。それは、結婚退職制に原則として反対だが、この制度が性によるものではなく、失業問題という経済的理由を原因としたところに大きな特徴があるといえよう。労働党はこれまで扶養義務のある子をもつ女性に母親年金を、また失業者には十分な扶助を主張してきた。だが、政府はそのうちのいずれをも実行していない。失業が多い中で、妻子扶養可能な夫をもつ女性は仕事を辞め、別の女性にその仕事を与えるべきだとする意見があるが、報告書は次の理由からこの見解に反対した。そして結論的にはすべての既婚女性の労働権を認めたのである。

その第一は、夫による妻の扶養能力の有無や夫婦関係など個人的な問題を雇主に明かさねばならないのは苦痛である。

第二は、優秀な既婚女性を失うことを意味する。事実独身者より既婚女性の方が妊娠・児童福祉の面ですぐれていることを誰も否定しない。

第三に、たとえ審査制度を受け入れたとしても、雇用の不安定性のために、夫の扶養能力を明確にできない。例えばロンドン都議会（London County Council, LCC）は夫の扶養能力が完全に、また永久にない場合を除き、あらゆる職業の既婚女性の解雇を提案したが却下された。有名な労働党都議会議員S・ロレンス（Susan Lawrence, 1871-1947）による女性清掃作業員の調査により、大半の作業員の夫は季節労働、その他の不定期の職業に就いていたことが判明したからである。さらに女性用務員、救急車付添婦らの場合も同様の理由で、既婚であっても解雇から免れることになった。

報告書は、既婚女性解雇問題は基本的に経済問題であって性の問題ではないと重ねて強調する。そして当時起きているさまざまな困難は広範な失業と犠牲者救済の失敗に起因する。したがって適切な解決は、扶養義務のある子をもちながら稼ぎ手のいない女性のために、寡婦および母親年金制度や、病弱者年金制度を創設し、また失業救済によってこそ実現できるとしたのである。(2)

女性労働党員たちの大半は党の公式の政策に賛成したから、既婚女性の労働権に反対する決議には強く抵抗した。例えば一九二五年に女性事務職員・秘書組合（Association of Women Clerks and Secretaries）が、経済的不況のもとで別に生活手段をもつ既婚女性の雇用禁止を求めたとき、J・スティーヴン（Jessie Stephen）は

「これまで大会に出された決議の中で最も反動的だ[3]」と批判したために、決議案は撤回された。だが、同じ女性の労働権の主張であっても、中産階級のフェミニストのように、性や婚姻にかかわりなく個人の自己開発と経済的自立の基礎として、労働権を主張する者もいた。全国一般自治体労働者組合（National Union of General and Municipal Workers, NUGMW）のD・エリオット（Dorothy Elliot）は「既婚であれ未婚であれ、女性は自己の能力を開発し、その想像力を最もよく発揮できる仕事につく権利をもつ[4]」と述べた。こうした女性たち、D・エリオット、J・スティーヴンやA・ロビンスン、そして後述するS・クーパー*（Selina Cooper, 1864-1946）らは労働党内の先駆的なフェミニストたちであり、クーパーは社会主義者であると同時に一九二六年創立の門戸開放協議会（Open Door Council, ODC）の熱心な活動家でもあった。だが、労働党の中のフェミニストの主張が女性会議で広がったとしても、多くの女性代表者たちが、フェミニストの見解に賛成したのか、それとも労働党の公式の見解——既婚女性の労働権は、性ではなく経済の問題——に従ったのかは定かではない。彼女たちは、P・セインもいうように、おそらく両方の主張をとり入れつつ現実的に既婚女性の労働権の擁護をしたのである[5]。

しかし、少数派ではあったが、前記女性事務職員・秘書組合、郵便職員組合（Union of Post Office Workers）、全国事務職員組合（National Union of Clerks）は既婚女性の就業に反対して、一九二二年にSJCが「既婚女性の雇用」報告書を出したとき、反対ないし条件つきで賛成していた。彼女たちは二五年の女性会議で再びこの問題をとり上げ、既婚女性すべての解雇を要請するのではない、未婚女性が失業している時、扶養能力のある男性と結婚するか、あるいはその他の生活手段をもつ既婚女性は就業すべきではない、と主張したのである。彼女たちの主張はとり入れられなかったが、決議は次のように修正された。

扶養家族のある者が多数失業している時、雇用は扶養可能な夫をもつ女性より優先的に、このような人々に与えられるべきである。[6]

こうした中でロンドン都議会（ＬＣＣ）は、女性清掃作業員の解雇をとり止めたものの、一九二三年二月教育委員会から、さらに今後採用する女性の結婚解雇の勧告を受けた。これに先立ってＳＪＣはＭ・フィリップスの名前で、ＬＣＣの全員に手紙を送り、同勧告受け入れの拒否を訴えた。フィリップスは、この提案は社会的にも教育的にも不適当であり、妻・母の経験をもつ女性教師は子どもの理解が深く、また教師は個人的な事情ではなく教師としての仕事によって評価されるべきだとした。[7] 続く五月に開催された全国労働党女性会議でも、フェビアン協会女性部のＨ・ラスキ（Harold Laski）夫人が、結婚による女性教師の解雇は教育の目的に反するとする決議を提示した。彼女はその理由を次の三点から説明した。第一に、女性は自分の職業の十分な継続を許されるべきであり、第二に、結婚解雇の政策の背後にある真の理由は、お粗末な教育費であり、第三に、もし結婚が教職歴の唯一の障害なら、それは学校と女性教育一般の低下をもたらすであろう。なぜなら両親は、せっかく資格をとっても結婚によって解雇されるなら、娘たちを教員養成コレッジに送ることはないからである。郵便職員組合員その他二〜三の反対があったが、動議はＳ・ロレンスらの賛成演説を得て、大多数によって採択された。[8]

しかし、同一九二三年、五七人の女性教員が、彼女たちの解雇は性や婚姻による差別を禁止した一九一九年の性差別廃止法に違反するとしてロンダ市を相手に提訴したが、敗北した。市側は既婚女性の「定期的一時的欠勤は教育的見地から望ましくない」[9]と主張したのである。戦前熱心な女権論者であり、戦後労働党からマンチェスター市議会議員になったＨ・ミッチェル（Hannah Mitchell, 1871-1956）も結婚解雇の撤廃に努力した。[10] だが、一九二〇年代から三〇年代で教員のポストを維持し得たのは、夫が病気か障害をもつ時であり、家計収入調査に応ずる屈辱にも耐えねばならなかった。聞き取り調査によれば、何人かの教師は結婚指輪をはずして、独身として働き続けたと語っている。こうした苦闘の中で女性教員は一九二五年全国教員組合（National Union of Teachers, NUT）から脱退して全国女性教員組合（National Union of Women Teachers, NUWT）を結成した。教育界では一九世紀末にすでに女性の進出がめざましく、一八七五年から一九一四年の間に小学校の女性教員の比率は四五％から七五％に増加した。(11) しかし、ＮＵＴは同一賃金原則を採用したが、その実現を熱心に追求したわけではなかった。ＮＵＷＴは男性と同じ組合では、賃金と機会の平等を達成するのは困難だとして独自の組織を作ったのである。

以上のように、既婚女性の労働権の侵害は事務職や専門職に多く見られ、当該組合はそれを容認したが、労働権侵害の問題は女性労働者の多い北部綿工業地域でも深刻であった。例えば、綿織物工業の中心地の一つであるネルスン（Nelson）では従来、女性一人で四台の織機を作動していたのを六から八台に増加してコストの削減がはかられた。当初未婚の若年男性労働者がこのシステムに採用されたが、その後組合との話し合いで「家族もちの男性」に開放された。当時男性五五〇〇人に対して女性七五〇〇人が就業していたネルスンでこのシステムの変更は女性の失業を意味する。だが、そのことが論じられた様子はない。むしろ僅かな賃金引き上げと男性の労働強化で、女性は家庭での本来の仕事に復帰できるとされた。こうした中で、戦前サフラジェットとして主にロンドンで活躍したＳ・クーパーは、今度はネルスン地域で夫が長期間失業中であったが、女性の職場確保に奔走したのである。(12)

このような状況と、おそらく一九二六年のゼネストに刺戟されて、同年中産階級のフェミニストたちの門戸開放協議会（ＯＤＣ）がＥ・アボット（Elizabeth Abbott）によって設立された。イギリスの四つの主要な組織からなり、シックス・ポイント・グループ会長M・ロンダ（Lady Margaret Rhondda, 1883-1958）や女性自由連盟（Women's Freedom League, WFL）会長のE・ペシック・ロレンス（Emmeline Pethick Lawrence, 1867-1954）が含まれていた。その目的は「女性には働く自由があり、男性と同じ条件で労働者として保護される[13]」とするものであった。ODCは、雇い主は結婚退職する女性の職業訓練を望まないから、既婚女性の労働権の否定はすべての女性賃金労働者の低地位と低賃金を固定化する、と警告した。そして後述するように、三〇年代にさらに既婚女性に対する抑圧が強化されると、差別反対のための大集会を開催することになる。

他方、「平等派」フェミニストの組織である平等市民協会全国連合（NUSEC）は当初失業者が多く、また女性団体はこれまで女性の労働権について明確な政策をとってこなかったから、この問題についての公式な集会は開催しないと決めていた。だが、結婚退職が広がる中でNUSEC既婚女性雇用委員会は、地方自治体と公務に雇われた女性の結婚解雇を違法とする既婚女性（雇用）法案を策定した[14]。クーパーはその熱心な支持者であり、一九二七年には上程のはずが、公務事務職員組合（Civil Service Clerical Association, CSCA）の反対で廃案となった。NUSECは労働党議員の支持の欠如がこの結果をもたらしたと非難している[15]。

この頃、NUSEC会長のE・ラスバウンはむしろ家族手当の導入に向けて努力していた。彼女とその支持者たちは、生活条件と、妻・母としての女性の地位の改善によって、「外の産業社会が父親と生計支持者に対すると同様に、家庭が彼女たちにとってふさわしい環境[16]」になることを望んだ。そして、国の家族手当が既婚女性を、貧困による賃金労働への従事から解放し、夫からの経済的自立を獲得できるとしたのである。

大恐慌の影響

労働党の女性たちは一市民としての女性の労働権の確保（フェミニストと同様の視点）であれ、経済的観点からのものであれ、女性の労働権の擁護という点で労働党首脳部の指導方針と一致した（公務・郵便職員組合など一部の組合は反対であったが）。

その意味で既婚女性の労働権擁護の運動は、産児制限や家族手当要求運動で見られたような、男性指導者と彼らを支持する女性指導者 対 一般女性労働者との対立という構図はなかったといえよう。産児制限問題では労働党内のカトリック教徒との関係が複雑にからみ、また家族手当では「家族賃金」や、労働組合と経営者との賃金交渉に与える微妙な影響が懸念された。しかし、労働権の擁護では、ODCとNUSECの間でそのアプローチに差異があったとはいえ、結婚解雇制の撤廃という点で共通し、労働女性とも共闘できる課題であった。

だが、一九二九年第二次マクドナルド労働党内閣が結成された直後に未曾有の大恐慌が勃発すると、状況は大きく変わった。二五〇万人におよぶ失業者の増加の中で、政府はおおかたの予想に反して、失業保険の削減を含む緊縮財政で労働者にさらなる負担を課したのである。マクドナルドはヘンダースンや労働党を支える労働組合（TUC）からの激しい反対にあって首相を辞任し、一九三一年八月労働党内閣は倒壊した。

その後、マクドナルドは保守党・自由党とともに挙国一致内閣を結成して事態の収拾に当たった。この間の彼の政策は女性労働者にとっても厳しいものであった。第二次マクドナルド内閣で最初の女性閣僚となったM・ボンドフィールド労相[17]は、綿業などの斜陽産業で失業した若年女性たちに家事使用人《ドメスティック・サーヴァント》になることをすすめた。さもなければ、失業保険を給付しない旨通告したのである。相対的に女性労働者の地位の高い綿業から、個人的自由の乏しい家事使用人への転職は、地域的移動を含めて女性たちが容認できるものではなかった。女性労働権擁護に消極的であったネルスン織布工組合も、「組織率の高い労働組合の組合員たちが、最低組織率の職業への転換を強制されることにとくに反対する」[18]との抗議状をマクドナルドに送りつけた。しかし、こうした抗議にもかかわらず、政府の「ホームクラフト・センター」が地方に開設され、若い女性たちに家事使用人のための訓練が施されたのである。

ボンドフィールドは一九三一年にさらに、失業保険規定改正の過程で、不幸にも多くの女性の保険権を奪ってしまった。女性はそれ以後、結婚前に拠出しても、結婚後も一定の払込みをしない限り失業保険給付を受けられなくなった。この結果一九三一年末にはイギリスで約一三万四〇〇〇人の既婚女性が失業手当給付を失ったのである。[19] 翌三二年独立労働党（ＩＬＰ）が労働党を脱退したのは、こうした一連の労働党の裏切りに対する失望からであった。

既婚女性労働者の労働権や保険受給権に対するこのような侵害はＩＬＰばかりでなく女性たちの大きな反感を買い、一九三三年一一月ＯＤＣによる第二回ロンドン大集会の開催となった。戦前の女性参政権活動家Ｅ・ペシック・ロレンス、作家のＲ・ウエスト、女性初の国会議員Ｎ・アスター（Nancy Astor, 1879-1964）、そしてＳ・クーパーらがステージに上がった。クーパーは次のように訴えた。

私は五〇年間の賃金労働者として、また二〇年間の既婚賃金労働者として訴えます。北部の既婚女性たちは南部の姉妹たちに協力をお願いしたいのです。私たちはいま、同一労働・同一賃金にふさわしい女性労働者としての地位を脅かしつつある「新しい脅威」に直面しているのです。[20]

翌三四年三月にも再び集会がもたれたが、女性の仕事に対する脅威は続き、保険給付の改正も行われないままであった。公務や教育その他の職業における結婚解雇という女性差別が最終的になくなるのは、第二次世界大戦中と戦後に労働力が不足する一九四六年においてであった。

一九一八年から「国民代表法」における年齢上の性差別（男性二一歳、女性三〇歳）によって女性運動はその対応をめぐって分裂した。完全な平等を求める「平等派」フェミニズムと、「性差別廃止法」を含め一定の前進をみたとする「ニュー・フェミニズム」への分裂である。前者は年齢の同等に加えて既婚女性の労働権、平等賃金、さらにみずからの身体に対する自己決定という観点から産児制限を求めた。これに対して、後者は新しい視点からの女性の経済的自立と、母性の再評価、そして家族手当を要望したのである。ただ産児制限には母子の健康、家族の経済状況、さらに三〇年代になると優生思想から賛成する者もいた。

こうした多様な課題に対する多様な対応が戦後の女性運動を交錯させたが、それをいっそう複雑にしたのが階級意識の先鋭化といえよう。第一次世界大戦後鉄鋼、機械、石炭、綿工業などの伝統的産業が急速に衰退し、電気、自動車、化学工業などへの転換が進む中で労使関係はいちだんと厳しくなった。労働者階級の人びとは労働党に結束をよぎなくされ、女性もその一環に組み込まれていったのである。

第一次世界大戦前に階級を超えて、女性参政権獲得のために協力した女性たちは、再び中産階級と労働者階級に分かれた。一部中産階級・知識階級の人びとも後者に属して、女性労働問題の解決に当たった。「両性の平等」が先か、それとも「階級の平等」が先かについては、一方で労働党首脳部とそれを支える女性指導者と、他方で労働党内のフェミニストと一般女性が、個々の課題（例えば産児制限、家族手当など）に対しそれぞれ異なる対応を示した。しかし、総じて一九二〇年代を通して階級問題がしだいに優先されるようになったといえよう。

(1)で述べた第一次世界大戦後の労働者組織の改編の過程で、女性労働者が男性の組織に吸収されたのもその一つの表れである。一部残された女性のみの組織も付随的・副次的なものになった。そのために、女性独自の問題が女性組織で論じられ、決議されても、それらが男性中心の党大会までもち上げられるのは容易ではなかった。産児制限、家族手当問題がこの運命にあい、実現するまでにはまた別の外的圧力を必要としたのである。

(2)で論じた既婚女性の労働権の擁護については、公務事務職員、郵便職員組合などの反対にあったが、労働党首脳部の政策に抵触するものではなかった。もっとも党の論拠は「性ではなく経済」であったから、理論的にはフェミニストと異なっていた。それ故、一九二〇年代末に労働党が政権の座につくと、失業者総数が二〇〇万人を超える激増の中とはいえ、未婚女性失業者に家事使用人への就業を強要したり、既婚女性の失業保険受給権を侵害したりして、女性の権利は十分守られなかったのである。

P・セインもいうように[21]、労働党の一般女性が示した態度は、フェミニストとしてのものだったといえよう。産児制限については、一九二二年以後女性会議でくり返しその情報提供の必要を決議して男性指導者と対立し、家族手当についても、「家族賃金」が脅かされるとする男性の意見に反対して、家族手当を支持した。既婚女性の労働権についても四人のうち三人が認めて、フェミニストの立場を明確に示した。だが彼女たちは妻・母の立場も主張して、「平等」と同時に「母性保護」(保護立法)をも求めた点が中産階級のフェミニストと異なるところであった。また二六年のゼネストでも見られるような階級対立の激化の中で、たとえその主張が共通するものであっても、中産階級のフェミニストとの表立った協力関係はしだいに消滅した。二七年に参政権における完全平等を求めるデモンストレーションに参加するようにNUSECから呼びかけられても、労働党中央執行委員会の命令によって、SJCは代表を送ることを断っている[22]。もっともS・クーパーのように個人ベースで参加する者はいた。しかし三〇年代に経済状況がさらに悪化すると、母子の健康と福祉が何よりも強く求められ、「平等派」フェミニズムが退行して、バンクスのいう「福祉フェミニズム」へと移っていったのである。[23]

中産階級の「平等派」フェミニズムの牙城であるNUSECも一九二七年に女性保護法をめぐって分裂した。さらに二八年に平等参政権が実現すると、いっそうの平等を求める平等市民全国協会（National Council for Equal Citizenship）と、家事や手芸に重きをおくフェミニスト組織とはいえないような都市女性ギルド（Townswomen's Guilds）に分かれた。またファシズムが台頭するなかで一部の女性が平和運動に奔走する一方で、女性の権利の擁護より、良き妻・母を求める家庭中心主義が主流となった。[24] 二〇年代にはじまった「性」より「階級」への動きは、三〇年代には経済の立て直しと反ファシズムが中心テーマとなるなかでいっそう強化された。「平等派」フェミニズムはさらに影をひそめ、六〇年代のウーマン・リブの高揚期までその再生を待つことになる。もっとも、この間にあっても平等賃金への努力は重ねられていた。

注

（1）*The Labour Woman*（March 1st, 1922）p. 35

（2）ibid., p. 36

（3）National Conference of Labour Women（Birmingham, May 27-28, 1925）reported in *The Labour Woman*（July 1st, 1925）p. 124

（4）National Conference of Labour Women（York, May 8 & 9, 1923）reported in the *Labour Woman*（June 1st, 1923）p. 89

（5） Pat Thane, 'The Women of the British Labour Party and Feminism, 1906-1945', in Harold L. Smith. ed., *British Feminism in the Twentieth Century*（Aldershot: Edward Elgar, 1990）p. 128

（6） *The Labour Woman*（July 1st, 1925）& Thane, op. cit., p. 124

（7） ibid.,（March 1st. 1923）p. 38

（8） ibid.,（June 1st, 1923）p. 89

（9） Jane Lewis. *Woman in England 1870-1950: Sexual Divisions and Social Change*（Sussex: Wheatsheaf, 1984）pp. 198-199

（10） Hannah Mitchell, *The Hard Way Up*（London: Virago, 1977）. および拙稿「針子から治安判事へ——ハナ・ミッチェルの生涯」川本静子・北條文緒編『エッセイ集　ヒロインの時代』（国書刊行会　一九八九年）

（11） Lewis. op. cit., p. 198

（12） Jill Liddington, *The Life and Times of a Respectable Rebel: Selina Cooper*（1864-1946）（London: Virago, 1984）, pp. 385-391

（13） Johanna Alberti, *Beyond Suffrage: Feminists in War and Peace, 1914-28*（London: Macmillan, 1989）p. 176. ODCが反対した法律は⑴地下坑内における女性の雇用禁止　⑵女性の夜業の禁止　⑶出産後四週間女性の雇用の禁止　⑷重い物の引き上げ、機械の清掃、白鉛の使用を含む産業への雇用の禁止。Norbert C. Soldon, *Women in British Trade Unions 1874-1976*（Dublin: Gill & Macmillan, 1978）p. 125

（14） NUSEC, *Annual Report, 1924-1925*（March, 11th to 14th 1925）pp. 14-15, *Annual Report, 1926-1927*（March, 2nd to 5th, 1927）p. 14

（15） NUSEC The Executive Committee minutes（May 24th, 1927）pp. 4-5（Fawcett Library）

(16) NUSEC *Annual Report, 1929*, p.1
(17) 一九二四年に最初の労働党内閣が誕生した時、労働党からは一九一人当選。そのうち三名が女性、M・ボンドフィールドはノーサンプトンから、S・ロレンスはノース・イースト・ハム、D・デュースンはノリッチからそれぞれ当選した。*The Labour Woman* (Jan, 1924)
(18) Liddington, op. cit., p. 394. なお、家事使用人との関係では、河村貞枝『イギリス近代フェミニズム運動の歴史像』（明石書店　二〇〇一年）「第二章　イギリスにおける家事労働の機械化と『女性の解放』」参照
(19) ibid., pp. 395-396
(20) ibid., p. 402. Soldon, op. cit., p. 127
(21) P. Thane, op. cit., p. 139
(22) H. Smith, op. cit., pp. 32-33
(23) Olive Banks, *Faces of Feminism*: op. cit., pp. 172-174
(24) 一九三九年に都市女性ギルド会員は五万四〇〇〇人にまでふくれ上がったが、NUSECの支部数は一九一四年の四七八支部から一九三五年の四八支部にまで激減した。M. Pugh, op. cit., pp. 241-242

［追記］
拙稿「両大戦間期イギリスにおける女性運動――その一」、「両大戦間期イギリスにおける女性運動――その二『平等派』フェミニズムからニュー・フェミニズムへ」および本研究は、大東文化大学海外研修助成金（一九九三年度）にその多くを負っている。
また、受入先の King's College, Cambridge の Dr. A. Kelly; Prof. P. Thane, The University of Sussex（当時はロンドン大

学）、Dr. S. Perrigo, Bradford University その他多数の方々からは貴重な助言をいただいた。ケンブリッジ大学図書館、同大学歴史学部および経済学部図書館、ロンドンの The British Library of Political and Economic Science; Fawcett Library; マンチェスターの The National Museum of Labour History, Archives 等では研究に必要な一次資料を参照することができた。記して感謝の意を表したい。

(3)「女性協同組合ギルド(WCG)」の変容

WCGの前半の歴史は前章で見たように、実に輝かしいものであった。それは男性の活動が協同主義中心であったのに対し、労働運動・女性運動にも広い視野と深い見識をもったマーガレット・ルウェリン・デイヴィスの指導によるものである。しかし、その後半の歴史は、第一次世界大戦後の政治的変化とWCGの組織および活動方針の転換によって著しく変わる。労働党への加盟が原因であることはいうまでもない。以下でその過程を明らかにしたい。

デイヴィスの事務局長退任

第一次世界大戦中ギルドは有職女性の増加の中で、組合員数を減らしたり、支部を閉鎖したりした。しかし、終戦後一九一九―二〇年には六八の新支部と約一万二〇〇〇人の新規加入者を得て組合員総数は四万四五〇〇人を数えた。復活の理由としては、選挙権の取得が女性の地位を高め、女性たち自身もギルドのような公的な活動にみずからの価値を見出したからである(1)。

他方、ギルドの中央委員会(以下CCと略)内部では役職上の大きな変化があった。三十有余年デイヴィスが務めた事務局長の仕事は今後CCが行うべきこととなり、事務局長は常勤で年俸三〇〇ポンドの有給職となった。事務局長の選任をCCが行うことについてはさすがに一九二一年のギルド総会で否決。CCが候補者を推薦し、支部が決定することになった。しかし事務局長の解雇の権限はCCにあった。こうした事務局長をめぐる改編が、本人は否定しているが、デイヴィスの退任を早めたようである。彼女の退任後、それまでデイヴィスの個人助手であったオナラ・エンフィールド（Honora Enfield, 1882-1935）が事務局長に選出された。オクスフォード大学出身のエンフィールドはその後創設された国際協同女性ギルドの事務局長にも就任。一九二五年以後国際ギルドに専念することになり、同年エリナ・バートン（Eleanor Barton）が国内女性ギルドの事務局長に就任した。バートンはシェフィールドの市会議員と治安判事をしたり、夫とともに協同組合やＩＬＰの支持者として活動した経験がある。能率的で厳しく「むしろ独裁的だ」と評されるバートンのもとでギルドの活動はようやく軌道にのった。[2]だが、それはギルドの自由と独立の伝統を生かすというよりむしろ組織の強化のために規制的であることが多かった。

女性協同組合ギルドののぼり

一九二一年のギルド総会では、一八年の労働党との連携と一九年の協同党創設を背景として「協同党と労働党の政権獲得」「女性の国会と政府への進出」をめざす決議がなされた。労働者階級の女性の政治的進出を明確に意図したものである。実際すでに地方の教育委員会や救貧委員会委員としてあるいは治安判事として公務に携わるギルド組合員も多数出ていたのである。[3]

いずれも失敗に終わったが、事務局長のエリナ・バートンは三度国会議員に立候補している。これまで一般的に、中産階級の女性たちは自由党政治家に対するロビー活動で、いくつかの要望を実現した。しかし、新しい政治状況の中でこのようなやり方はもはや通用しなくなった。労働・協同党の強化による別の枠組みが必要となった。

一九二五年のギルド総会では、全支部が「協同主義政治をギルド・プログラムの基本」にし、「全ギルド役員がその全国政策ととり組む」旨の決議が圧倒的多数で承認された。けれども全支部が協同および労働党の政治のために活動すべきとの修正案は敗退した。約半数の代表が協同党は支持したが、労働党にまではその支持を拡大しなかったのである。(4) こうして、ギルドは労働・協同党に忠誠をつくす指導者たちに吸収されて、自治を守ろうとする支部との溝を広げたのである。

労働党への加盟とギルドの女性たち
——フェミニズムの後退

労働党女性部より二十余年長い歴史をもつギルドは、協同組合連合会や協同卸売組合（ＣＷＳ）との摩擦を経験しながらも、自由と自治の原則を守りながら活動を続けてきた。しかし、連携を契機にギルドの女性も労働党の組織面からの制約を受けることになる。もっともデイヴィスの退任以後ギルドのリーダーたち自身も往時の大義への熱意を失いつつあった。以下では「産児制限」、中絶と「家族手当」におけるギルドと労働党の女性たちのとり組みをみていく。

離婚法改正が協同組合の中から強い抵抗にあったのに対し、産児制限は労働党内からの反対に遭遇した。ギルドの女性たちは、離婚法改正をめぐって、また『母性——働く女性たちからの手紙』の刊行の過程で、労働者階級の女性たちが貧困と多産からくる不健康に悩んでいる実態を熟知していた。彼女たちにとって産児制限は緊急の課題であった。当時すでに中産階級の女性たちは産児制限情報をもっていたので、その労働者階級への提供を求めたのである。しかし、一九二二年にロンドンの保健係官が依頼人に産児制限情報を流したかどで解雇された。解雇撤回キャンペーンの中で、ギルドは翌二三年の総会で「すべての母子福祉センターが、必要とする既婚女性に産児制限情報の提供を許可すべき」との決議を大多数で承認している。(5) ギルドは産児制限を正式に支持する最初の女性団体、そして最初の労働者階級の団体となった。運動の発展の重要で画期的なこととして即刻投票が行われたのである。

他方、労働党女性会議でもマタニティ・クリニックでの情報提供を求める決議を毎回通している。これに対しM・フィリップス(6)は一九二四年の会議で、ドーラ・ラッセルに対して「性は政治に引きこまれるべきではない。あなたは党を上から下まで分離させようとしている」と非難した。「産業女性組織常任合同委員会」(SJCIWO)も多様な意見を理由に本件をとり上げないことを宣言した。SJC事務局長のフィリップスのてこ入れがあったようである。こうして、SJCのメンバーであるギルドの首脳部は、前年のギルド総会で情報提供を決めているにもかかわらず、みずから行動することなく、産児制限問題から距離をとることができた。彼女たちはカトリック連合会や協同組合連合会との対立を望んでいなかった。一九二三年以後、ギルド指導部は労働党の事前承認を得られないような家族手当、産児制限、その他の女性労働者の問題に重要なイニシアティヴを発揮しなかったのである。

一九二五年労働党全国執行委員会（ＮＥＣ）は、「産児制限は政党の問題にならず」として討議を拒否。三年後の二八年には同党女性会議も三票差ではあるが、ＮＥＣの立場を承認した。以後産児制限問題は女性労働組織の公的支持を失ったのである。カトリック教徒票の喪失への不安――一九二四年に労働党下野――や、Ｄ・ラッセルの見解では、ゼネストの敗北が労働者の神経をひどく動揺させ[7]、硬直したと思われる。そしてギルド自身ももはや急進的で民主的な労働者階級の女性の代表を務められなくなった。

折から妊婦死亡率の増加（一九二三年の一〇〇〇人の出生に対して四・八三から一九三三年には五・九四）の中で「妊婦の死亡率と罹病率に関する調査委員会」（厚生省管轄、Ｇ・タックウェル議長[8]）が設立された。その結果一九二九年に、出産時における死亡のうち少なくとも半数が防げることが判明した[9]。母子の健康に対する関心が高まるとともに、三一年には限定的だが厚生省管轄下のマタニティ・クリニックで産児制限情報の提供が可能になったのである。

中絶

中絶は産児制限と深く結びついており、また終身刑という重罪になる一八六一年法と密接に関係していた。いまや同法に対する改正要望が一九三〇年代の課題として水面下で高まっていた。だが、数年前に熱心に産児制限問題でたたかった労働党の女性たちは容易に声をあげなかった。しかし前記『母性――働く女性たちからの手紙』の中でも中絶を経験した女性の苦悩を掲載している。ギルドは、一九三四年の大会で次のように決議し中絶の合法化に圧倒的多数が賛成した。

高い産婦死亡率と、違法な中絶から起こる弊害を考慮して、本会議は次のように要望する――政府は一八六一年の中絶法を改正して、現代の思想と諸条件に適合させ、中絶を、他の外科手術と同様の条件下で施行できる合法的な手術とすること。

さらに本会議は、この時代おくれの法律違反によって入獄に苦しむ女性たちを釈放するように要請する。(10)

妊婦死亡率の削減に力点はあったが「望まない子どもを生まなければならないのか」という女性の権利の一つの問題としてとり上げられた。(11) NUSECも翌年同法改正を求める決議をしている。他方、D・ラッセル、F・ラスキ、S・ブラウンら有名人を擁する中絶法改正協会(ALRA)が一九三六年に設立された。労働者階級の女性の合法的中絶の必要を明記し、ただ一つの目標を掲げた組織である。だが、中絶法の改正は一九六〇年代末のWLMまで待たなければならなかった。

家族手当

こうしてギルドが加盟する労働党が掲げる女性問題は、紛争を呼ぶ母性問題は避け、母子の健康と家族福祉になり、「家族手当」問題が前面に出てくる。そして今度は労働党ではなく労働組合との摩擦が浮上してくるのである。

「家族手当」問題は平等賃金との関連からすでに一九〇八年頃からWLLやフェビアン協会女性グループの間で議論されてきた。賃金に格差があるのは女性が家事・育児に従事し、男性と同じようには働けないからだとする意見が多く出た。それならば妻・母としての女性の労働を正当に評価し、国家がその支払いをすれば、所得の公平な再分配という社会主義政策の実施にもなる。したがって当初は「母性手当」と呼ばれて、女性の経済的独立に連なると考えられていた[12]。それが家族福祉への関心が高まる中で「家族手当」と呼ばれるようになった。一九二六年炭鉱ストが敗北すると、労働党大会では「家族手当」を考えるべきとの意見が出た。労働党と労働組合会議（ＴＵＣ）の合同委員会が作られ、一九三〇年二月同委員会は現金支給賛成九人の多数派報告を発表した（社会サービスを含む現物支給賛成は三人）。しかし同年のＴＵＣ会議で次々と「現金支給」案が非難された。その理由は労組の交渉力を弱めるとか、労働者たちの組合加入の意欲を減ずるなどであった。これに対して「現物支給」論者からは各戸への金のばらまきよりも現物支給が生産的だと主張した。妻たちは必ずしも家計処理に長けていないという。だが、労働党会議は一七四万票対四九万五〇〇〇票で現物支給支持のＴＵＣ案を否決した。家族手当に対する労働界の支持を得ようとする試みはその後一九四〇年代までたな上げされることになる[13]。

ギルドの前半の歴史は狭義の協同（組合）運動に制限されず広く労働運動、女性運動にもかかわる広範なものであった。協同主義に対する考え方の相違による内部からの抵抗にあって挫折したものもある。しかし、国民保険法のもとでの出産手当――小額ではあったが――や離婚法改正等における貢献はフェミニズムの視点からして決して小さいものではなかった。それは原理・原則だけでなく、ギルド組合員や専門家へのアンケート等による客観的な調査や何よりも組合員の広い支持に基づくものであった。協同組合原則の自由・自治はフェミニスト運動の原理に通ずるものである。この重要な原則に依拠する活動であったからこそジェンダー摩擦があっても活動を成功に導いたといえよう。

第一次世界大戦後については、デイヴィスの退任はもとよりだが、労働党との連携による政党政治への参加がギルドの活動に大きな変化をもたらした。結党後十余年しか経たない労働党にとって、党の政治勢力の安定化がまず求められた。草の根の意見に基づく長期的な戦略より、目前の課題解決や選挙に勝つための方策が優先され、新たに有権者となった女性票の確保は不可欠であった。そのためのM・フィリップスの努力にはなみなみならぬものがあった。ギルドではE・バートンの役員選挙へのしめつけがあった。リーダーたちは、戦前・戦中に良好であった中産階級のフェミニストやソーシャリストとの関係をも極端に忌避したのである。

ギルドと労働党との協働においては、一九二八年以後労働党の女性たちは、ギルドの女性も含めて、男性の受け入れやすい戦略を考案。その結果生まれたフェミニズムの後退は、一九三三年と三六年の党則改正時に女性労働党員自身が示した無関心にまで広がっている。二〇年代に強く求めた党内における両性の平等な位置づけを今回は女性たち自身が求めなかったのである。同じ立場にあった青年部は、改善された(14)。

他方、ギルドは、一九三四年の総会で「中絶法」の改正を求める決議をしている。しかし、具体的な手だてはとられていない。支部レベルでは、協同組合店舗の商品の価格や質、栄養、協同党の役割、協同運動における男女平等、保育園の設立など広範なテーマについて学習し、活動した(15)。ギルドが得意な家族問題とのとり組みは戦間期にいっそう強化された。炭鉱ストの失敗や一九二九—三〇年の大恐慌による失業者の増加が家族への関心を高めたのである。ギルドの女性たちは失業者家族の救済、あるいはファシズムの台頭に対する平和運動など社会・政治問題にかかわっていった。一九三九年には支部数一八一九、会員数はピークの八万七〇〇〇人に達した(16)。二〇年間に約倍増したのである。

だが、フェミニズムの視点からみる時、戦間期の労働界における「統合化」による女性の位置づけと、「産児制限」や「家族手当」などをめぐる活動の挫折がその後退につながった。

結論

以下女性運動にかかわる、この時期の特徴をまとめて結論に代えたい。

(1) 第一次世界大戦後の性風俗の変化は堅苦しいヴィクトリア朝文化から女性を解放した。しかし、その反面でラジオや映画の導入による新しい形態での女らしさを強調した。フロイドの性に関する男性中心的精神分析学の発展も、女性観の保守的回帰に大きく寄与した。

(2) だが、その一方でセクシュアリティに対する考え方の変化は、性と生殖を分ける考え方を生み出した。このことから女性の身体、ひいては女性の一生にかかわる産児制限や中絶の問題が出てきた。これらは人びとの宗教観や人生観に関係する微妙な問題であるだけではなく、一国の人口問題ひいては国の存亡ともつながる大問題であるだけに、その解決は一筋縄ではいかなかった。

(3) 本章ではとり上げられなかったが、約七〇万人という犠牲者を出した第一次世界大戦の影響が甚大であったことは無論である。ジョアンナ・アルバーティはＮＵＳＥＣでともに活動した知的、家庭的、社会的背景の共通した一四人の女性の戦後の活躍の軌跡をたどり、平和運動に飛び込んでいかざるを得なかったヘレナ・スウォニックやキャサリン・マーシャルらを描いている。彼女たちは、平和運動がフェミニズムに根ざすものであり、切迫した諸問題に対するプライオリティが変わっただけだと信じていた。同様のことは二、で見たようにメアリ・ストックスやイーヴァ・ハバックを産児制限運動に向け、また、エリナ・ラスバウンらを「母性手当」運動に転向させたのである。

(4) それでも一九二八年までは、選挙権賦与における男女年齢の格差（男は二一歳、女は三〇歳以上）をなくすべく「平等派」の活動が続いた。しかし、世界大恐慌に続く三〇年代はファシズムの台頭ともあいまって、「平等派」の思想と行動は大きく後退した。「平等派」の拠点であったNUSEC自体もすでに一九二五年に「母性手当」を求める運動を認め、二七年には激論の末、女性労働者に対する法的保護の承認にもふみ切っている。こうしてしだいに「平等派」フェミニストの声は「社会派」に移っていった。歴史家たちが戦間期を――人によっては一九六〇年代までを含めて――フェミニスト運動の後退期と呼ぶ所以である。「平等派」の動きは、むしろ「社会派」の拠点である女性労働運動における「平等賃金」運動の中で見出せる。

以上のように、両大戦間期の女性運動は、「平等派」「母性派」「社会派」のメンバーが複雑に交錯し、多様なとり組みを示すことによって、運動全体がもり上がりに欠ける結果を招いたことは否めない。しかし、ステラ・ブラウンのような先駆的女性が提起した問題は第二波フェミニズムに受け継がれていく。他方、産児制限や中絶を母子の健康から論じたのは、協同組合や労働組合に所属する女性であったことも忘れてはならない。彼女たちの現実的苦難がそうさせたからである。そして、皮肉なことに、男女平等の実現をおくらせたといわれる第二次世界大戦後の福祉国家で、一応、母子の健康と生活が保障された時、すなわち一九六〇年代末に女性たちはあらためてフェミニズムの原点である自らの肉体の管理という視点から、中絶の承認を含む新しいフェミニスト運動を展開することになるのである。

注

（1） C. Webb. op. cit., p. 135

（2） Jean Gaffin & David Thoms; *Caring and Sharing: The Centenary History of the Co-operative Women's Guild* (Manchester: Co-operative Union Ltd, 1983) op. cit., pp. 91-92

（3） Pamela M. Graves, *Labour Women: Women in British Working-Class Politics 1918-1939*（Cambridge University Press, 1994）pp. 176-177. 一九三五年における公的機関や委員会におけるギルド女性の人数については、WCG, Fifty-Third *Annual Report*, May, 1935-May, 1936 pp. 20-21

（4） Scott, op. cit., pp. 196-197

（5） WCG, *Annual Congress*（June 17th and 18th, 1924）p. 11

（6） Marion Phillips については、J.M. Bellamy and J. Saville, op. cit., Vol. 5, pp. 173-179. オーストラリアのメルボーン大学卒業後、ロンドンのＬＳＥでＤＳｃ（経済学）取得。一九〇六年 Beatrice Webb の指導のもとに、寡婦の子どもの実態調査を行う。一九〇八年以後ＷＬＬ会員。その後、短期間ＮＵＷＳＳとＷＴＵＬ書記。一九一七年産業女性組織常任合同委員会（ＳＪＣ）の設立に参加。すぐれたオルグとして評価される。Ｂ・ウエッブは彼女のことを「鋭く有能であなどりがたい」と評している。ＳＪＣは戦中・戦後の女性問題の解決のために一九一六年二月に設置された。構成員はＷＴＵＬ、ＷＬＬ、ＷＣＧ、ＮＦＷＷ、鉄道女性ギルド（Railway Women's Guild）であり、一九一七年にフィリップスが事務局長に就任した。SJC, *The Position of Women after the War.*（Co-operative Printing Society, London, 1917）なお今井けい前掲書『イギリス女性運動史』三〇八－三一二ページ参照

（7） D.Russell, *The Tamarisk Tree*（London: Virago, 1977）p. 188

（8） Gertrude Tuckwell, 1861-1951 叔母のディルク夫人のあとを継いで「女性労働組合連盟」（ＷＴＵＬ）会長（一九〇四－二一年　ＴＵＣ合併まで）今井けい前掲書　四〇一－四〇二ページ

（9） Martin Pugh, *Women and the Women's Movement in Britain 1914-1959*（London: Macmillan Education Ltd,

1992）p. 250

（10） Women's Co-operative Guild, *Annual Report*, 1934

（11） Gaffin & Thoms, op. cit., p. 107

（12） WLLやフェビアン協会女性グループなどで討議された内容と資料については、今井けい前掲書 三六七―三七七ページ参照

（13） Scott, op. cit., pp. 175-176

（14） Graves, op. cit., p. 183

（15） WCG, Fifty-Fourth *Annual Report*,（May, 1936-May, 1937）pp. 4-5

（16） Gaffin & Thoms, op. cit., p. 268

むすびに代えて

私の研究は書物や資料を中心にしながらも、職場や社会の問題とたえずかかわりをもちながらのものであった。大学卒業後勤務した某経済研究所では、既婚者はアルバイト待遇でしか採用しなかった。この体験が、私がまず社会で直接味わった性差別である。仲間たちは女性差別だとして、また上司も業務上不可欠の人物として研究所側と交渉した結果、私は試験を受けることもなく正規職員として処遇されることになった。こうしたことを契機に、研究所では職員組合が結成され、私はさっそく書記次長に選ばれた。

大学の教員（一九六七年）になってからも組合の結成と、それによる教職員の待遇改善（女性差別は残存）、教育の充実のための努力がなされるなかで、私はやがて組合の委員長に就任。適任ではないと思いつつも、男性教員にはさまざまな事情があったようである。

幸いなことに私はやがて私立大学協会の在外研究員としてイギリス・オクスフォード大学で研究をする機会を得た。しかも翌一九七〇年二月には、「世界女性会議」がオクスフォードで開催されたのである。当時アメリカでは、ウーマン・リブ運動が盛り上がっていたが、それらとの直接的関係はない。

私はオクスフォードでの集まりに参加できた興奮と喜びをいまだに忘れられない。それは、私のその後の「イギリス女性史研究」の原動力になった。一九八一―八二年には、同大学セント・アントニーズ・コレッジの客員研究員として、「イギリス女性労働史研究」をテーマに関係資料の収集と、研究に従事した。その結果が『イギリス女性運動史――フェミニズムと女性労働運動の結合』（日本経済評論社　一九九二年）[1]である。

この間国連はアメリカ、イギリスなどで高揚しつつある女性解放（ウーマン・リブまたはウィミンズ・リブ）運動の影響を受けて、「国連・国際女性年」を設定。一九七五年にメキシコ、八五年にナイロビ（ケニア）、九五年に北京（中国）で、「国連・国際女性会議」を開催した（私はナイロビと北京会議に参加）。各国政府代表と参加者たちは世界の平和と、各国の女性たちの男性との平等を実現するための「行動計画」を策定した。国連の主催であるだけに多数の公的・私的機関の代表、あるいは個人が参加して、一定の成果をあげられたと思う。

日本の地方自治体でも行政機関の主導もあったが、住民からなる「男女平等委員会」が各地にできて、居住地域での平等化がはかられた。私は以前住んでいた東京郊外の多摩市で「女性問題協議会」の活動に参加することになった。「平等」とはどういうことか、それを生活の中で広げるとはどうすることかが具体的な事象を例にとりあげて、検討し、提言書として多摩市に提出した。[2]女性たちが集まって学び、語り合う場の必要性も論じられ、それはみごとに「女性センター」の設立となって成就した。

このような社会の動きは女性史研究の高揚と連動している。イギリスに留学し、学位を取得して帰国する若い研究者たちと、国内の研究者たちとの交流の場が「イギリス女性史研究会」（JWHN. イギリスの女性史研究会Women's History Network, WHN に日本 Japan の J をつけた）として発足したのである（一九九九年、以下「研究会」と略）。

創設にあたっては河村貞枝先生の協力が大きかった。イギリスで、女性史研究に寄せる熱意に圧倒された私は、日本でもぜひ研究会をつくりたいと考え、イギリスから帰国した人たちをさっそく迎え入れて、彼女たちの報告を中心に「研究会」を発足した。[3]

一九八八年にジョーン・W・スコット[4]によって新たに「ジェンダー」なる概念が提示され、男女間の関係性を重視する傾向が生まれると、私たちの「研究会」でも、この点について討論が続けられた。しかし、女性をとりまく歴史的環境は、男性だけではなく、階級や人種・民族・宗教など多様であるとの観点から私たちの最初の研究成果は『イギリス近現代女性史研究入門』[5]として青木書店から刊行された（二〇〇六年）。

二〇〇七年に「組織」としての形式を整えてからは、初代代表に井野瀬久美恵、二期目に竹内敬子、現・代表に香川せつ子、副代表に川津雅江が、執行委員には、山口みどり、小川公代、高田実、三時眞貴子、並河葉子、田村俊行他、顧問に河村貞枝・今井けいが就任している。

研究会は年に二回開催され、多様なテーマでの報告と活発な討論が続いている。それらは二〇一四年二月創刊の『女性とジェンダーの歴史』に掲載されている。

個々の研究者による著書の刊行も続いている。なかでも梅垣千尋『女性の権利を擁護する――メアリ・ウルストンクラフトの挑戦』[6]（白澤社　二〇一一年）は青山学院大学学術賞を受賞した。

私が嬉しく思ったのは、一橋大学（もと東京商科大学）の大塚金之助先生が大学の内外での「講演」やゼミナールで、熱心に『女性の権利の擁護』（以下『擁護』と略）について語られたことへの著者梅垣氏の言及である。先生は一九三三年に当局の思想的弾圧にあい、その後一三年間大学の職を解かれた。復職後に『解放思想史の人々』やウルストンクラフトの『擁護』について講演されたのである。しかし、女性から質問は出なかった。先生は、それは「この国の婦人たちが婦人解放論や婦人参政権の長い歴史をもたず、したがって、その世界的なクラシックス（古典）（『婦人の権利の擁護』など）の勉強にあまり関心をもたない。さらに「婦人は、経済的・社会的・政治的に、男子と完全に平等ではなく、強力な市民社会（傍点著者）をもたなかったために、古典の勉強に欠けている」「だからこそ、私たちは、かの女（ウルストンクラフト）の思想と実行方法とを勉強するのです」[7]と結ばれている。

先生はゼミナールの学生たちに学問研究はもとよりだが、――「市民社会」の理解のためにもであろう――熱心に留学を勧められた。「外国へ行かない人間は人間ではないみたいだったなー」と、あるときゼミ卒業生のコンパの席で懐かしそうに語った人もいた。

こうして先生の教え子たちは、海外留学がまだ若い人たちの間に広がっていないときに、アメリカ、イギリス、フランス、オーストリア、ロシア……へと海を渡った。亡夫も留学の機会を得て渡英し、私も一年おくれで合流した。

すべてが新しく、イギリスの社会や文化の理解に私は傾注した。講義やセミナー、各種集会にも参加して、人びとの「自由」「平等」「民主主義」についての発言や行動に耳を傾け、注目した。それらの一部は第二章で触れた通りである。

謝　辞

私の「イギリス女性史研究」にあたっては多くの先生方や先輩、友人たちの貴重な助言や協力を得た。とくにイギリス社会思想史研究の大先輩である都築忠七先生（一橋大学名誉教授）には折にふれ、お力添えをいただいた。

前著書『イギリス女性運動史――フェミニズムと女性労働運動の結合』（一九九二年）には厳しいながらも好意的な書評を頂戴した。一九九六年から五回にわたって開催された「日英交流史共同研究」では、一九九八年のシェフィールド大学での集まりで「山川菊栄——女性運動史上の日英関係断章」(Japanese Feminism and British Influences: The Case of Yamakawa Kikue, 1890-1980)[8]と題して報告した。

イギリスではオクスフォード大学で、ブライアン・パウエル博士(Dr. Brian Powell)のご推薦でセント・アントニーズ・コレッジのシニア・アソシエイト・メンバーとして調査・研究の機会を得た。また、一九九三年にはケンブリッジ大学のキングス・コレッジで、メンバー・オブ・ハイ・テーブルとして自由で密度の濃い研究機会を享受することができた。同コレッジのフェロウであるアイリーン・ケリー博士(Dr. Ireen Kelly)に心からお礼を申し上げたい。

ロンドン大学のパット・セイン教授(Prof. Pat Thane)には、「イギリス女性史研究会(JWHN)」の友人たちもお世話になっている。この機会に皆とともに感謝の意を表したい。

JWHNと同様に私にとって大切な研究会は「女性労働問題研究会(SSWW)」である。一九八〇年代に私を同研究会にお誘いいただいたのは伊藤セツ氏(昭和女子大学名誉教授)だが、同氏は二〇一四年に『クララ・ツェトキーン——ジェンダー平等と反戦の生涯』(御茶の水書房)で「社会政策学会賞」を授与された。「同一価値労働・同一賃金原則」で、低賃金に苦しむ女性労働者の裁判に理論面から熱心に取り組んでいる森ます美氏[9]からも貴重な刺戟を受けている。記して感謝の意を表したい。

私の社会活動は一九六九年に、空港で偶然、恩師、故高野フミ先生(津田塾大学名誉教授)に再会したことから始まる。先生はアメリカで開催される国際大学女性連盟(IFUW、女性の高等教育の進展をめざした組織)の会議に向かわれる時であった。私はこれを契機に日本の「大学女性協会(JAUW)」と、その上部組織である「国際大学女性連盟(IFUW)」とかかわることになる。とくに二〇〇二年にJAUWの会長に就任してからは、ＩＣＴ（日本ではＩＴ）（Information and Communication Technology 情報通信技術）の進展と女性労働、家事との両立をテーマに、さらに途上国からの代表者たちには、小規模手工業の見学も取り入れた多彩なプログラムを作製した。パレスチナからの参加者は長い分離壁を越えての来日のためか会議への参加をとくに喜ばれた。私たちにとっても、情報の少ないパレスチナの女性たちの実情が聞けて有益な機会だった。

ＪＡＵＷでは故中村ミチ先生（前ＪＡＵＷ会長）、青木怜子先生（前ＩＦＵＷ会長、聖心女子大学名誉教授）、房野桂氏（前ＩＦＵＷ国際第一委員会委員長）から協力を得た。

そのほかにもさまざまな場面で多くの方からお力添えをいただいた。この場を借りて謝意を表したい。なお、参考文献目録、登場人物の略伝等の作成、パソコン作業などでは津田塾大学卒業の飯作素子さん、内田雅代さん、女性労働問題研究会の本間重子さん、大東文化大学の黒澤毅さんの助力を得た。途中、家族の病気や私自身の転居で遅れがちの執筆を辛抱強く待ち、貴重な助言をしてくださったドメス出版の矢野操さんにもお礼を申しあげたい。

最後に私事で恐縮だが、研究と社会活動の両面でたえず私を励まし、協力してくれた亡夫・義夫にいま一度感謝したい。若いとき尊敬する先生方や友人を訪問する際にも私の同行を勧めた。先生方の豊かな知性や人間性に触れさせたいと思ってのことのようであった。

二〇一六年四月

今井　けい

［注］

（1）今井けい『イギリス女性運動史――フェミニズムと女性労働運動の結合』（日本経済評論社　一九九二年）、同年「女性史青山なを賞（東京女子大学）」受賞

（2）多摩市企画部企画課『差別のない自由な人間（男女）関係と社会をつくるために――男女平等の風土づくりに向けて』「女たちへ・私たちへ編」「男たちへ・私たちへ編」二冊（一九九七年）を刊行

（3）設立した年の一九九九～二〇一三年までに開催された研究会での報告その他については、イギリス女性史研究会編『女性とジェンダーの歴史』（創刊号　二〇一四年参照）

（4）ジョーン・W・スコット『ジェンダーと歴史学』荻野美穂訳（平凡社　一九九二年）（Joan W. Scott, *Gender and the Politics of History* (Columbia University Press, 1998.)、今井けい「女性史研究の視点と方法の変遷――イギリスとアメリカを中心に」『経済論集』五十八、（大東文化大学　一九九三年）参照

（5）河村貞枝・今井けい編『イギリス近現代女性史研究入門』（青木書店　二〇〇六年）

（6）梅垣千尋『女性の権利を擁護する――メアリ・ウルストンクラフトの挑戦』（白澤社　二〇一一年）書評　金澤周作『女性・ジェンダー・歴史』イギリス女性史研究会（第八号　二〇二一年）

（7）大塚金之助『解放思想史の人々――国際ファシズムのもとでの追想　一九三五―四〇年』（岩波新書　一九四九年）第一刷（一九八四年　特装版）

（8）Kei Imai, 'Japanese Feminism and British Influences: The Case of Yamakawa Kikue (1890-1980)', *The History of Anglo-Japanese Relations, 1600-2000*, Vol.5, Social and Cultural Perspectives, Ed by G. Daniels and C. Tsuzuki, General Editors：C. Hosoya and I. Nish. Palgrave Macmillan, 2002.『日英交流史一六〇〇―二〇〇〇年　5　社会・文化』第7章　山川菊栄――女性運動史上の日英関係断章　細谷千博・イアン・ニッシュ〔監修〕都築忠七・

ゴードン・ダニエルズ・草光俊雄 編（東京大学出版会　二〇〇一年）

（9）森ます美『日本の性差別賃金――同一価値労働同一賃金原則の可能性』（有斐閣　二〇〇五年）

［補遺］イギリス女性史研究会会員であり友人である山口みどりさんが、最近*Daughters of the Anglican Clergy: Religion, Gender and Identity in Victorian England*, Palgrave macmillan, 2014を出版された。イギリスで学び、その後もかなり長期間同地に滞在して資料集めと執筆・出版された本格的な研究書である。

主要人物の略伝

ウィルキンソン（Wilkinson, Ellen）一八九一～一九四七年
　労働党の政治家。女性参政権支持者。マンチェスター大学で学び、フェビアン協会大学支部に参加した後、女性参政権活動や社会主義活動、労働組合活動に傾倒し、労働組合員に。一九一七年のロシア革命の際には、一時イギリス共産党にも入党。二四年労働党の国会議員に。二六年炭鉱労働者によるゼネストを支持。二九～三一年労働党内閣にて保健省の担当書記官となる。落選を経て、三五年ジャロから再度国会議員として選出される。三六年の失業と極度の貧困を訴えるジャロのデモ行進にも参加し、国民に強い印象を与える。
　スペイン内戦では共和派を支持し、戦場にも訪れる。第二次世界大戦中のチャーチル連立内閣では国務省の政務次官。四五年アトリー内閣の文部大臣となり、女性や労働階級に教育機会を広げる「一九四四年の教育法」の実施に力を注ぐ。

エリス（Ellis, Havelock）一八五九～一九三九年
　医師・性科学者・心理学者・社会運動家・文芸評論家。性について調査・執筆した大著『性の心理』は、イギリスで発禁となり、アメリカで刊行。ナルシシズムと自体愛の概念を広め、のちに精神分析へと導入される。

カッスル（Castle, Barbara）一九一〇～二〇〇二年
　労働党の政治家。オクスフォードのセント・ヒューズ・コレッジで学ぶ。
　一九四五年ブラックバーン選出の国会議員となり、以後三四年間議員。六四年労働党のウィルソン内閣で新設の国際開発大臣へ。六五年には運輸大臣となり、アルコールメータや速度制限、シートベルトの導入を行う。六八年雇用相および、女性初の国務一等書記官となり、七〇年同一賃金法（ＥＰＡ）を成立。七四年再び雇用相となり性差別禁止法（ＳＤＡ）を制定。七九～八六年欧州議会のメンバー。

クーパー（Cooper, Selina）一八六四～一九四六年
　女性参政権運動の活動家。リング紡績工場の織布工女として働き、労働組合運動や社会主義運動に傾倒。地元の労働組合委員となり、女性労働者の生活向上のための投票権の必要性を痛感し、熱心な活動家となる。ＩＬＰやＳＤＦにも参加。一九〇一年女性参政権の請願書を国会に届ける織布工女一六

人の使節団の一人となる。一九〇七年演説力をかわれNUWSSへ加入。
　選挙闘争資金政策（EFF）やエリナ・ラスバウンの母性保護を支持し、各地で演説。一五年ネルソンに初のマタニティ・センターを開設。二四年地区の治安判事となり、とくに虐待された妻の問題を扱う。
　産児制限知識普及活動、既婚女性の雇用締め出し反対運動、反ファシズム運動も行う。

クライン（Klein, Viola）一九〇八～一九七三年
　女性学の社会学者。オーストリア出身のユダヤ人社会学者で、一九三九年難民としてイギリスへ。家事使用人として働き、ロンドン・スクール・オブ・エコノミクスで学び博士号を修得。
　四六年博士号論文の『女とは何か―イデオロギーの歴史』を発行。労働市場での女性の立場の変化に基づいて「家父長制」への革新的な見方を示した。この考えは当時の主流ではなかったが、のちの第二波フェミニズム運動に影響をおよぼした。主著として、アルバ・ミュルダールとの共著『家庭と職業―婦人の二つの役割』（一九五六年）がある。

ストープス（Stopes, Marie）一八八〇～一九五八年
　スコットランドの植物学者、作家、フェミニスト。エディンバラで生まれ、ロンドンで育つ。父は裕福な醸造業者であり科学者。母親は有名なシェークスピアの専門家、女性参政権支持者で、スコットランドで最初に大学教育を受けた女性。
　一二歳まで家庭で教育を受け、のちにユニヴァーシティ・コレッジ・ロンドンで、植物学、地質学を学ぶ。一九〇四年に自然科学の博士号を取得、マンチェスター大学の最初の女性科学者となる。その後訪日し藤井健次郎と共同研究。一三年からユニヴァーシティ・コレッジ・ロンドンにて古植物学の講師。
　一九一八年、自身の不幸な結婚生活から、理想の結婚像と家族計画を描いた『結婚で結ばれた愛』を執筆。また産児制限運動にも傾倒し、同年『賢明な親』を書き、両著ともベストセラーとなる。二一年にはイギリス初の産児制限クリニックを設立。

ストックス（Stocks, Mary）一八九一～一九七五年
　フェミニスト、産児制限支持者、作家。医者の父と、裕福なレンデル家の家系をもつ母のもとに生まれる。一七歳から

慈善活動を始め、ベアトリス・ウェッブやオクタヴィア・ヒルにも会い影響を受ける。女性参政権運動に興味をもちはじめ、友だちのレイ・ストレイチィのいるＮＵＷＳＳや、ＷＳＰＵにも関与。一九一〇年、ロンドン・スクール・オブ・エコノミクスで学ぶ。

女性参政権および高等教育支持者のジョン・ストックスと結婚。ＬＳＥやキングス・コレッジで教鞭をとる一方、ＮＵＷＳＳでも執行役員となり、一八年の国民代表法成立に力を注ぐ。同年ラスバウンの母性手当を当初から支持しパンフレット作成。

二五年、最初の州立産児制限クリニックを設立。ＮＵＳＥＣと改名後も活動を続け、*Women's Leader* の編集委員となり、産児制限を主張するパンフレットを作成。しかし中絶には反対。三〇年治安判事に任命され、賭博法に関する王立委員会役員となる。三九年ウエストフィールド・コレッジの学長に。

ドライズデイル（Drysdale, George）一八二四〜一九〇四年

性科学者。エディンバラ生まれ。父は市の財務官を務めたサー・ウィリアム・ドライズデイル。

マルサス原理（人口過剰による貧困）の対処法として、避妊による産児制限を提唱。本来、性交渉は楽しいものなのに、出産の可能性は、女性の性を表現する喜びを阻害するし、貧困にもつながるとし、エディンバラ大学医学生の頃『社会科学の要素』を匿名にて執筆。具体的な避妊方法も記載されており、広く読まれる。弟のチャールズも影響を受け有名な産児制限論支持者。

ハバック（Hubback, Eva）一八八六〜一九四九年

イギリスのフェミニストで、産児制限および優生学の提唱者。裕福な銀行家を親戚にもつユダヤ人家庭に生まれる。ケンブリッジ大学ニューナム・コレッジにて経済学を学び、一九一六〜一七年ニューナムとガートンの経済学主任を務める。フェビアン協会に参加し、女性の参政権の運動にかかわるようになり、エリナ・ラスバウンとともに活動。一八〜二七年にＮＵＳＥＣの議会対策委員長、その後会長となって、女性や子どもの権利のための法律改正に力を注ぐ。

二七年にはモーリィ・コレッジの学長。二九年優生学協会に参加し、三四年には執行委員となる。三〇年、都市女性ギルドを共同設立。三三年市民教育協会を創設、家族基金協会

の会長となる。四六〜四八年には、労働党員としてロンドン州評議会議員に選出。

ブラウン（Browne, Stella）一八八二〜一九五五年

女性解放論者。女性の性的自由、産児制限、中絶を支持。カナダで生まれ、ヨーロッパやオクスフォードのサマーヴィル・コレッジで学ぶ。

産児制限運動やハヴロック・エリスに関心をもち、一九一二年フェミニスト誌に女性の性的権利に関して寄稿。一四年までマルサス連盟にて活動し、労働者階級の女性に避妊法を普及。この頃、アメリカの産児制限活動家マーガレット・サンガーとも知り合う。

一五年、中絶支持を表明。レイプなど特別な場合のみでなく、女性の肉体に対する自らの管理の権利として認められるべきと主張。二三年には、「母性、子供福祉法案」（一九一八年）下でのドーラ・ラッセルの産児制限知識普及活動に参加。三六年、中絶法改正協会（ＡＬＲＡ）の創設者の一人となる。

ベヴァリッジ（Beveridge, William Henry）一八七九〜一九六三年

経済学者、自由党の政治家。インドの帝国公務員を父として現地（現バングラデシュ）で生まれる。オクスフォード大学のベリオール・コレッジで学び、弁護士時代ウエッブ夫妻とともに活動。

失業・雇用問題の専門家としてチャーチルに紹介され商務省へ。そこで公共職業安定所や国民保険の構想に向け尽力。その後ロンドン・スクール・オブ・エコノミクスの学部長、オクスフォード大学ユニヴァーシティ・コレッジの学寮長などを務める。

政府の委員会に多数かかわり一九四二年『社会保険と関連サービス＝ベヴァリッジ報告』を発表。社会保障の大前提として「完全雇用の維持」「所得制限なしの児童手当」「包括的な保健サービスの提供」の三つを挙げ、「均一拠出・均一給付の原則」を提示。四四年自由党議員となり議会でもこの実施に向け尽力。のちにこの構想をもととして四八年、アトリー労働党内閣で「国民保健サービス（ＮＨＳ）」が制定。患者負担無料（当時）・税方式の医療保障制度が生まれる。

ペシック・ロレンス（Pethick-Lawrence, Frederick and

Emmeline）一八七一～一九六一年　一八六七～一九五四年
　政治家、フェミニスト。エメリンは、慈善活動で一八九五年メアリー・ニールと最低賃金の仕立業女工のためエスペランス・クラブを設立。女性参政権論者で、一九〇六年WSPUに参加。財政担当となる。一二年デモの際、投獄。その後WSPUをさり、WFLに参加。一五年にはハーグの女性平和会議に参加。
　夫のフレデリックは裕福なユニテリアン一家に生まれ、三人兄弟とも政治家。ケンブリッジのトリニティ・コレッジで学び、一九〇一年エメリンと結婚。労働党に入党し、WSPUに参加。女性参政権運動を一緒に行うが、戦闘的な活動に反対しWFLへ。第一次世界大戦中は、戦争に反対。二三年国会議員となり、二九～三一年まで財務官。四五～四七年はインド・ビルマ国務長官に任命され、インド独立交渉を行う。

ヘンダースン（Henderson, Arthur）一八六三～一九三五年
　労働党の政治家、軍縮主義者。織物職人の息子に生まれ、機関車工場や鉄型職人として働く。一八九二年鉄工業者組合の理事となり、労働組合の北東調停委員会の代表となる。ストライキは益より害のほうが多いとして避ける努力をする。また労働組合連盟はストライキの発生を増やすとして設立に反対。一九〇〇年一二九人の労働者代表の一人となり、ケア・ハーディによる労働者代表委員会の結成に参加。〇六年労働者代表委員会は労働党と改名、〇八年ハーディを継いで党首に。
　一五年アスキス連立内閣で労働党出身者初の大臣として教育大臣に就任。二四年のマクドナルドによる初の労働党内閣では内務大臣に。二九年第二次マクドナルド内閣では外務大臣へ。ソビエト連邦との関係が再構築され、国際連盟にも全面的に協力。
　しかし世界恐慌が発生し、失業保険を削減することに反対し辞任。その後は戦争を止めることに余生を捧げ、世界軍縮会議を主催。三四年ノーベル平和賞受賞。

ボンドフィールド（Bondfield, Margaret Grace）
一八七三～一九五三年
　労働党の政治家、労働組合主義者、女性の権利活動家。刺繍見習い工ののち、商店店員へ。劣悪な労働条件に組合員となり、一八九八年全国商店店員組合の副書記になる。
　マーガレット・マクドナルドやWCGのマーガレット・ル

ウェリン・デイヴィスとも親交をもつ。一九〇六年WLLの設立にも力を尽くし、成人参政権協会の議長となる。戦闘的女性参政権支持者と違って、性や財産によらないすべての成人への参政権を主張。

一八年TUC会議の委員に選ばれ、二三年女性として初めて議長に選出される。同年国会議員となり、二四年の第一次労働党マクドナルド内閣で労働省の議会担当書記官となる。二九～三一年の第二次マクドナルド内閣で女性初の内閣閣僚となり労働大臣に就任。大恐慌下、やむなく失業手当の大幅削減を実施し、国民や労働党内からも反感をかう。その後関心を女性福祉問題に移す。女性初の王立諮問委員。

マーシャル (Marshall, Catherine) 一八八〇～一九六一年

女性参政権活動家、平和主義者。ハロウ・ボーイズ・スクールの寮長を父にもち、個人的にそこで学んだ後、セント・アンドリューズのレオナルド・スクールに進む。体が弱く大学には行かず。母とともに女性参政権活動家でNUWSSに参加し、一九一一年議会対策書記に任命。労働党候補者でも女性参政権支持なら支援する選挙闘争資金政策(EFF)を、キャサリーン・コートニとともに積極的に勧める。一四年ILPへ入党。

第一次世界大戦勃発の際は平和主義者として一五年のハーグ国際女性会議の開催に力を尽くす。戦争支援の立場をとるNUWSSからは解任。ハーグ会議後設立された「女性国際平和自由連盟」の名誉書記に就任。しかし、一六年反徴兵制問題に忙殺され書記を辞す。三〇年代にはナチスに追われたユダヤ人亡命者の救済活動も行う。

マクドナルド (MacDonald, Margaret) 一八七〇～一九一一年

社会主義者、フェミニスト。グラッドストン首相の遠縁にあたる著名な化学教授を父として生まれる。キングズ・コレッジ女子部で勉学。早くから慈善活動を始め、一八九三年頃から「慈善組織協会(COS)」の訪問員。九四年「女子産業評議会(WIC)」に参加。

九五年、のちに初の労働党内閣首相となるラムジィ・マクドナルドと会う。九六年ILP加入、結婚。また「全国女性労働者同盟(NUWW)」の有力委員として、住宅や製陶用無鉛光沢剤問題に取り組む。

女性職業訓練のため尽力し一九〇四年初の女性職業訓練学

校設立へ大きな役割を果たす。〇六年WLLの設立に寄与し会長へ。医療監査官。

ミッチェル（Mitchell, Juliet）一九四〇年〜
　精神分析派フェミニスト。多くのフェミニストが敵としていたフロイトの精神分析理論を使って家父長制を分析。フェミニズムにとって精神分析理論は有用なものであるとした。
　ニュージーランドで生まれイギリスへ。オクスフォードのセント・アンズ・コレッジで学び、リーズ大学とレディング大学で英文学を教える。その後精神分析およびジェンダー研究の専門家として、ケンブリッジ大学、ユニヴァーシティ・コレッジ・ロンドンで教鞭をとる。
　またレフティストの活動家で*New Left Review*の編集委員。イギリス精神分析委員会の会員。六六年の『女性―最も長期にわたる革命』、それを含む七一年の『女性論』、七四年の『精神分析学とフェミニズム』で有名。

ミュルダール（Myrdal, Alva）一九〇二〜八六年
　スウェーデンの外交官、政治家、評論家。一九二四年にのちにノーベル経済学賞を受賞するグンナー・ミュルダールと結婚。三〇年代に『人口問題の危機』を共同執筆。出生率を上げるためにも、育児への積極的な国家の役割の必要性を説く。また三〇年代の時代精神を取り入れ優生学の考え方も紹介。三七年には、両親が家の外で働いている家族を収容するストックホルム・コレクティブ・ハウスを設計。スウェーデンの福祉国家論を推し進める。
　四〇年代後半より国際連合にも関与し、五〇年には女性として初の要職、ユネスコの社会科学部長を務める。五五年からは、スウェーデン特使として、各地に派遣される。六二年には国会議員となり、ジュネーヴの国連軍縮会議に参加。六六〜六七年、ストックホルム国際平和研究所の初代所長を務め、八二年にノーベル平和賞を受賞。
　一九六八年のV・クラインとの共著である『家庭と職業婦人の二つの役割』では、子育ての革命により女性を家事から解放し生産性のある第二の人生が送れるとし、のちに第二波フェミニズム運動につながっていく。

ラッセル（Russell, Dora）一八九四〜一九八六年
　女性解放活動家、作家、平和運動家。哲学者バートランド・ラッセルの元夫人。進歩的な父のもと、共学の私立学校、

その後ドイツでも学び、ケンブリッジ大学ガートン・コレッジに進む。

さらに勉学を深めるため、ロンドン大学に移り、バートランド・ラッセルに出会う。求婚され、当初は結婚は女性にとって束縛になると断ったが、子どもができ、相互を拘束しない約束で一九二一年結婚。二七年夫妻で、古い考えに囚われない自由な心身を育成する目的でベーコン・ヒル・スクールを創立。『子どもたちの弁護』を執筆。二九年には産児制限支持者で性科学者のノーマン・ヘアーと「性改革世界同盟」を結成。三二年他の男性との子を出産し、離婚。

戦後は平和運動の指導者となり、核兵器廃絶を呼びかける。

ロイドン（Royden, Maude）一八七六〜一九五六年

聖職者、女性参政権論者。リヴァプールの船主サー・トーマス・ブランド・ロイドンの娘として生まれる。オクスフォードのレディ・マーガレット・ホールで学び、リヴァプールの女性セツルメントで活動。

一九〇九年、NUWSSの執行役員となり、一二〜一四年機関紙『コモン・コーズ』を編集。その後NUWSSの戦争支持に反対し、カトリックの平和活動の道へ。一五年「女性国際平和自由連盟」の副議長。一七年、女性として初めてシティ・テンプルの副牧師となる。

第一次大戦後は、教会での女性の役割向上に努め、初の女性神学博士となり、世界巡教活動を行う。ラスバウンの母性手当の強い支持者であり、またマリー・ストープスが産児制限クリニックを設立した際は、最初の後援者の一人となる。

ロウボタム（Rowbotham, Sheila）一九四三年〜

社会主義フェミニスト、作家。オクスフォードのセント・ヒルダ・コレッジとロンドン大学で学び、マルクス主義に傾倒。社会主義運動、反核運動、労働問題に関心をもつようになる。急進的政治新聞 *Black Dwarf* に参加。一九六〇年代には、ラスキン・コレッジのヒストリー・ワークショップ運動の指導者の一人となる。

六〇年代後半からは、第二波フェミニズムとして知られる女性解放運動に積極的に参加。六九年には『女性の解放と新しい政治』、七三年は『女性、抵抗と変革』、『女の意識　男の世界』、『歴史から隠されて』を執筆。著作や活動を通して社会主義フェミニズムに大きな影響を与える。

著書にもなった『断片を超えて』運動を展開し、社会主義

とフェミニズムの結合を訴える。二〇〇四年王立芸術協会のフェローに選ばれ、マンチェスター大学でジェンダー、労働史、社会学の教鞭をとる。

ロレンス（Lawrence, Susan）一八七一～一九四七年

労働党の政治家。ケンブリッジ大学のニューナム・コレッジで学ぶ。一九一〇年保守党からロンドン州評議会に選出。労働組合活動家のメアリー・マッカーサーの影響を受け一三年労働党員へ。二五～二六年は州評議会の副議長も務める。二一年のジョージ・ランズバリ指導のポプラでの税抗議デモでは五週間ホローウェイ刑務所に投獄。しかし最終的に抗議は成功し、貧民地区の税率改正につながる。二三年の国政選挙で、ドロシー・ジューソンやマーガレット・ボンドフィールドらとともに女性初の労働党国会議員となる。二四年の第一次マクドナルド内閣では教育省の私設秘書官、二九年の第二次マクドナルド内閣では保健省の議会対策秘書官へ。三〇年には女性初の労働党会議の議長を務める。またフェビアン協会にも参加し、第一次世界大戦中は女性労働者の労働環境の改善に努める。

＊その他の著名活動家については、今井けい『イギリス女性運動史――フェミニズムと女性労働運動の結合』（日本経済評論社　一九九二年）三九九―四〇九ページ参照。

イギリス女性運動史年表

	イギリス現代女性運動史関係事項	関連事項
一八二五	ウイリアム・トンプスン『人類の半分である女性の訴え』出版	
一八二九		カトリック教徒解放法
一八三二		第一次選挙法改正
一八三三		大英帝国内における奴隷制度の廃止（〜三八年） 工場法・最初の工場監督官の任命
一八三四	全国労働組合大連合に、女性支部（女性帽子職人と仕立職人の組合）発足	オーウェンの影響下に全国労働組合大連合結成
一八三八		「人民憲章」公表
一八三九	チャーティスト女性組織、主要都市で結成（〜四二年）	
一八四三	ガヴァネス慈恵協会設立	
一八四四	工場法（成人女性の労働時間、一二時間に制限）	ロッチデールで協同組合運動開始
一八四五	英国国教会最初の女性修道会設立 反穀物法運動で女性が活躍	
一八四八		アメリカ、セネカ・フォールズで女性の権利大会開催
一八四九	エリザベス・ブラックウェル、米国で医学学位を取得（女性初）	
一八五一	国勢調査で女性人口の過剰、明らかになる J・S・ミルとテイラー結婚。ハリエット・テイラー・ミル、	ロンドンで第一回万国博覧会

	匿名で「女性参政権」発表	
一八五四	ナイティンゲール、従軍看護婦としてクリミアへ	
一八五七	結婚訴訟法（離婚法・別居した妻の財産保有認める）成立	社会科学振興全国協会設立
一八五八	『イングリッシュ・ウーマンズ・ジャーナル』誌創刊（〜六四年）	
一八五九	ブラックウェル、医師登録（女性初） 女性雇用推進協会設立	チャールズ・ダーウィン『種の起源』出版
一八六〇	ロンドンのランガム・プレイスにフェミニスト運動の核が形成	
一八六二	ミドルクラス女性移民協会（FMCES）設立	
一八六五	J・S・ミル、「女性参政権」を掲げて議会に出馬、当選する ケンブリッジ大学地方試験、女子に正式開放 E・ガレット、薬剤医協会から医師免許を取得	
一八六六	『イングリッシュ・ウーマンズ・レビュー』誌創刊（〜一九一〇年） ロンドンとマンチェスターに女性教師協会設立	
一八六七	女性参政権全国協会（NSWS）創設 ロンドン大学、女性対象の特別試験を開設	第二次選挙法改正 マルクス『資本論』第一巻出版
一八六八		労働組合会議（TUC）結成
一八六九	女性納税者、市町村議会の選挙権取得。救貧委員への立候補も可能になる ジョセフィン・バトラー、売春（性病法）廃止運動にのり出す ケンブリッジ近郊ヒッチンに、ガートン・コレッジの前身設立	

	オクタビィア・ヒル、チャリティ組織化協会（ＣＯＳ）設立に参画 ソフィア・ジェックス＝ブレイクら、エディンバラ大学で医学を学ぶ	
一八七〇	女性納税者、学務委員会の選挙権・被選挙権取得 ベッカー（マンチェスター）、デイヴィス、Ｅ・ガレット（ロンドン）ら四名の女性が当選 既婚女性財産法（既婚女性、自ら取得した収入のうち二〇〇ポンド未満は保持可能に） リディア・ベッカー『ウイメンズ・サフリッジ・ジャーナル』創刊（～九〇年）	
一八七一	女性教育連合（ＮＵＩＥＷ）結成	労働組合法
一八七三	Ｅ・ギャレット、英国医師会に加入（女性初）	大不況（～九六年）
一八七四	エマ・パタスン、女性保護共済連盟（ＷＰＰＬ）結成 女性校長協会（ＡＨＭ）結成 ロンドン女子医学校開校	
一八七五	女性救貧委員、初めて選出	
一八七六	母親連盟（ＭＵ）設立	
一八七七	ブラッドロー＝ベサント裁判（産児制限の唱道をわいせつ罪で訴えられる） パタスン、ＴＵＣで女性のみの労働時間短縮に反対 ジェックス＝ブレイクら五人の女性、医師登録	ヴィクトリア女王にインド女帝の称号付与
一八七八	婚姻訴訟法（虐待を受けた妻の同居義務消滅）	

一八七九	ロンドン大学、女性に学位を開放 オクスフォードにレディ・マーガレット・ホールおよびサマヴィル・コレッジの前身設立	
一八八〇	男女共学のヴィクトリア連合大学設立	教育法（初等教育の義務化）
一八八二	既婚女性財産法（既婚女性、財産の保有可能に）成立 女性労働評議会設立	
一八八三	女性協同組合ギルド（WCG）設立 マンチェスター大学、女子学生の受け入れ開始	社会民主連盟結成
一八八四	連合イギリス女性移民協会（UEEA）設立。のちのイギリス女性移民協会（BWEA） 女子中等教員協会結成 合同織布工組合結成	第三次選挙法改正 フェビアン協会結成
一八八五	少女売春反対運動により、女性の承諾年齢、一三歳から一六歳に引き上げ	労働者階級住宅法
一八八六	合同梳綿・打綿室工組合結成	チャールズ・ブース社会調査開始 商務省労働局開設
一八八七	ロンドン大学にロイヤル・ホロウェイ・コレッジ設立 イギリス看護婦協会（BNA）設立 クレマンティーナ・ブラック、WPPLとロンドン女性労働評議会の両方の書記に就任	
一八八八	女性納税者、州・バラ議会の選挙権取得 TUCが同一労働同一賃金の原則を認める ロンドン、マッチ女工ストライキ	

	苦汗制度に関する上院特別委員会（～九〇年　苦汗産業に工場法適用を勧告）	
一八八九	ウォード夫人、女性参政権に反対する「アピール」を発表	C・ブースの『ロンドンの人々の生活と労働』第一部出版
	ＷＰＰＬ、女性労働組合連盟（ＷＴＵＬ）と改名	
	連合商店員組合結成	
一八九〇		公衆衛生改正法
一八九一	ＷＴＵＬ、製陶業地域の鉛中毒被害者救済キャンペーン	義務教育の無償化
	工場法（出産後四週間以内の女性就業禁止）	
一八九二	英国医師会、女性の入会許可	
	スコットランドの四大学、女性に学位を開放	
一八九三	最初の女性工場監督官の任命	独立労働党結成
		ニュージーランドで女性、議会選挙権取得
一八九四	女性産業労働評議会（ＷＩＣ）結成	
	メアリ・キングズリ、西アフリカを二度にわたり旅行	
一八九五	工場法（適用拡大、洗濯業含む）	
一八九七	ミリスント・ガレット・フォーセットを会長に、女性参政権協会全国同盟（ＮＵＷＳＳ）結成	
一八九九	国際看護婦協会（ＩＣＮ）設立	シーボーム・ラウントリ、ヨーク市生活調査
一九〇〇		労働代表委員会設立
一九〇一	繊維女工、議会へ女性参政権請願	
	ＴＵＣで、普選と婦選対立	
一九〇二		オーストラリアで女性、議会選挙権および被選

		挙権取得
一九〇五	WSPU、戦闘的な参政権運動開始	
一九〇六	三〇〇人の女性代表団、自由党新首相に面会し、女性参政権を要請 全国女性労働者連合(NFWW)設立(メアリ・マッカーサー、WTULと両方の書記長に) 女性労働連盟(WLL)設立	総選挙で自由党の圧勝 労働党誕生 労働争議法(タフ・ヴェイル判決無効となる)
一九〇七	労働党大会、成人選挙権主張 女性参政権男性連盟(MLWS)創設 州・バラ議会への女性の立候補、可能になる	教育(行政措置)法
一九〇八	ロンドンのハイド・パークで女性参政権を求める巨大集会 フェビアン協会女性部(FWG)設立	老齢年金(無拠出)法 児童法
一九〇九	全国女性教員組合(NUWT)結成	炭鉱(八時間)法 職業紹介法 賃金委員会(最低賃金)法 救貧法改正
一九一〇	女性海外移民団体、「植民地情報連盟」(CIL)設立	
一九一一		国民保険法(失業保険制度実施、女性の項なし) 「認可組合」制度設立 オリヴ・シュライナー『女性と労働』出版
一九一二	労働党、女性を含まない選挙権法案に反対。第三次調停法案否決	炭鉱スト(約一〇〇万人参加)

	NUWSS、選挙政策で労働党と提携	
一九一三	フェビアン協会女性部による労働者家庭の家計調査報告『一週間を一ポンドで』出版	
一九一四	NUWSS、WSPUともに女性参政権運動停止、戦争協力 ダイリューション(未熟練工による熟練職の代行、〜一八年)	第一次世界大戦勃発、対独宣戦布告
一九一五	女性国際平和自由連盟(WILPF)設立 機械工業で一部男女同一賃金実現、機械工組合とNFWW提携	戦時軍需産業法(ストライキおよびロックアウト禁止)
一九一六	産業女性団体合同委員会設立(SJC、戦後女性政策立案)	徴兵制導入 アイルランドでイースター蜂起
一九一八	国民代表法(二一歳以上の男性と、戸主および戸主の妻である三〇歳以上の女性、議会選挙権および被選挙権取得) 母子福祉法	第一次世界大戦終結 教育法(義務教育年齢、一四歳に引き上げ) M・ストープス『結婚愛』出版
一九一九	ナンシー・アスター、庶民院議員に当選(女性初) NUWSS、平等市民権期成協会全国連合(NUSEC)と改名(E・ラスバウン会長〜二八年まで) 協同(組合)党結成 看護職の登録制度成立 性差別廃止法(専門職、治安判事等を女性に開放。結婚退職制度は継続) 母性保護条約批准(出産後六週間の就業禁止、出産前六週間の休暇の権利承認)	国際労働機構(ILO)設立
一九二〇	オクスフォード大学、女性に学位を開放	
一九二一	WTUL、TUCへ合併	

	NFWW、全国一般労働者組合(NUGW)に合併 工場監督職の再編(男女混合組織への融合)	
一九二三	婚姻訴訟法(離婚申し立ての要件、男女平等に)	
一九二四		初の労働党内閣誕生、マクドナルド首相就任
一九二五	NUSEC、家族手当論承認 拠出制老齢および寡婦・孤児年金法 未成年者後見法(両親の平等な後見権保証)	
一九二六		炭鉱スト、TUCゼネストで応援
一九二七	NUSEC、保護立法承認	
一九二八	国民代表法(男女平等普通選挙権)実現	
一九二九	マーガレット・ボンドフィールド、閣僚(労働大臣)に就任(女性初)	
一九三一	厚生省管轄下のクリニック、産児制限に関する情報の提供を許可される	WCG「白いケシの花」で反戦顕示
一九三七	離婚法改正(遺棄、虐待、精神疾患を離婚理由に) 工場法(女性の労働時間、一日九時間週四八時間に短縮)	
一九四〇	国民年金の受給資格、女性だけ六五歳から六〇歳に引き下げ(男性は六五歳)	
一九四一	国家徴用(No.2)法により女性の徴用開始	独ソ開戦・対日開戦
一九四二		『社会保険および関連サービス(ベヴァリッジ報告)』公刊

一九四四	教育法改正（中等教育の義務化、教員の結婚退職制度廃止）	ベヴァリッジ『自由社会における完全雇用』出版
一九四五	家族手当法制定（支給は四六年から）	総選挙で労働党圧勝、アトリー内閣成立（～五一年） 第二次世界大戦終結
一九四六	同一賃金に関する王立委員会、公務員の同一賃金を勧告、労働党政権は拒否	国民保険法（労働災害法）（四八年施行） 国民保健サービス法（四八年施行） 国民扶助法制定（四八年施行）
一九四七		義務教育修了年齢、一五歳に引き上げ
一九四八	ケンブリッジ大学、女性に学位を開放 すべての医学校で女子学生の入学可能になる 国籍法改正（イギリス人女性、外国人との婚姻後も国籍維持可能に）	
一九四九	ATSが王立女性陸軍部隊（WRAC）に再編成、平時における女性部隊の結成	NATO加盟
一九五二		第一回原爆実験
一九五三		シモーヌ・ド・ボーヴォワールの『第二の性』英語版の出版
一九五四	教員・公務員の男女同一賃金実現	
一九五八	一代貴族法、女性貴族議員誕生	核兵器廃絶キャンペーン（CND）結成
一九六〇		『チャタレイ夫人の恋人』裁判、無罪判決
一九六一	工場法（女性や未成年者の超過勤務時間を制限）	

一九六二	避妊用ピルの利用開始	移民法改正（旧植民地からの自由な入国の終焉）
一九六三		ベティ・フリーダン『女らしさの神話』出版
一九六五		人種関係法（公的分野での人種差別を禁止） 死刑廃止
一九六七	妊娠二八週目までの中絶、合法化	
一九六九	成人年齢（参政権獲得年齢）、二一歳から一八歳に引き下げ 離婚法改正（「修復不可能な結婚の破綻」も離婚理由に）	
一九七〇	同一賃金法制定（性別による賃金格差を違法とする。完全実施は七五年） 婚姻訴訟および婚姻財産法（主婦の非金銭的貢献を認める） オクスフォードで、第一回ウィメンズ・リベレーション会議開催	
一九七一	給料差し押さえ法（離婚後の夫への養育費支払い強制、容易に） 最初のウィメンズ・リブ行進 ウィメンズ・リベレーション会議から男性排除。レズビアン運動家、セクシュアリティの問題をウィメンズ・リブの要求事項に入れることを要求	『ジャーナル・オヴ・オーラル・ヒストリー』創刊
一九七二	『スペア・リブ』誌創刊	義務教育修了年齢、一六歳に引き上げ
一九七三	後見人法（母親に父親と同等の親権を認める） 「黒人女性グループ」結成、『スピーク・アウト』誌創刊	ケイト・ミレット『性の政治学』出版
一九七四	国民健康サービス（ＮＨＳ）が避妊薬（避妊具）を無料配布	
一九七五	性差別禁止法（機会平等委員会設置）	国連・国際女性年

	雇用保護法（女性被用者の母性保護） 児童手当法（親の資格調査なしで、非課税の児童手当給付） マーガレット・サッチャー、保守党党首に選出	
一九七六	ドメスティック・ヴァイオレンスならびに婚姻訴訟法（暴力的配偶者の拘束命令が容易に）	
一九七七	WRAC再編成、戦闘部隊となる（武装訓練は八一年から）	
一九七八	妊娠を理由とした解雇の禁止。給与九割支給での産休六週間を権利化 ウィメンズ・リベレーション会議、意見の相違により分裂 「アジア系およびアフリカ系女性組織」誕生	
一九七九	サッチャー、首相に就任（女性初）（〜九〇年）	
一九八一	グリーナム・コモン基地周辺での女性の平和キャンプ開始	
一九八二	八二年に巡航ミサイル配備に対する大規模デモ	失業者三〇〇万人に フォークランド戦争
一九八三	同一賃金（改正）法（同一価値労働同一賃金の明文化）	
一九八四	炭鉱閉鎖反対大ストライキで女性の支援行動激化（〜八五年）	
一九八五	性犯罪法（男性の買春行為が初めて非合法化）	
一九八六	性差別禁止法改正（団体交渉における性差別禁止、法の適応範囲を小企業に拡大）	社会保障法改正
一九八七	ダイアン・アボット（労働党）、庶民院議員に当選（カラード女性初）	
一九八九	『ジェンダー・アンド・ヒストリー』誌創刊	ベルリンの壁崩壊（冷戦体制の崩壊）
一九九一		湾岸戦争

一九九二	労働党のベティ・ブースロイド、庶民院議長に就任（女性初）（〜二〇〇〇年）	
一九九三	労働党、「女性ショートリスト」を作成。庶民院議員候補者選出にあたって女性優遇	欧州連合（EU）誕生
一九九四	イギリス国教会で、女性聖職者誕生	
一九九六	性差別禁止法改正（賃金差別の申し立て手続き、簡略化）	
一九九七	一二〇名（うち、労働党一〇一名）の女性議員、二六名の女性閣僚（ジュニア　クラスも含めて）誕生	労働党ブレア政権の誕生
一九九八		北アイルランド和平合意

初出一覧

序　イギリス・ウィミンズ・リブとの出会い　書き下ろし

第一章　イギリスの大学　文化・社会

1　自然と共存の教育環境——オクスフォードの学生生活から『大東文化　以下（同）と略』二一七号　一九七〇年

2　イギリスのテレビで見た東大闘争「五十一番目の火山」（同）二五七号　一九七四年

3　ジェントルマンとイギリス経済の衰退（同）二八五号　一九七七年

4　第一回ウィミンズ・リブ大会——「新しい問題の提起」に参加して（同）二五一号　一九七三年

第二章　現代（第二波）フェミニズムの幕あけ

1　イギリス現代（第二波）フェミニズムの形成(1)(2)(3)『ロバアト・オウエン協会年報』二九　二〇〇四年

2　ロンドンのデモと法制度の改革　書き下ろし

3　ウィミンズ・リブの分散と活性化　書き下ろし

4　労働組合内の変革と女性労働運動　書き下ろし

ＴＵＣ女性会議に出席して——サッチャー内閣とイギリス女性（同）一九八三年

5　大学改革と女性学

（1）　オクスフォード大学——従来の学問研究への挑戦（同）三三七号　一九八二年

（2）　ケンブリッジ大学——女性研究者の進出を阻むもの『ロバアト・オウエン協会年報』XⅧ　一九九三年

6　女性と平和——グリーナムとロンドンの反核運動『ＷＡＫＡＢＡ』二号　一九八四年

第三章　女性解放運動の源流を探る

1　ジョージ・エリオット『ミドルマーチ』とディルク夫人の慈善・労働運動』　(1)(2)(3)　『大東文化大学紀要』二二号　一九八四年を加筆・修正

2　ヴァージニア・ウルフの「女性協同組合ギルド（ＷＣＧ）」との出会い

（1）「ギルドの歴史」にみるフェミニズム　書き下ろし

（2）ウルフのみた「女性協同組合ギルド」の女性たち　書き下ろし

第四章　ジェンダー平等か階級の平等か

1　イギリス社会の変貌とセクシュアリティ　(1)(2)『経済論集』六二号　大東文化大学（以下（同）と略）一九九五年

2　「平等派」フェミニズムの展開――多様化　(1)(2)『経済論集』六五号（同）一九九六年を加筆・訂正

3　ジェンダー平等か階級の平等か――統合化　(1)(2)『経済論集』六八号（同）一九九六年、「既婚女性の労働権」（同）

(3)「女性協同組合ギルド（ＷＣＧ）」の変容『ロバアト・オウエン協会年報』33　ロバアト・オウエン協会　二〇〇八年

業績一覧

1　「19世紀後半イギリスにおける婦人労働者たち――婦人労働組合連盟』の活動を中心に」『大東文化大学紀要』第17号（一九七九年）

2　「イギリスの女性労働者たち　一九〇三―一九一四年『婦人労働組合連盟』および『全国婦人労働者連合』の活動を中心に」同右　第18号（一九八〇年）

3　「19世紀後半のイギリスにおける女性労働運動とミドル・クラス」同右　第21号（一九八三年）

4　「ディルク夫人とイギリス女性労働運動　その1――ジョージ・エリオット作『ミドルマーチ』と関連して」「その2――組織化と保護立法を求めて」同右　第22～23号（一九八四―一九八五年）

5　「イギリスにおける工業化と女性労働運動」（『現代史研究』現代史研究会　第32号　一九八五年）

6　「イギリスにおける女性史研究の動向」（『歴史評論』校倉書房　一九八六年三月号）

7　「現代の女性と社会――V・ウルフ『私だけの部屋』と『三ギニー』を中心に」鷲見八重子・岡村直美編『現代イギリスの女性作家』（勁草書房　一九八六年）

8　「20世紀初頭イギリスにおける女性と福祉政策」『婦人労働問題研究』No.12（労働旬報社　一九八七年）

9　「M・マッカーサーと20世紀初頭イギリスにおける女性労働運動　その1～その2　第一次世界大戦下の女性労働者」『大東文化大学紀要』第25～第26号（一九八七―一九八八年）

10　「現代イギリスにおける女性と労働――最近の諸研究によせて」『婦人労働問題研究』（労働旬報社　No.14　一九八八年）

11　「女性雇用労働者の現状と課題――日英比較」『大東文化大学日本経済研究所研究報告』第2号（一九八九年）

12「針子から治安判事へ——ハナ・ミッチェルの生涯」川本静子・北条文緒編『エッセイ集・ヒロインの時代』（国書刊行会　一九八九年）
13『イギリス女性運動史——フェミニズムと女性労働運動の結合』（日本経済評論社　一九九二年）女性史青山なを賞（東京女子大学）受賞
14「女性史研究の動向——イギリスを中心として」『社会経済史学』第58巻第6号（一九九三年）
15「イギリスにおけるフェミニズムと女性労働運動の結合」『ロバアト・オウエン協会年報』XVII（一九九三年）
16「労働運動における男女の『平等』と『差異』」『社会思想史研究』No.17（一九九三年）
17「女性史研究の視点と方法の変遷——イギリスとアメリカを中心に」『経済論集』大東文化大学　第58号（一九九三年）
18「イギリスの女性と高等教育——差別撤廃にとり組むケンブリッジ大学」『ロバアト・オウエン協会年報』XVIII（一九九四年）
19「イギリス女性史研究の最近の動向——第2回全英女性史研究会（一九九三年九月）に出席して」（海外研究動向）『女性労働問題研究』No.25（労働旬報社　一九九四年）
20「連続か変化か——女性の社会史」竹岡敬温・川北稔編『社会史への道』（有斐閣　一九九五年）
21「両大戦間期イギリスにおける女性運動　その1」『経済論集』大東文化大学　第62号（一九九五年）、「その2『平等派』フェミニズムからニュー・フェミニズムへ」同右　第65号（一九九六年）、「その3　両性の平等か階級の平等か」同右　第68号（一九九六年）
22「ジェンダーの諸相」田中浩編著『現代思想とは何か』（龍星出版　一九九六年）
23「女性労働問題における資本制と家父長制——山川菊栄のイギリス研究によせて」『女性労働研究』第34号（ドメス出版

一九九八年）

24　「山川菊栄――女性運動史の日英関係断章」都築忠七・ゴードン ダニエルズ・草光俊雄編著『日英交流史一六〇〇―二〇〇〇（5）社会・文化』（東京大学出版会　二〇〇一年）

英語版 'Japanese feminism and British influences: The case of Yamakawa Kikue 1890-1980' Gordon Daniels and Chushichi Tsuzuki (esd.), *The History of Anglo-Japmaese Relations, 1600-2000 (5) Social and Cultural Perspectives,* (Palgrave Macmillan's global academic publishing, 2002)

25　「イギリスにおける第二波フェミニズムと女性労働運動」『ロバアト・オウエン協会年報』29（二〇〇四年）

26　『イギリス近現代女性史研究入門』河村貞枝・今井けい編（青木書店　二〇〇六年）

27　「両大戦間期イギリスにおける政治と女性運動の統合――女性協同組合ギルド（ＷＣＧ）の活動にふれて」『ロバアト・オウエン協会年報』33（二〇〇八年）

PSF	People's Suffrage Federation	人民参政権連合
SDA	Sex Discrimination Act	性差別禁止法
SDF	Social Democratic Federation	社会民主連合
SJCIWO	Standing Joint Committee of Industrial Women's Organisations	産業女性団体合同常任委員会
SPG	Six Point Group	シックス・ポイント・グループ
TGWU	Transport General Workers' Union	交通一般労働組合
TUC	Trades Union Congress	労働組合会議
WCG	Women's Cooperative Guild	女性協同組合ギルド
WFL	Women's Freedom League	女性自由連盟
WILPF	Women's International League for Peace & Freedom	婦人国際平和自由連盟
WLL	Women's Labour League	女性労働連盟→労働党の女性部に
WSPU	Women's Social and Political Union	女性社会政治連合
WTUL	Women's Trade Union League	女性労働組合連盟

略 号 一 覧

APEX	Association of Professional and Executive Staff	専門職および役職省(スタッフ協会)
BWTUL	British Women's Trade Union League	イギリス女性労働組合連盟
COS	Charity Organization Society	慈善組織協会
CPSA	Civil and Public Service Association	民間および公共サービス組合
CWS	Corporative Wholesale Society	協同卸組合
EOC	Equal Opportunity Committee	雇用機会均等委員会
EPA	Equal Pay Act	平等賃金法
IFWW	International Federation of Women Workers	国際女性労働者連合
ILP	Independent Labour Party	独立労働党
LCC	London County Council	ロンドン郡議会
LSWS	London and National Society for Women's Service	ロンドンおよび全国女性奉仕協会
NALGO	National Association of Local Government Officers	地方公務員全国組合
NEC	National Executive Committee of the Labour Party	労働党全国執行委員会
NFWW	National Federation of Women Workers	全国女性労働者連合
NJACCWER	National Joint Action Campaign Committee for Women's Equal Rights	女性の平等権を求める全国合同行動キャンペーン委員会
NUGMW	National Union of General-Municipal Workers	全国一般自治体労働者組合
NUPE	National Union of Public Employees	全国公務員組合
NUSEC (←NUWSSの改名)	National Union of Societies for Equal Citizenship	平等市民協会全国連合
NUT	National Union of Teachers	全国教員組合
NUWT	National Union of Women Teachers	全国女性教員組合

2000　5　社会・文化』都築忠七／ゴードン・ダニエルズ／草光俊雄編（東京大学出版会　2001）
＿＿＿＿.「両大戦間期イギリスにおける政治と女性運動の統会」――女性協同組合ギルド（ＷＣＧ）の活動にふれて」（ロバアト・オウエン協会年報　33　2008）
大森真紀「女性労働協議会　1894－1919」『立教経済学研究』43（3）（1990年１月）
河村貞枝『イギリス近代フェミニズム運動の歴史像』（明石書店　2001）
＿＿＿＿. 今井けい編『イギリス近現代女性史研究入門』（青木書店　2006）
川本静子『G. エリオット――他者との絆を求めて』（東京冬樹社　1980）
小関隆『プリムローズ・リーグの時代　世紀転換期イギリスの保守主義』（岩波書店　2006）
佐藤共子「ジョージ・ドライズデイルの死と彼の『社会科学の諸原理』」『一橋論叢』第78巻　第２号（1977年８月）
＿＿＿＿.「ドライズデイルの『社会科学の諸原理』に対する初期の新聞の反応」『一橋論叢』第80巻　第３号（1978年９月）
水田珠枝『女性解放思想史』（筑摩書房　1979）
＿＿＿＿.「イギリス協同組合運動におけるジェンダー摩擦――女性協同組合ギルドの思想と活動　1883年－1921年」『名古屋経済大学社会科学論集』第60・61・62号（1997）
梅垣千尋『女性の権利を擁護する：メアリ・ウルストンクラフトの挑戦』（白澤社　2011年　青山学院大学賞）

lowship (Cambridge: Cambridge University Press, 1980)『エドワード・カーペンター伝　人類連帯の預言者』都築忠七訳（東京 昌文社　1985）
Walby, Sylvia, *Gender Transformations* (London: Routledge, 1997)
WCG, *Working Women and Divorce: an Account of the Evidence given on Behalf of the WCG before the RC on Divorce* (London: David Nott, 1911)
Webb, Catherine, The Woman with the Basket: *The History of the Women's Co-operative Guild, 1883-1927* (Manchester: Co-operative Wholesale Society's Printing Works, 1927)
Whelehan, Imelda, *Modern Feminist Thought from the Second Wave to 'Post-Feminism'* (Edinbuargh University Press, 1995)
Woolf, Virginia, *A Room of One's Own* (London: The Hogarth Press, 1929 repr. 1967)『自分だけの部屋』川本静子訳（みすず書房，1998）*A Reflection of the Other Person, The Letters of Virginia Woolf, V. Ⅳ: 1928-1931*, Nigel Nicolson (ed.)
_________. 'Memories of a Working Women's Guild' *The Yale Review*, Sept. 1930
_________.「女性にとっての職業」1942年，『女性にとっての職業エッセイ集』出渕敬子・川本静子監訳（みすず書房　2004）
Yamaguchi, Midori, *Daughters of the Anglican Clergy: Religion, Gender and Identity in Victorian England* (Palgrave Macmillan, 2014)
Zaretsky, Eli:, *Capitalism, the Family and Personal Life*『資本主義・家族・個人生活』グループ7221訳（亜紀書房　1980）

日本語文献

赤木誠「両大戦間期イギリスにおける家族手当構想の展開ー調査・運動・制度設計」『社会経済史学』71（4）2005
伊藤航多・佐藤繭香・菅靖子編著『欲ばりな女たち：近現代イギリス女性史論集』（彩流社　2013）
今井けい「現代の女性と社会――V．ウルフ『私だけの部屋』と『三ギニー』を中心に」，鷲見八重子・岡村直美編『現代イギリスの女性作家』（勁草書房　1986）
_________.「針子から治安判事へ――ハナ・ミッチェルの生涯」川本静子・北條文緒編『エッセイ集ヒロインの時代』（国書刊行会　1989）
_________.『イギリス女性運動史――フェミニズムと女性労働運動の結合』（日本経済評論社　1992）
_________.「山川菊栄――女性運動史上の日英関係断章」『日英交流史1600ー

Scott, Gillian, *Feminism and the Politics of Working Women: The Women's Co-operative Guild, 1880s to the Second World War* (London: University College, 1998)

SJC (Standing Joint Committee of Industrial Women's Organizations), *The Positon of Women after the War* (London: Co-operative Printing Society, 1917)

Smith, Harold, 'Sex vs. Class: British Feminists and the Labour Movement, 1919–1929' *The Historian*, Vol. 47 (Nov. 1984)

__________. 'British Feminism in the 1920s' in Harold L. Smith (ed.) *British Feminism in the Twentieth Century* (Aldershot: Edward Elgar, 1990)

Soldon, Norbert C., *Women in British Trade Unions 1874-1976* (Dublin: Gill & Macmillan, 1978)

Soloway, R., *Birth Control and the Population Question in England, 1877–1930* (Chapel Hill: The University of North Carolina Press, 1982)

Sparrow, J., *Mark Pattison and the Idea of University* (1967)

Stocks, Mary D., *Eleanor Rathbone: A Biography* (London: Victor Gollancz Ltd., 1949)

__________. *The Case for Family Endowment* (London: Labour Publishing Co., Ltd., 1927)

Stopes, Marie, *Married Love: A New Contribution to the Solution of Sex Difficulties* (1918)『結婚愛』現代性科学研究会訳（新版世界性医学全集　2）（東京美学館　1981）

__________. *Still More Commonplace* (London: Peter Davies, 1973)

Strachey, Ray, *The Cause: A Short History of the Women's Movement in Great Britain* (Port Washington, N.Y.: Kennikat Press Inc., 1928 Reissued 1969)『イギリス女性運動史――1792―1928』栗栖美知子・出渕敬子監訳（みすず書房　2008）

Thane, Pat, *The Foundations of the Walfare State* (London: Longman, 1982 2nd Edition 1996)『イギリス福祉国家の社会史　経済・社会・政治・文化的背景』深澤和子・深澤敦監訳（ミネルヴァ書房　2000）

__________. 'The Women of the British Labour Party and Feminism, 1906–1945' in Harold L. Smith (ed.) *British Feminism in the Twentieth Century* (1990)

Thompson, Paul, *The Edwardians: The Remaking of British Society* (London & New York: Routledge, 1975, 2nd ed. 1992)

Tsuzuki, Chushichi, *Edward Carpenter 1844–1929: Prophet of Human Fel-*

Croom Helm, 1978)
Meehan, Elizabeth M., *Women's Rights at Work: Campaigns and Policy in Britain and the United States* (Basingstoke: Macmillan, 1985)
Mellown, Muriel, 'Lady Rhondda and the Changing Faces of British Feminism' *Frontier*, Vol. 9 no. 2 (1987)
Millett. Kate, *Sexual Politics* (1971)
Mitchell, Hannah, *The Hard Way Up* (London: Virago, 1977)
Mitchell, Juliet, 'Women: the Longest Revolution' *The New Left Review*, No. 40 repr. *in Woman's Estate* (Penguin Books, 1971)『女性論』佐野健治訳（合同出版　1973）
__________. *Phycholoanalysis and Feminism* (Ken Associates, 1974)『精神分析と女の解放』上田昊訳（合同出版　1977）
__________. 'Feminine Sexuality: Jacques Lacan and the Ecole Freudienne, Introduction I' (W.W. Norton & Company, repr. 1985)
Pedersen, Susan, *Eleanor Rathbone and the Politics of conscience* (New Haven: Yale University, 2004)
Pugh, Martin, *Women and the Women's Movement in Britain 1914-1959* (London: Macmillan, 1992)
Rathbone, Eleanor F., *The Disinherited Family: A Plea for the Endowment of the Family* (London: Edward Arnold & Co., 1924; repr. By Garland Publishing, Inc., 1985)
__________. 'The Remuneration of Women's Services' *Economic Journal*, Vol. 27 (Mar. 1917)
Rowbotham, Sheila, *Hidden from History: 300 Years of Women's Oppression and the Fight Against It (London: Pluto Press, 1973)*
__________. Segal, Lynne & Wainwright, Hilary, *Beyond the Fragments: Feminism and the Making of Socialism* (Merlin Press, 1979)『断片を超えて――フェミニズムと社会主義』澤田美沙子・坂上桂子・今村仁司訳（勁草書房 1989）
__________. 'Introduction' in Monica Threlfall (ed.) *Mapping the Women's Movement: Feminist Politics and Social Transformation in the North* (London: Verso, 1996)
Roydon, Maude, 'Modern Love' in Victor Gollancz (ed.) *The Making of Women: Oxford Essays in Feminism* (London: Allen and Unwin, 1917)
Russell, D., *The Tamarisk Tree* (London: Virago, 1977)
Sanger, Margaret, *An Autobiography* (1939)

American Women's Trade Union Leagues, 1890-1925' in Berenice A. Carroll (ed.) *Liberating Women's History* (Urbana: University of Illinois Press, 1979)

Jay, Richard, *Joseph Chamberlain: A Political Study*, (Oxford, 1981) Appendix: Chamberlain and the Crawford-Dilke Divorce Case

Jenkins, R., *Sir Charles Dilke: A Victorian Tragedy* (London, 1958)

Kent, Susan K., 'Gender Reconstruction after the First World War' in Harold L. Smith (ed.) *British Feminism in the Twentieth Century* (1990)

Land, Hilary, 'Eleanor Rathbone and the Economy of the Family' in Harold L. Smith (ed.) *British Feminism in the Twentieth Century* (Aldershot: Edward Elgar, 1990)

Leathard, Audrey, *The Fight for Family Planning: The Development of Family Planning Services in Britain 1921-74* (London: Macmillan, 1980)

Lewis, Jane, *Women in England 1870-1950: Sexual Divisions and Social Change* (Sussex: Wheatsheaf Books, 1984).

_________. (ed.), *Labour and Love: Women's Experience of Home and Family, 1850-1910* (Oxford: Basil Blackwell, 1986).

_________. 'Feminism and Welfare' in Juliet Mitchell and Ann Oakley (eds.) *What is Feminism* (Oxford: Blackwell, 1986; repr., 1992)

Liddington, Jill and Norris, Jill, *One Hand Tide Behind Us: The Rise of the Women's Suffrage Movement* (London: Virago, 1978).

_________. *The Life and Times of a Respectable Rebel: Selina Cooper* (1864-1946) (London: Virago, 1984)

_________. The Long Road to Greenham: Feminism and Anti-Militarism in Britain since 1820 (London: Virago, 1989)『魔女とミサイル――イギリス女性平和運動史』白石瑞子・清水洋子訳（新評論　1996）

Lonsdale, Kirkby, *The Women's Co-operative Guild*, 1904

Lovell, Terry, ed., *British Feminist Thought: A Reader* (Oxford: Basil Blackwell Ltd., 1990)

Lovenduski, Joni and Randall, Vicky, *Contemporary Feminist Politics-Women and Power in Britain* (Oxford University Press, 1993)

Macnicol, John, *The Movement for Family Allowances, 1918-45: A Study in Social Policy Development* (London: Heinemann, 1980)

Mckibbin, Ross, *The Evolution of the Labour Party 1910-1924* (Oxford: Clarendon Press, 1991)

McLaren, Angus, *Birth Control in Nineteenth Century England* (London:

Davies, Margaret Llewelyn (ed.), *Maternity: Letters from Working Women*, 1915 (London: Virago, 1978)
_________. *The Women's Co-operative Guild*, 1883–1904
_________. Davin, Anna 'Imperialism and Motherhood', *History Workshop Journal*, no. 5 (1979)
Davin, Anna in M. Wandor (ed.), Once a Feminist: Stories of a Generation (Virago, 1990)
Ellis, Havelock, *Phychology of Sex* (London: Heinemann, 1948)
Firestone, Shlamith, *The Dialectic of Sex* (1970)
Freedom, Betty, *The Feminine Mystique* (1963)
Gaffin, Jean and David, Thoms, *Caring and Sharing: The Centenary History of the Co-operative Women's Guild* (Manchester: Co-operative Union Ltd., 1983)
Garside, W.R., *British Unemployment 1919–1939: A Study in Public Policy* (Cambridge University Press, 1990)
Gavron, Hannah, *The Captive Wives: Conflicts of Housebound Mothers* (1996)『妻は囚われているか――家庭に縛られた母たちの矛盾』尾上孝子訳(岩波新書　1970)
Graves, Pamela M., *Labour Women: Women in British Working-Class Politics 1918–1939* (Cambridge University Press, 1994)
Green, V. H. H., *Oxford Common Room: A Study of Lincoln College and Mark Pattison*, (1957)
Haight, G. S., *George Eliot: A Biography*, 1968, Appendix II
Hall, Ruth, *Marie Stopes: A Biography* (London: Virago, 1977)
Harrison, Brian, 'Class and Gender in Modern British Labour History' *Past & Present*, No. 124 (Aug. 1989)
_________. *Prudent Revolutionaries: Portraits of British Feminists between the Wars* (Oxford: Clarendon Press, 1987)
Holtzman, Ellen M., 'The Pursuit of Married Love: Women's Attitudes towards Sexuality and Marriage in Great Britain 1918–39' *Journal of Social History 16* (Winter, 1982)
Houghton, Walter E., *The Victorian Frame of Mind, 1830–1870*, (New Heaven: Yale University Press, 1957; repr. 1975)
Hunt, A., Women and Paid Work: Issues of Equality (Basingstoke: Macmillan, 1988)
Jacoby, Robin M., 'Feminism and Class Consciousness in the British and

参考文献

Alberti, Johanna, *Beyond Suffrage: Feminists in War and Peace, 1914–28* (London: Macmillan, 1989)

Askwith, Betty, *Lady Dilke, A Biography,* (London: Chatts & Windus, 1969)

Atkins, Susan and Hoggett, Brenda, *Women and the Law* (Oxford: Blackwell, 1984)

Banks, J. A. and Banks, Olive, *Feminism and Family Planning in Victorian England* (Schocken Books, 1964) 河村貞枝訳『ヴィクトリア時代の女性たち――フェミニズムと家族計画』(創文社　1980)

Banks, Olive, *Faces of Feminism: A Study of Feminism as a Social Movement* (Oxford: Martin Robertson, 1981)

__________. *Becoming a Feminist: The Social Origins of 'First Wave' Feminism* (Brighton: Wheatsheaf, 1986)

Beddoe, Deirdre, *Back to Home and Duty: Women between the Wars, 1918–1939* (London: Pandora, 1989)

Black, Naomi, *Virginia Woolf as Feminist* (Ithaca, New York: Cornell University Press, 2004)

Braybon, Gail, *Women Workers in the First World War: The British Experience* (London: Croom Helm, 1981)

Caine, Barbara, *English Feminism 1780–1980* (Oxford University Press, 1997)

Carpenter, Edward, *Love's Coming of Age* (Manchester, 1896)

Cockburn, Cynthia, *In the Way of Women: Men's Resistance to Sex Equality in Organizations* (Basingstoke: Macmillan, 1991)

Cohen, Deborah A., 'Private Lives in Public Spaces: Marie Stopes, the Mothers' Clinics and the Practice of Contraception,' *History Workshop*, Issue 35 (Spring 1993)

Cole, G.D.H., *A Century of Co-operation* (George Allen & Unwin, 1944)

Coote, Anna; Campbell, Beatrix. *Sweet Freedom: The Struggle for Women's Liberation* (Oxford: Blackwell, 1982)

Courtney, K.D; Brailsford, H.N.; Rathbone, Eleanor; Royden, A Maude; Stocks, Mary; Burns, Elinor & Emily, *Equal Pay and the Family: A Proposal for the National Endowment of Motherhood* (London: Headley Bros. Publishers, Ltd., 1918)

中絶　18, 43, 169, 227
中絶法改正協会（ALRA）　170, 228
『妻は囚われているか―家庭に縛られた母たちの矛盾』*The Captive Wives: Conflicts of Housebound Mothers* 9, 52
同一価値労働同一賃金　10, 61
同一賃金法（Equal Pay Act, EPA）　10, 11, 39, 62, 76, 77
同一労働同一賃金　11, 43, 55, 187, 188, 216
都市ギルド（City Guilds）　124

[ナ行]

ニュー・フェミニズム（フェミニスト）　15, 16, 18, 158, 180, 187, 193, 194, 195, 217
ニュー・レフト　9, 54

[ハ行]

働く女性憲章　69
反核運動（CND）　54, 97, 98
平等市民協会全国連合（National Union for the Societies of Equal Citizenship, NUSEC）　15〜16, 158, 177, 183, 214
「平等派」フェミニズム（フェミニスト平等派）　156, 158, 180, 193, 194, 199, 214, 217, 219, 232
貧困地域の協同運動　139
福祉フェミニズム　16, 159, 200, 219
婦人国際平和自由連盟（Women's International League for Peace and Freedom, WILPF）　159〜160
母子福祉法　141
ポジティヴ・アクション　66, 69, 70
母性手当（運動）　16, 158, 159, 160, 229, 231
母性派　156, 158, 232
『母性―働く女性たちからの手紙』　141, 145, 146, 226, 227

[マ行]

『前置きの手紙』Introductory Letter　134, 146, 153
『ミドルマーチ―地方生活の研究』　13, 104, 107, 108, 110, 118, 128

[ヤ行]

郵便職員組合（UPOW）　211, 218

[ラ行]

ラスキン・コレッジ　9, 41
ラディカル・フェミニズム（フェミニスト）（Radical Feminism, RF）　11, 19, 50, 51, 54, 55, 56, 65, 170
離婚法改正　17, 18, 141, 170, 226, 229
リプロダクティヴ・ライツ　56
リベラル・フェミニズム（フェミニスト）（Liberal Feminism, LF）　11, 50, 60, 65
両性の平等　217
『歴史から隠されて』　56
労働組合会議（Trades Union Congress, TUC）　12, 61, 69, 76, 123, 157, 158
ロンドンおよび全国女性奉仕協会（LNSWS）　179

[ワ行]

『私たちの知っているままの生活』*Life As We Have Known It*　14, 134, 144, 146

Union Journal）123, 126
女性社会政治連合（WSPU） 180
女性産業評議会（WIC） 189
女性参政権 44, 140
女性参政権協会全国連合（The National Union of Women's Suffrage Societies, NUWSS） 136, 158, 177
女性参政権連合（Women's Suffrage Union） 122
女性事務職員・秘書組合（Association of Women Clerks and Secretaries） 210, 211
女性自由連盟（The Women's Freedom League, WFL） 180
女性団体諮問委員会（The Consultative Committee of Women's Organizations, CCWO） 184
女性の平等権を求める全国合同行動キャンペーン委員会（National Joint Action Campaign Committee for Women's Equal Rights. NJACCWER） 59
『女性の隷従』*The Subjection of Woman* 83
女性の労働権 178, 199
女性保護共済連盟（The Women's Protective and Provident League, WPPL） 13, 105, 123, 124, 126
女性（母性）保護法 16, 200, 219
女性問題研究委員会（Oxford University Women's Studies Committee） 81
女性問題調査資料センター（Women's Research and Resources Center） 84
女性労働組合連盟（Women's Trade Union League, WTUL） 13, 105, 127, 140, 158
女性労働連盟（Women's Labour League, WLL） 16, 140, 157, 200
ジョブ・シェアリング 78, 79
人民参政権連合（The People's Suffrage Federation, PSF） 136, 140
生活賃金 189, 190
性差別禁止法（Sex Discrimination Act, SDA） 10, 11, 39, 63, 76, 78, 217
『性の政治学』*Sextual Politics* 51, 134
『性の弁証法』*The Dialectic of Sex* 51
性別無資格（撤廃）法 177, 178, 179
セクシュアリティ 9, 14, 65, 156, 162, 163, 231
全国一般自治体労働者組合（NUGMW） 211
全国一般労働者組合（NUGW） 158
全国教員組合（NUT） 72, 181, 213
全国公務員組合（NUPE） 72
全国事務職員組合（NUC） 211
全国女性解放会議（Women's Liberation National Congress, WLNC） 7, 9, 55
全国女性教員組合（NUWT） 181, 213
全国女性教員連合（NUWT） 181
全国女性調整委員会（NWCC） 55〜56
全国女性労働者連合（NFWW） 140, 158

[タ行]

第一波フェミニズム（フェミニスト・運動） 9, 18, 19, 50, 61
『大義ーイギリス女性運動小史』（*The Cause: A Short History of the Women's Movement in Great Britain in 1792-1928*） 56, 179
第二波フェミニズム（フェミニスト・運動） 19, 48, 50, 60, 65, 156, 232
タイム・アンド・タイド *Time and Tide* 181, 182, 183
『断片を超えてーフェミニズムと社会主義』*Beyond the Fragments* 65
地方公務員組合（NALGO） 69, 72

事項索引

[ア行]

アファーマティヴ・アクション　66
アメリカ女性労働組合連盟（American Women's Trade Union League, AWTUL）　204
『イエール・レヴュー』（*The Yale Review*）　135, 153
イギリス女性労働組合連盟（British Women's Trade Union League, BWTUL）　204
英国大学女性連盟（The British Federation of University Women）　182
オクスフォード大学　8, 9, 26, 41, 80, 81, 84, 89
『女らしさの神話』*The Feminine Mystique*　9, 51

[カ行]

階級の平等　217
家族手当　16, 18, 188, 192, 194, 195, 200, 218, 228
家族手当委員会（The Family Endowment Committee）　188, 194
家父長制＝男性中心主義　10, 19, 51, 56
機会均等委員会（Equal Opportunity Commission, EOC）　63, 79
既婚女性の労働権　17, 179, 209, 213, 216, 218
協同組合連合　146
キングズ・コレッジ　12, 85, 86, 88, 89, 92
結婚解雇・結婚退職制　179, 200, 209, 215
結婚訴訟法　142
ケンブリッジ大学　12, 36, 85, 86, 88, 89, 95
公務事務職員組合（Civil Service Clerical Association, CSCA）　214, 218
国際労働女性連合（International Federation of Working Women, IFWW）　204
国民代表（平等参政権）法（The Representation of the People (Equal Suffrage) Act）　176, 217
国民保険法　140

[サ行]

サッチャー内閣　11, 65, 76, 101
『三ギニー』　133
産業女性組織常任合同委員会（Standing Joint Committee of Industrial Women's Organizations, SJCIWO）　184, 202, 226
産児制限（産児制限運動）　17, 18, 56, 164, 200, 215, 218, 226, 227, 231
シックス・ポイント・グループ（Six Point Group, SPG）　61, 180
社会主義フェミニズム（フェミニストSF）　11, 50, 52, 54, 60, 65, 68, 168
社会派　156, 158, 232
出産手当　140, 229
『自分だけの部屋』　133
職場の女性のための目標　69
女性解放運動（Women's Liberation Movement, WLM）　48, 54, 59, 100
女性学　82, 83
女性協同組合ギルド（Women's Co-operative Guild, WCG）　13, 17, 133, 134, 137, 144, 150, 166, 200, 223
『女性組合ジャーナル（*The Women's*

Ramsay)　16, 201, 215
マクレガー，オリバー・ロス（Mc-gregor, Oliver Ross）　8, 61
マッカーサー，メアリ（Macarthur, Mary）　199
ミッチェル，H.（Mitchell, Hannah）　212
ミッチェル，ジュリエット（Mitchell, Juliet）　10, 53, 54
ミュルダール，アルバ（Myrdal, Alva）　18
ミル，ジョン・スチュアート（Mill, John Stuart）　44, 83, 176
ミレット，ケイト（Millett, Kate）　51, 53, 134

［ラ行］

ラウントリィ，S　192
ラスキ，F.　228
ラスキ，H.（Laski, Harold）　212
ラスバウン，エリナ・フローレンス（Rathbone, Eleanor Florence）　16, 18, 133, 158, 184, 187, 188, 191, 194, 195, 214, 231
ラッセル，ドーラ（Russell, Dora）　169, 171, 203, 226, 227, 228
ラベンドゥスキー，ジョニー（Laven-duski, Joni）　72
ランドゥル，ヴィキー（Randall, Vicky）　72
ロイドン，モード（Royden, Maude）　160, 163, 187
ロウボタム，シーラ（Rowbotham, Sheila）　9, 54, 56, 65, 66, 102, 162, 168
ロビンズ，M.D.（Robins, Margaret Dreier）　205
ロビンズ，E（Robins, Elizabeth）　181
ロビンスン，A.（Robinson, Annot）　203, 211
ロレンス，S（Lawrence, Susan）　183, 210, 212
ロンダ女性子爵（Viscountess Rhondda）　178, 180, 214

[タ行]

ダーウィン，チャールズ（Darwin, Charles Robert） 112
デイヴィス・エミリ（Davies, Emily） 136
デイヴィス，マーガレット・ルウェリン（Davies, Margaret Llewelyn） 17, 134, 136, 138, 140, 141, 142, 144, 160, 223, 224, 229
テイラー，ヘレン（Taylor, Helen） 123, 125
ディルク，チャールズ（Dilke, Sir Charles） 108, 115, 121, 127
ディルク夫人（Dilke, Lady Emilia Frances）→パティスン夫人 105, 121, 127
デスパード，シャーロット（Despard, Charlotte） 180
ドライズデイル，ジョージ（Drysdale, George） 163

[ハ行]

バートン，エリナ（Barton, Eleanor） 141, 224, 230
ハウルトビィ，W（Holtby, Winifred） 181
パタスン，エマ（Paterson, Emma） 123, 125
パティスン夫人 パティスン，エミリア，フランシス（Pattison, Emillia Frances）→ディルク夫人 13, 105, 113, 114, 115, 117, 118, 121, 125, 126, 128
ハバック，イーヴァ（Hubback Eva） 177, 231
ハミルトン，シシリィ（Hamilton, Cicely） 181
ハリスン，ブライアン（Harison, Brian） 159
バンクス，オリヴ（Banks, Olive） 16, 159, 219
ハンフリィ，C（Humphrey, Caroline） 93
ファイアストーン，シュラミス（Firestone, Shulamith） 51, 53, 54
フィリップス，マリオン（Phillips, Marion） 202～203, 204, 212, 230
ブース，C.（Booth, Charles） 189
フォーセット夫人，ミリセント（Fawcett, Millicent Garrett） 15, 122, 125, 136, 194
ブラウン，ステラ（Browne, Stella） 166, 167, 169, 170, 228, 232
フリーダン，ベティ（Friedan, Betty） 51
ブルック，ドロシア 13, 105, 109, 114, 117
ブレイルスファド，H. N（Brailsford, H. N） 187
ベヴァリッジ，ウイリアム・ヘンリー（Beveridge, William Henry） 16, 188, 195
ヘンダースン，A.（Henderson, Arthur） 203, 215
ボーヴォワール（Beauvoir, Simone de） 53
ボンドフィールド，マーガレット（Bondfield, Margaret Grace） 160, 183, 203, 215, 216

[マ行]

マーシャル，キャサリン（Marshall, Catherine） 204, 231
マクドナルド，マーガレット（MacDonald, Margaret Ethel Gradstone） 16, 201
マクドナルド，ラムジィ（MacDonald, J.

人名索引

[ア行]

アシュビィ，M.C.（Ashby, Margery Corbet） 182
アスター，ナンシィ（Astor, Nancy） 182, 183, 184, 216
アボット，E.（Abbott, Elizabeth） 213
ウィーラン，イメルダ（Whelehan, Imelda） 101
ウィルキンソン（Wilkinson, Ellen） 203
ウィントリガム，マーガレット（Wintringham, Margaret） 182
ウエスト，レベッカ（West, Rebecca） 181, 216
ウエッブ，ビアトリス（Webb, Beatrice） 189
ウォルビー，シルヴィア（Walby, Sylvia） 101
ウルフ，ヴァジニア（Woolf, Virginia） 12, 13, 14, 95, 104, 133, 134, 136, 140, 144, 146, 149, 151
エリオット，ジョージ（Eliot, George） 13, 104, 105, 107, 108, 113, 116, 118, 128, 151
エリス，ハヴロック（Ellis, Havelock） 163, 165
エンフィールド，オナラ（Enfield, Honora） 224

[カ行]

カーペンター，エドワード（Carpenter, Edward） 165
カッスル，バーバラ（Castle, Barbara） 45, 59, 61, 62, 63
ギャブロン，ハンナ（Gavron, Hannah） 52, 53
クート，アンナ（Coote, Anna） 65
クーパー，S.（Cooper, Sellina） 211, 213, 214, 216, 218
クライン，ヴィオラ（Klein, Viola） 18
ケイン，バーバラ（Caine, Barbara） 48
ケント，スーザン（Kent, Susan） 159, 163
コートニィ，キャスリン（Courtney, Kathleen） 187, 194
コッブ（Cobbe, Frances Power） 125

[サ行]

サマーフィールド，ペニイ（Summerfield, Penny） 18
サンガー，マーガレット（Sanger, Margaret） 164, 168
シムコックス，イーディス（Simcox, Edith） 125
シュライナー，オリヴ（Schreiner, Olive） 165
スウォニック，ヘレナ（Swanwick, Helena） 160, 231
ストープス，マリー（Stopes, Marie） 165, 168
ストックス，メアリ（Stocks, Mary） 168, 169, 187, 193, 195, 231
ストレイチー，レイ（Strachey, Ray） 56, 179, 182
スパロウ，ジョン（Sparrow, John） 110, 117, 118, 119
スミス，ハロルド（Smith, Harold） 159
セイン，P.（Thane, Patricia） 211, 218

著者紹介

今井　けい（いまい　けい）

1934年　岐阜県に生まれる
1957年　津田塾大学英文学科卒業（文学士）
1969年　法政大学大学院修士課程経済学専攻（経済学修士）
　　　　オクスフォード大学　セント・アントニーズ・コレッジ（1969－71年；1981－82年　客員研究員）
　　　　ケンブリッジ大学　キングス・コレッジ（1993年），客員研究員
1993年　博士（経済学）（法政大学）
　　　　アジア経済研究所図書資料部（参考調査・翻訳）
　　　　大東文化大学教養部（専任講師～経済学部教授）
　　　　武蔵野女子大学・津田塾大学・法政大学・上智大学（非常勤講師）

　　　　一般社団法人大学女性協会会長
　　　　財団法人津田塾会評議員
　　　　東京都多摩市女性問題協議会会長
　　　　内閣府男女共同参画推進協議会協議員　を務める

著書・論文
『イギリス女性運動史――フェミニズムと女性労働運動の結合』（日本経済評論社　1992年）女性史青山なを賞（東京女子大学）受賞
「連続か変化か――女性の社会史」竹岡敬温・川北稔編『社会史への道』（有斐閣　1995年）
「女性労働問題における資本制と家父長制――山川菊栄のイギリス研究によせて」『女性労働研究』第34号（ドメス出版　1998年）
「山川菊栄――女性運動史上の日英関係断章」都築忠七・ゴードン ダニエルズ・草光俊雄編著『日英交流史 1600－2000（5）社会・文化』（東京大学出版会　2001年）
『イギリス近現代女性史研究入門』河村貞枝・今井けい編著（青木書店　2006年）
「両大戦間期イギリスにおける政治と女性運動の結合」『ロバアト・オウエン協会年報』33（2008年）他

現代イギリス女性運動史
——ジェンダー平等と階級の平等

2016年8月6日　第1刷発行
定価：本体3000円＋税

著　者　今井　けい
発行者　佐久間光恵
発行所　株式会社 ドメス出版
東京都文京区白山3-2-4
振替　0180-2-48766
電話　03-3811-5615
FAX　03-3811-5635
http://www.domesu.co.jp

印刷・製本　株式会社 太平印刷社

ISBN 978-4-8107-0826-4 C0036